JN409498

눈물 타임스 눈물

눈물 타임스 눈물

정종진 수필집

수필과비평사

■ 작가의 말

앞뒤를 구분하지 못하고 옆도 쳐다보지 못하면서 일만 했던 젊은 날이 있었다. 더 이상 젊지 않으니 행복하고 평안하다. 글 쓸 여건과 기회를 주신 하나님께 감사드린다. 뒤돌아보면 하나님이 가리키는 대로 살아오진 못했지만, 하나님은 역시 가장 좋은 길로 나를 인도하셨다는 확신이 든다. 근시안적 사고에 싸여서 삶이 힘에 부치던 어리석은 시절도 겪었지만, 결국은 합력하여 선을 이루시는 하나님을 믿는다. 후회 없는 생애를 살아왔다고 본다. 앞으로는 모든 일상에 감사만 하면서 살았으면 좋겠다.

소설가 수필가 정종진

■ 차례

제3부 단짝

제4부 생기가 용트림할 때

제5부 된장 익어가는 길목

제6부 하늘 가는 길동무들

제7부 남기고 갈 것들

제8부 눈물 타임스 눈물

제1부

영혼의 투영도

인생의 첫 발짝
최후의 선택
손자 낳는 사막의 선인장
영원하라 중년아
친구여 너 본지 오래다
씨 앤 쇼
고향
나가자 젊은 벌판으로

인생의 첫 발짝

며느리가 출장을 갔기 때문에 아들의 아침 시간이 너무 바쁘단다. 나와 아내는 손자 손녀를 널서리 학교로 데려다 주기로 했다. 아침에 아들집의 도어 벨을 누르니, 손녀가 쫓아나오며 즐거운 목소리로 소리 지른다.

"나는 오늘 학교 안 가도 돼요. 왜냐하면 나는 병이 났거든요."

무슨 소리인가 생각해보고 있는데, 아들이 오늘은 집에서 재택근무를 하기로 했다고 한다. 손녀가 병이 났기 때문이란다. 다섯 살이 된 손녀는 엄연히 체온이 높으며 기침을 하니까, 아빠에게 아픈 사람으로서 당당히 판정을 받았다. 손녀는 집에서 최소한도 영화 한 편은 공식적으로 볼 처지가 되었다. 그러나 세 살 난 손자는 집에서 쉬어야 될 명목이 없으니, 꼼짝없이 학교로 가야 된다. 혼자 학교에 가야되는 손자 때문에 내가 걱정하는 것과는 달리, 손자는 혼자 자신 있게 걸어 나와서, 차 속으로 들어간다. 의자에 앉으면서 콜록콜록 기침을 한다.

"아니 얘도 감기 들었나 보네."

할아버지 말에 용기를 얻은 손자 녀석은 병났음을 주지시키려고 몇 번 더 기침을 한다. 그러나 이미 감기 판정사인 아빠와 작별인사를 하고 떠나온 뒤였다. 내 차는 출발을 했지만, 손자가 재깔재깔 떠들지도 않았고 꽤 조용했다. 손자는 땅 파는 차가 있으면 "Another excavator!" 라며 고함 치고, "우리 집에도 저런 거 있어." "할아버지도 계란 먹었어?" "우유는 사람에게 이득을 주는 거야." "B는 하늘 색깔 Blue 할 때 쓰는 글자야." 하며, 여러 말로 떠드는 게 보통이다.

"왜 네가 오늘 말도 없고 조용한 것 같으냐?"

할아버지 질문에 손자는 그냥 조용히 웃는다. 학교에 도착하여 아내를 차에 남겨놓고 나는 손자의 낮잠용 담요를 부지런히 챙겼다. 손자의 안전벨트를 풀어주니, 손자가 팔을 빼지 않고 심술을 부리며 콜록콜록 기침을 한다.

"아이고 요놈아, 아프다고 꾀부리기엔 이미 늦었어. 어차피 오늘은 누나 없이 학교생활 해야 돼."

담요를 들고 손자를 안고 학교로 들어섰다. 학교 정문의 도어 벨을 누르라고 손자를 들여 미니, 녀석은 도어 벨을 누르지 않고 자꾸 내 어깨에 매달린다. 할 수 없이 내가 눌렀다. 문이 열리기에 학교 안으로 잽싸게 들어섰다.

학교에 들어서면 재킷 벗어 걸고 선생님하고 포옹인사도 하며 바삐 돌아다니는 것이 보통이다. 오늘은 손자가 할아버지 다리를 붙잡고 놓지 않는다.

"왜 그래 오늘? 커다란 소년이 이건 또 무슨 짓이니?"

내가 이것저것 도와주어도 시큰둥이며 내 다리를 놓지 않는다. 선생님들이 좇아와서 인사하며 안아준다고 유혹해도 내 다리를 붙잡고 떨어지지 않는다.

"알아. 난 네 맘 알아. 월요일은 힘든 날인 거야."

미국 선생님이 다가와서 위로하며 쓰다듬어도 도저히 마음을 풀지 않는다. 녀석이 결국 삐죽삐죽 울기 시작한다. 깜짝 놀란 내가 손자를 번쩍 안아 올리니, 손자는 마구 울기 시작한다.

"아이구 깜짝이야. 저런 쪼그만 애들 앞에서 울면 창피해서 어떻게 하니? 오래잖아 장가들 총각이 남부끄럽게 이게 뭐야? 안 되지 이 양반아."

한동안을 안아주어도 울음 그칠 생각을 안 한다. 할 수 없이 한국 선생님이 억지로 손자를 빼앗아 안았다. 자꾸 시간 끌어봤자 소용없으니, 나중에 보자고 인사하며 나왔다. 마음이 짠하고 자꾸 걸음이 뒤로 옮겨가는 기분이다. 누나하고 함께 놀진 않지만 항상 누나가 옆방에 있다고 생각하며 안심하고 지내왔기 쉽다. 오늘은 완전히 혼자라는 것을 깨닫고 나니까, 괜히 두려웠던 모양이다.

그것이 인생의 첫 발짝이란다. 인생은 혼자 걸어가는 거야. 살다보면 여러 첫 발짝이 많을 텐데 그 중의 하나라고 보면 좋단다. 수많은 사람이 내 주위에 들끓지만, 어차피 내 길은 나 혼자 결정하고 나 혼자 걸어야 된단다. 나 자신과의 싸움이기도 하단다. 어차피 누나는 9월이 오면 유치원으로 자리를 옮겨야 되잖니? 그러면 그때부터는 뭐든지 너 혼자 해야 된단다. 이게 시작이야. 인생이라는 먼 길을 가다 보면 별별 일이 다 있게 되고, 네가 하나하나 맞부딪치며 극복해 나가야 된단다.

지금은 모든 주권을 독점하고 있는 아빠지만, 좀 있어 봐라. '아, 아빠도 연약한 존재였구나.'하고 네가 인식하게 될 거야. 아빠보다 네 키가 더 커졌다고 놀랄 것은 없어. 놀랄 일은 계속해서 생기게 될 테니까. 이제 너는 곧 엄마 아빠도 충분히 똑똑하지 못함을 알게 되고, 선생님도 꽤 무식하다는 사실을 알게 될 거야. 인생은 네가 짐작하고 있는 것보다 엄청나게 크단다.

"아하, 인생이란 것이 바로 이런 것이었구나."

인생을 이렇게 속단하지 마라. 네 일생 중에는 서로 다른 결과를 놓고 이와 똑같은 말을 여러 번 반복하게 될는지도 모른단다. 인생이란 길을 통과할 때는 신기루도 적지 않아 혼란을 줄 때도 많단다. 인생이란 인간이 결코 감 잡을 수 없을 만큼 제 본모습을 보이지 않는단다. 아무도 인생이 이것이다 저것이다 말하지 못한단다. 이것인 줄 알면 저것이고, 저것이구나 하면 또 엉뚱한 것으로 나타나는 것이 인생이란다. 인생은 그저 바라며 노력할 뿐이지, 규정하거나 단정 지을 수 없다는 이야기란다. 그렇다고 해서 인생이 무섭고 부담스러운 것만은 아니며, 행복과 기쁨도 꽤 그들먹하단다. 앞으로 끝없는 희비가 뒤섞이며 다가오고, 또 지나가게 될 것이라는 뜻이란다. 할아버지 같은 노인들도 자기들이 지나온 길만을 어렴풋이 알고 있을 뿐이지 인생이 무엇인지 근본은 모른단다. 뒤돌아보면 걸어온 발자국이 아름다웠으니, 할아버지는 그저 감사만 하며 인생을 끝맺었으면 좋겠구나.

어른들은 네가 왜 우는지 모르겠다고 말하지만 다 알고 있단다. 왜냐하면 그 어른들도 전에 너처럼 울었던 적이 있었기 때문이다. 울고 싶으면 울어도 나쁘진 않단다. 남자는 울지 않는 것이라고 강조하는 구식 어른들도 있지만, 알고 보니 예수님도 울었던 적이 있단다. 조물주는 남자에게도 눈물샘을 주셨으니, 억지로 울음을 참아서 스트레스를 자초할 필요가 없는 것 같다. 그러나 살다보면 울어도 소용없는 때가 있단다. 그런 때는 방법을 강구하는 것이 우선임을 너도 알게 될 것이다. 울음대신 해결하는 길을 찾아야 되는 시절이 네 앞에 다가오면, 울음주머니가 둔화하고 퇴색해져, 힘들여 참지 않아도 저절로 울어지지가 않는단다.

오늘 누나 없이 학교에서 생활해야 됨은 홀로서기를 위한 인생의 첫 발짝이란다. 홀로 서다 보면 혼자가 더 편리하고, 자립의 힘이 생겨 너 자신을 더욱 강하게 만들어 준단다. 홀로서기가 처음엔 두렵지만, 결국 너에게 이득이 된다는 이야기란다. 앞으로 너는 놀랄 만한 비밀도 알게 될 것이다. 옆에서 역성 들어주고 도와주는 척하는 누나나 부모들도 나중에는 번거로워진다는 엄청난 사실도 있단다.

"얘야. 혼자 있다고 겁먹지 마라. 그게 오히려 더 좋다는 사실을 곧 네가 알게 됐으면 좋겠다. 선생님이 포옹해주면 선생님에게 안기고, 친구들과 둘러앉아 퍼즐도 하고, 술래잡기도 하며 놀아라. 우물쭈물 하는 동안 모르는 사이에 오후 4시가 되고, 금방 아빠가 너를 데리러 올 것이란다."

최후의 선택

우리가 보통 알고 있는 아치는 활 엎어놓은 것처럼, 둥근 모양으로 서 있는 형상을 말한다. 유타 주에 가보니, 구멍 뚫린 바위는 모두가 아치라고 부른다. 말굽 엎어놓은 형상이든, 타원형이든, 눈물 튀는 형태이든, 심지어 초승달 던져놓은 모양까지도, 그 구멍을 통하여 하늘이 보이기만 하면 무조건 아치라고 부른다. 윗부분이 평평하고 밑으로 부식되어 구멍이 뚫렸으면 '자연교량(Natural Bridge)'이라 부르지만, 이것 역시 아치에 포함된다.

"아치 국립공원 내부에만도 2000여개의 아치가 있습니다."

자동차 번호판에까지도 빨간 아치를 그려 넣고 사는 여기 유타 주민들은 아치투성이인 이 땅을 자랑스럽게 여기며 허풍을 친다. 자동차로 쉽게 접근하여 사진 찍을 수 있는 조경 아치(Landscaping Arch), 겹창 아치(Double Window Arches), 윌슨 아치(Wilson Arch) 등도 있다. 그러나 델리케이트 아치(Delicate Arch)처럼 오지 속에 있어서, 젊은이 중에서도 당차고 극성맞은 성격이라야 접근할 수 있는 아치도 있다.

동쪽으로 가면 델리케이트 아치가 보인다며 사람들이 몰려갔다. 나도 아내의 손을 잡고 구경꾼들 행렬에 끼어 산길로 부지런히 걸어갔다. 델리케이트 아치가 보이기는 보이는데, 아주 조그맣게 보여서 별로 볼만하지 않았다. 망원경으로 보든가 사진 찍어서 늘려 보아야, 간신히 형체만 짐작할 수 있었다. 더 접근하여 가깝게 보려면 둘째 단계

하이킹 코스로 올라가야 된다고 했다. 그 아치를 보아야만 죽을 수 있겠다며, 바짝 늙은 노인 관광객들까지도 악착을 떨며 산꼭대기로 올라간다.

“보소, 아치를 구경해야만 천국에 갈 수 있는 것도 아닌데, 늙었으면 제발 좀 대충 사시소.”

저렇게 삭정이 같이 늙은이들도 올라가는 데, 나만 그만둘 수가 없다. 우리들도 하이킹 집단에 합세하자고 아내를 살살 달래고 얼렀다. 그 아치 옆에서 사진이라도 찍으면 이번 여행에서 본전생각 안 날 것 같았기 때문이다.

“우리가 뭘 바쁜 사람들이야? 남은 건 시간뿐인 사람들인데. 점심도 먹었겠다, 물도 있겠다, 뭘 걱정이야? 하늘아래 뫼일 진데, 오르고 또 오르면 못 오를 리 없지? 가~다~가 힘들면 쉬어 가더~라~도.”

주워들은 유행가까지 흉내 내며 설득하는 내 유혹에 넘어간 아내는 즐거운 마음으로 등산 대열에 끼어들었다. 아내는 힘이 안 든다며 혼자 힘으로 오르겠다고, 내 도움을 완강히 거절했다. 올라갈수록 야생 바위도 많아지고 길이 점점 험해졌다. 힘에 부치는지, 결국은 아내가 내 손을 뿌리치지 못한다. 한 손에는 지팡이 짚고 다른 한 손은 내 손을 잡고, 아내도 나를 따라 억척을 떨며 자꾸 오른다. 천신만고 끝에 언덕 중간까지 올라간 후, 산꼭대기를 올려다보니, 아무래도 너무 정나미가 떨어진다. 안타까운 마음으로 아내를 바라보니, 땀으로 목욕을 한 아내가 헐떡거린다.

“여보, 난 저기까지 올라가면 죽게 생겼어.”

아내가 그늘답지도 않은 옹색한 덤불 밑으로 별안간 털썩 주저앉는다. 앉은 자리가 덤불 밑이라, 바람도 안 통할 터이고, 오히려 더욱 덥게 생겼다. 주저앉는다는 의미는 등산포기를 완전히 확정했다는 뜻이므로, 아무도 그녀의 결정을 바꿀 수는 없다.

“난 환자임을 기억해 두라고!”

이렇게 쏴붙이며 아내가 자기의 마지막 카드까지 들춰 보인다면, 앞으로의 여행은 더 고달플 것 같다. 할 수 없이 나 혼자 관광객 등반대열 속에 묻혀 자꾸자꾸 올라갔다. 숨도 차고 덥기도 되게 더웠다. 종다리가 아파오더니 종당에는 무릎과 오금팽이가 시큼시큼 시시큼 했다. 내가 언제 힘들다고 할 일 못했던 사람이더냐? 젊은이들에게 불쌍하다는 소리 들을까봐, 나는 모퉁이로 돌아가 숨어서 숨을 고르고, 한동안 안정을 취했다. 가파른 비탈길을 거쳐 바위를 에두르고 험한 오솔길을 오르고 또 올랐다. 바위의 틈과 틈을 통과하고 너럭바위 위에 올라서니, 산꼭대기에 이미 당도하여 사진 찍는 사람들이 올려다보였다. 이제 다 올라왔다는 생각에 안도의 날숨이 쏟아진다. 내 생애의 마지막 도전이라 생각하고, 나뭇가지 움켜잡고 풀뿌리 쥐어뜯으며 오기로 끝까지 기어 올라갔다.

거의 녹초상태가 되어 산꼭대기에 올라선 나는 크게 실망하고 말았다. 델리케이트 아치가 보이기는 하는데, 형체를 구분하기 힘들기는 마찬가지였다. 첫째 코스에서 보던 것과 별 차이가 없었다. 좀 더 가깝게 보인다는 기색이 거의 없으니, 맥이 탁 풀리면서 더욱 기진맥진하게 된다. 인터넷 속의 사진에서 보던 델리케이트 아치를 상상하며 산꼭대기로 올라온 나는, 잔디 위에 앉아 분노를 다스렸다. 밑에서 보나 산꼭대기서 보나 그게 그건데, 죽도록 고생하며 올라온 것이 너무 억울했다. 아치 밑의 산등성이로 개미떼처럼 꼬물꼬물 걸어 다니는 등산객들이 보였다. 저 사람들처럼 그곳까지 당도하려면 다른 입구에서 또 다른 하이킹 코스로 접근해야 된단다. 온종일 걸어야 되는 코스인 모양이다. 그 방법으로 거기에 간다는 것은 아내까지 달린 나로서는 턱도 없는 노릇이다.

“첫째 코스에서 보고 그냥 말 걸!”

헛걸음에 대한 본전 생각이 간절했다. 건강을 위해 등산한 셈 치기에는 너무 고생을 많이 한 것 같다.

"아내가 포기할 때, 보조 맞추는 척, 나도 포기할 걸! 그랬으면 아내를 위해 포기한 것처럼 생색도 나고, 서로 좋았을 걸."

메사 아치(Mesa Arch) 구경 가는 행렬에 또 끼어들었다. 역시 중도에서 아내는 포기 선언을 했다. 이번엔 나도 잘 생각했다고 아내 편을 들었다.

"맞아 맞아! 먹어보나 마나 신포도지. 아치가 아치지 뭐겠어? 멀리서 뭐가 보이겠어?"

포기는 아무도 모르게 하고 떠날 때는 말없이 사라지라 했건만, 그래도 끓이다 만 고깃국 먹는 것처럼 께름칙했다. 그냥 포기하긴 아쉬웠다.

"요기 잠깐만 있어. 내가 요 꼭대기까지만 올라가보고 금방 내려올게."

아내를 남겨놓고 혼자 언덕 위로 뛰어올라갔다. 소나무를 헤치고 버취 나뭇가지를 제치고 부쉬를 뚫고 전진하여 언덕꼭대기에 올라섰다. 그리고 앞서가는 관광행렬 끝을 바라보았다. 바로 눈 밑에 웅장한 메사 아치가 버티고 서서, 내게 미소를 보내고 있었다.

"여보, 다 왔어. 요 언덕만 넘으면 하향길 내지 평지야. 바로 요기 기차게 생긴 아치가 보여."

거창하고 신기한 아치가 바위산 산비탈에 서 있는데, 그 구멍으로 절경인 뾰족 바위들과 산야가 통째로 보인다. 자칫하면 몇 발짝 차이로 좋은 구경을 놓칠 뻔했다. 포기하려다가 마지막 순간에 재출발하여, 아주 가까이 가서 직접 아치를 만져보는 행운을 잡았다.

"으메~ 큰일 날 뻔했네. 이걸 안 봤으면 이번 여행 무의미할 뻔했네."

사람이 살아가면서 겪는 인생행로도 마찬가지다. 행운을 코앞에 두고 마지막 순간에 포기하는 사람도 있고, 끝까지 포기하지 않고 최선을 다 했건만, 별 이득이 없는 억울한 경우도 있다. 선택은 우리가 한다. 그러나 앞날을 보지 못하는 우리는 어떤 것이 좋은지 알 수가 없다.

남은 인생여정도 다르지 않으리라 믿는다. 일찍 포기하고 목표를 이루지 못했어도 '델리케이트 아치'를 생각하며 안타까워하지 않겠다. 이득 없는 고생이 억울해도 '메사 아치' 구경하던 일을 기억하며, 한번 해본 것에 의미를 두고 힘을 얻으리라. 인생길을 가다보면 행운과 입맞춤하여 뜻밖의 이득을 얻게 되기도 하고, 뒤로 넘어져도 코가 깨지는 경우도 닥칠 것이다. 나는 언제나 내가 선택한 길이 최선이라 믿고 결과에 즐겁게 순응하며, 많이 남지 않은 인생 걸어갈 생각이다.

손자 낳는 사막의 선인장

지나가는 사람도 없고 경찰도 없는 사막이다. 어쩌다 토정비결 운세가 실제와 맞아 떨어지면 스쳐가는 레인저의 순찰차를 조우하기도 한다. 그러나 특별한 요청을 하지 않는 한, 레인저도 쏜살같이 지나가 버리고 만다. 점심 먹을 식당도 없지만, 우리 젓가락질을 구경해 줄 인간들도 안 보이고, 그들의 발자국조차 구경할 수가 없다. 정자나무 한 그루도 없고, 풍성한 땡볕만 차고 넘친다. 생사상태를 판정하기 곤란한 검은색 가시덤불들과 죽은 은행잎 색깔의 선인장들이 고갈사하고 있는 사막이다. 이렇게 섬뜩한 고독지경에서 사람을 만나면 반가울 것 같지만, 서로 귀찮게 생각한다. 자연과만 대화하고 싶고, 작위적인 인간과는 무관한 무아경으로 추락하고 싶어지는 순간이다. 이런 때 예쁘게 생기지도 못한 인간 하나가 눈치 없이 다가와, “Hello” 어쩌고 하면 퉁바리맞기 십상이다.

“왜 말 거니? 무아도취 입구에 서 있는 쎄마이 닌자(Semi-Ninja, 반도사)에게 말 시키지 마. 부정 탈라. 네 볼일이나 보그라.”

텍사스 서남단 사막지대의 골목길로 깊숙이 들어섰다. 의지할 그늘도 한 조각 찾을 수 없는 사막이니 어쩌랴? 자동차의 궁색한 그늘을 의지하여 챙겨온 점심상을 펼쳤다. 기억될 만큼 맛있는 점심은 아니지만, 오이지에 고추장과 양반김이 밥과 어울리니, 허기진 배는 너끈히 만족시킨다.

"구박 받아가면서 싸온 점심인데, 요긴하게 먹었네요."

사서 먹든지 굶든지 하지 무슨 밥까지 해서 챙겨 가느냐고 엊저녁 아내에게 호되게 불평했던 일이 부끄러워진다. 밥도 안 가져왔으면 우리 두 내외는 꼼짝없이 신문에 날 뻔했다.

"늙다 만 코리언 아메리칸 부부 사막에서 아사하다."

이런 제목으로 신문에 대서특필이 되면 사람들이 뭐라고 할까?

"헤헤잇, 안 됐네 안 됐어! 그이들 돈도 좀 있었을 텐데 결국 굶어죽고 말았네."

신문 읽는 사람마다 값싼 동정을 떨어뜨리며, 고소하다는 심정으로 킥킥 웃었을 것이다. 밥 가져온 아내 덕분에 뱃속도 든든해지고 마음도 뿌듯해진다. 아이스박스에서 얼음 녹은 물을 땅바닥에 쏟으니, 잉크로 마분지에 쓴 글씨만큼도 번지지 않고, 쏟아진 바로 그 자리로 물이 직접 스며들어 간다.

"조두냐, 석두냐? Quest for Water(물을 향한 추구)가 내 삶의 목픈 걸 보면 모르냐?"

누군가가 옆에서 소리를 빽 지르기에 휘둘러보았다. 카드보드 조각같이 바짝 말라, 얼굴엔 심줄이 줄줄이 튀어나온 넙적 선인장이 코앞에서 불평하며 눈을 흘긴다. 배곯아 죽어가는 사람을 옆에 두고, 빵을 오물통에 버린 기분이라 가슴이 싸하고 아프다.

"아, 정말 미안해. 늙으니까 머리도 잘 안 돌아간다 야."

무거운 아이스박스를 들고 용암 같은 땡볕 속으로 방패도 없이 들어가, 조금 남은 얼음물을 선인장 쪽으로 따랐다. 찌꺼기 물 몇 방울 따랐으나 선인장 뿌리까지 도달하기도 전에 기화했을 성싶다.

"할 수 있니? 인체에서 나오는 제2차 Water라도 내가 흘려주고 갈게."

"여보슈. 오줌을 누려면 정조준 하여 내 뿌리에 대고 누어야지? 잎사귀인 얼굴에 뿌려, 문턱만 오염시키고 말 걸, 뭘 바지까지 요란스럽게 내리고 난리시유?"

"낡은 제품은 원래 그랴 야. 그것도 멀리 쏜 거야."

선인장에게 창피만 당한 나는, 할 수 없이 오이지 병에 남았던 시큼한 물까지 몽땅 따라주었다.

"맛은 있어 짭짤하고도 들큼하구랴. 메뚜기 이마에 솟아난 땀방울만큼 떨구는 물이지만."

"미안햐. 불필요한 물질은 버리고 순수 H_2O만 빨아들여 뱃속에 저장해라."

열 식구가 굶어죽어 가고 있는 방안에 밥 한 그릇을 들이민다면, 그들에게 이득이 될까, 배고픔만 부추기는 악행이 되는 걸까? 물 비슷하게 생긴 것은 다 쏟아 부어 몽땅 제공했건만, 좋은 일하고도 옆에서 지켜보던 가시나무에게 욕먹게 생겼다.

"흥, 조잡이다 야! 주려면 골고루 나눠주든가 넉넉하게 좀 줘라."

이 믿기 힘든 가뭄과 지옥 비슷한 초강력 일광 밑에서도 생명을 연장하고 자손을 퍼뜨려 나간다는 사실은 신비다. 이 사막에는 목말라 죽은 선인장과 늙어죽은 선인장 시체들이 허옇게 깔려, 여기저기서 미라인지 땔감인지로 되어가고 있다. 폭풍에 불법 린치 당하여 멍들어버렸는지, 시커멓게 맞아죽은 선인장 시체들도 흉건하게 널브러져 사막을 채우고 있다. 이토록 허옇게 말라죽거나 검게 타죽고 맞아죽은 시체선인장들이 즐비한데, 어떻게 선인장은 후대를 이어가며, 사막을 꿈틀거리게 하고 있는 것일까?

비가 올 때는 토네이도를 몰고 너무 많은 비가 오고, 가물 때는 염치없이 오래도록 메말라 버리는 지역이다. 이렇게 혹독한 기후 조건에서 선인장들은 어떻게 살아갈 것인가? 이 험한 땅에서도 식물들은 물론이고 가지각색 동물들까지 골고루 살아간다니, 삶은 아무리 봐도 엄청난 수수께끼다.

불쌍하다는 눈길로 죽은 선인장들을 바라보던 나는 색다른 현상을 발견했다. 죽어 쓰러져 있는 거대한 시체 선인장 곁의 작은 틈으로는 항상 조그만 손자 선인장이 고개를 든다. 할아버지 모습을 닮은 아주 작은 아가선인장이 돌아가신 할아버지 품에 숨어서 방그레 웃는다. 통통하게 젖살이 오른 얼굴에, 거미베어(Gummy Bear)처럼 바들바들하고 동글동글한 새순가시를 달고, 부끄러운 듯 간신히 고개를 든다.

"아하, 요놈들은 요렇게 영생을 유지해 나가는구나."

결국 선인장은 늙어죽기 전에 꼭 후손인 손자 선인장을 낳아 놓고 죽는다. 선인장은 아들대신 직접 손자를 낳는 유일한 생물인 셈이다. 여기 선인장은 장성하여 한창 정력이 왕성할 때에는 결코 자식을 낳지 않는다. 무자식 상팔자임을 잘 알기 때문인지도 모른다. 자기 혼자 먹고 살기도 힘든 판국에 아들까지 낳아 놓으면, 아들과 맞붙어 물 쟁탈 전쟁이 일어날 테니까 자녀를 평생 낳지 않고 사는 것이기 쉽다. 그러나 선인장은 늙어 죽으면서, 꼭 그 주변 어딘가에 손자 아기를 하나 낳아 놓고 죽는다. 자기가 임종하는 데스베드(Deathbed)에서 자기 자리를 이어받을 아기를 하나 낳아놓는데, 그것은 바로 자기 닮은 자기 손자이기도 하다. 늙고 병든 몸으로 죽어가면서, 있는 힘을 다하여 손자를 낳는 모습이 딱하다. 그러나 이 지독한 가뭄과 더위를 고려할 때, 충분히 이해할 것도 같다. 그래서 사막에는 선인장이 너무 많이 확산되지도 않고, 씨가 마르지도 않는 모양이다.

영원하라 중년아

"아저씬 젊은이가 웬 주름살이 그렇게 많아요?"

"불혹이 지났으니, 저도 중년입니다."

젊었을 때부터 웃으면 얼굴에 주름살이 찌글찌글 잡히는 말라깽이 얼굴이었다. 중년이 되어 일만 하면 되니까, 외모의 부담에서 훌떡 벗어난다. 어떤 여자가 예쁜가 신경 쓸 필요도 없고, 하기 싫은 공부 안 해도 된다. 애들은 완전히 나에게 의존하고, 아내는 아침저녁으로 아첨 비슷한 것도 한다. 아~, 중년은 참 좋은 나이구나.

50대가 되니 숫자가 두려워진다. 하지만 30대의 젊은이와 육체적 정신적 컨디션의 차이가 없으니, 어차피 팔팔한 중년이다. 환갑 닥치기 전에 열심히 일하고 실컷 먹고 빨빨 뛰놀아야겠다. 뚜렷한 중년의 나이로 인생은 자꾸 영글어만 간다.

64세인 홀아비 선배가 62세인 할머니와 재혼을 한다고 했다.

"아이구 깜짝야. 60이 훌떡 넘은 늙은 남자가 재혼을 해? 환갑이 넘은 신부? 세상이 홰까닥 한 거니, 그 선배 간덩이가 팅팅 부은 거니? 미치려면 곱게 미쳐야지, 이게 웬 주책들이야?"

내가 60살이 되었을 때는 이미 세상이 또 바뀌었다. 인생은 70부터라는 말이 유행을 탔다. 늙었다는 생각은 추호도 들지 않았다.

"어머~, 저 남자가 환갑노인이야?"

"환갑이면 그냥 환갑이지, 거기다 노인이란 말은 왜 붙입니까? 어디로 봐서 내가 노인으로 뵙니까?"

노인도 세 층이다. 염색약과 거울을 달고 사는 흑발노인, 외모에 아주 신경을 끈 백발노인, 차라리 잊고 싶은 군더더기 정물노인이 있다. 은퇴를 하고보니 노인들은 어떻게 지내고 무슨 대화를 하며 소일할까 궁금해졌다. 나도 점잖은 말투 가다듬으며 늙은이 축에 끼어들어 본다.

"이제 60 몇 살 먹었다고? 그럼 알라들 아이가? 어데서 70도 안 된 새파란 것들이 놀고먹으려 들어?"

늙수그레한 노인이 어정어정 앞으로 나서며 한 수 더 뜬다.

"기가 막혀! 요것들이 은퇴했으면 늙은 줄로 착각하고, 제법 헛기침하려 드네."

그렇다. 아무래도 내가 노인이라고 치기에는 너무 젊고, 늙었다고 말하긴 낯간지럽다. 그러니 또 중년이다. 천국여행이니 황천나들이니 요상한 이름 붙이며, 이 친구 저 동창이 장례식 초청장을 보내온다. 젊은 이도 죽는데, 중년이라고 죽지 말라는 법 있나? 늙어 죽는 게 아니라 병들어 죽는 건데 인간이 어쩌겠어? 그 사람은 암이라는 특별한 병에 걸렸기 때문에 죽었고, 이 사람은 운 나쁘게 심장병이란 이상한 병이 들어서, 죽은 채로 발견됐을 뿐인데 뭘 그래? 어쩌다 명이 짧아 그냥 죽은 거지, 늙어서 죽은 건 아니다.

75세 된 아브라함은 하나님께 엄살을 피웠다.

"에이~ 하나님, 농담? 죽은 나뭇가지처럼 늙은 몸으로 어떻게 아들을 낳아요?"

겉 늙은이 속 능구렁이였던 아브라함은 죽은 나뭇가지 같다던 육체로 하갈의 팔자를 우선 망쳐 놓았다. 또 100살이 됐을 때는, 염치 좋게 사라에게서 아들도 낳았다. 이것은 전혀 놀랄만한 노릇이 아니다. 127세로 사라가 죽자, 137세 된 아브라함은 잽싸게 케투라라는 여인과 재혼하여 6명의 자녀를 더 낳았다. 그것까지도 놀랄만한 일이 못된다. 사라가 살아 있을 때는 하갈을 건드리는 것조차 죄의식으로 조심스러웠지만, 한번 불붙은 늦 탕아 끼는 무서웠다. 산성 체질이니 알카리성 여체니 따지면서, 아들 낳는 테크닉을 익힌 아브라함은, 후처 케투라 이외에 여러 첩을 두어 많은 아들들을 닥치는 대로 낳았다. 이스마엘과 이삭을 끼고돌며 싸우는 사라와 하갈의 전쟁판을 이미 겪은 아브라함이다. 적자인 이삭과 서자들이 싸울까봐 걱정이 된 아브라함은, 살아생전에 서자들에게 약간의 선물만 주어, 동쪽 땅으로 모두 내몰았다.

아브라함은 하나님 앞에서 그냥 늙은 척했든가, 75세에 죽은 나뭇가지처럼 남성능력이 완전히 없어졌다가 다시 생겼든가 했을 것이다. 어쩌면 하나님이 아들을 주신다니까, 너무 좋아서 벌컥 회춘하게 됐을 수도 있다. 회춘은 정신적인 문제가 큰 영향을 주기 때문이다.

팩맨이 피자 잘라먹듯, 세월은 내 인생을 10년씩 한꺼번에 덥석덥석 먹어치운다.

"이제 작년부로 7학년이 되었습니다."

"어~, 새파란 중년이시네."

사랑하기 딱 좋은 나이라고 젊은 척 할 필요도 없다. "내 나이가 어때서?" 라며 따지려 덤빌 건더기는 더 없다. 주위 사람들은 이미 나를 중년으로 분류해 버린다. 내가 나이를 먹을수록 인간의 수명이 자꾸 연장된다. 나는 30년 전에도 중년이고 20년 전에도 중년이었는데, 지금도 아직 중년이다. 미루어보면 10년 후에도 20년 후에도, 나는 중년으로 남을 것임을 알 수 있다. 중년은 일평생 중 가장 좋은 나이다. 만년 중년으로 남는 것이 얼마나 다행인가? 만약에 내가 노년상태로서 인간수명이 계속 늘어났다면 어땠을까? 선악과 따먹어 죄 지은 인간이 생명과일 나무에서 생명과까지 훔쳐 먹은 꼴이었으면 어쩔 뻔했는가? 죽지도 않고 만년 늙은이 신세로, "여기 아파, 저기 아파," 하면서 계속 살아야 했을 테니 생각만 해도 끔찍하다. 앞으로 인간의 수명이 120세가 될 것이라고 전망한다니, 중년으로 오래 사는 것이 얼마나 큰 축복인가? 중년을 만끽하며 살아감은 축복을 내려주신 하나님을 기쁘게 하는 일이다. 언제까지나 중년으로 살다가 넘치는 감사를 안고 영생으로 연결되었으면 좋겠다.

친구여 너 본 지 오래다

어떤 사람에게는 낯모르는 강아지도 금방 따라붙는다. 지저분하게 생긴 강아지건만, 그 사람과 강아지가 금방 친해진다. 그 창조물들은 전생에서 서로 애인사이였을까? 신통하게 기시감을 서로 느끼나보다. 어떤 사람은 처음 본 고양이를 금방 쓰다듬으며 입까지 맞춘다. 생판 모르는 야생당나귀, 비둘기, 다람쥐, 라쿤, 곰들도 어떤 사람에게는 착착 달라붙는다. 그 사람이 동물게걸쟁이인 줄 귀신같이 알아본다. 어떤 사람은 모기와도 절친하다. 같은 장소에서 똑같이 밤을 새워도, 피가 달고 헤픈 사람은 모기를 잔뜩 물리고, 어떤 인색한 짠돌이에게는 모기들이 알아서 접근하지도 않는다. 이런 수수께끼에는 아직 알려지지 않은 철학적 음양인력이 작용하고 있는지도 모른다.

경우에 따라선 식물도 어떤 사람에게 반색하며 달려든다. 옻나무나 찔레나무가 덤벼들면 곤란하겠지만, 예쁜 꽃이나 새순들이 가는 데마다 착착 감겨오면 얼마나 냄새 맡기도 좋고 사진 찍기도 좋으랴?

젊었던 시절에 애리조나 주에 있는 선인장 공원으로 순회여행을 갔었다. 사진을 찍고 돌아서는데, 별안간 채찍으로 맞은 듯, 발목 뒷부분이 빽적지근하면서 쓰리고 아파왔다. 깜짝 놀라 내려다보니, 신발 뒤턱의 양말에 잘 영근 밤송이 같은 선인장이 착 달라붙어서, 사랑을 고백하고 있었다. 기겁을 하여 한쪽 깨금발로 찻길까지 컹컹 뛰어 나왔다. 운동화를 벗고 양말을 벗으려고 들췄으나, 독사에 한번 물린 개구리처럼, 선인장은 더 깊이 들어가긴 해도 나올 생각은 않는다. 들춘 양말을 놓으면 그만큼 더 살 속으로 들어가 박힐 것이고, 양말을 벗으려고 더 들추면 가시가 양말 속으로 더욱 깊이 박혀 들어오게 생겼다. 진퇴양난을 실감하며 통증을 못 이겨 소리를 질렀다. 아내가 공원안내지도를 접어서 양말과 살갗 사이로 무자비하게 밀어 넣었다.

"어억, 사람이 인정사정이라는 게 있지, 직업이 간호사라지만 아무리 그렇게 무지막지하게 다루다니?"

가시 박히는 통증에 눈물이 질금질금 나왔지만, 일단 선인장의 사랑 고백에서 탈출할 수는 있었다. 양말을 벗어서 집어던졌다. 발목에는 대여섯 개의 선인장 가시가 악착스럽게 박혀 있었다. 살갗에 박힌 가시가 부러져서 살 속에 남으면 곪을 텐데 어떻게 해야 하나? 공원국사무실로 직행하여 도움을 요청했더니, 낡아빠진 핀셋을 하나 주는데, 족집게와 달라서 제대로 작동을 못했다. 아내가 고무장갑을 끼고 들어간 방향의 반대방향으로 조준하여 하나하나 뽑아냈다.

공원 관리자는 내 발목에 붙었던 선인장을 점핑선인장이라고 불렀다. 무슨 물체가 옆으로 스쳐가거나 가깝게 접근만 해도, 껑충 튀어 달라붙는다고 했다. 벌레 잡아먹는 끈끈이주걱이란 식물이 있다는 사실은 알았지만, 사람을 공격하는 선인장이 있다는 소리는 못 들어보았다. 아무튼 잔뜩 기대하며 즐겁게 시작한 여행이었건만, 나를 사랑한다고 엉겨 붙던 선인장 때문에, 풀죽어 숙소로 되돌아오고 말았다.

많은 세월이 흐른 뒤, 캘리포니아에 있는 자슈아 추리 공원을 방문했다. 자슈아 추리 공원은 전에도 들렀던 곳이라, 이번에는 온천욕을 하기 위한 목적으로 며칠간을 머물렀다. 온천욕을 위해 왔지만, 공원을 한번은 둘러봐주고 가야, 공원에게도 예의를 갖추는 일이 될 테고 나도 서운하지 않을 성싶었다. 자슈아 추리 공원은 자슈아 추리를 비롯하여 각종 선인장 밭으로 이루어져 있었다.

촐라선인장 밭이라는 곳을 방문했다. 이상한 공포가 느껴지기에 가만히 관찰하니, 옛날에 내 발목에 매달려, 죽고 못 산다면서 사랑을 고백하던 놈들이다. 점핑선인장이라는 놈들이다. 아기가 쌓아놓은 로고 블락처럼 몸은 토막토막으로 삐뚤삐뚤 간당간당 연속연결 되어 중심줄기에 붙어있다. 모든 토막들이 간신히 붙어있어서 하시라도 모체로부터 떨어져나가, 분가할 태세를 갖추고 있다. 총총히 난 긴 가시들로 스스로 그늘을 만들어, 강력한 태양열로부터 자기 몸을 자기가 보호하는 자기애 선인장이다. 자기애 식물이라 그런지, 가루받이도 수분작업도 필요 없다. 손가락이건 어깻죽지건 아무 부분품이나 툭 떨어져나가 분가하면, 또 하나의 독립된 개체선인장으로서 뿌리를 내리고 자리를 잡게 된다.

"아하, 요놈들 Official Name(호적이름)이 촐라선인장이었구나. 네 근처엔 죽어도 안 갈란다."

구급약과 핀셋까지 준비된 비상기구약통(First Aid Kit)을 입구에 매달아 놓았으며, 위험하다는 경고문을 붙여놓았다. 특히 어린애나 어린애 같이 뛰노는 어른은 더욱 조심해야 된다는 경고문이었다.

"어휴~, 저 흉측한 놈들! 너희들이라면 아주 질렸어. 조심조심 다가가서 살짝 사진만 찍고 싹 빠져나가야지. 위험해 봤자 제깟 놈들이 움직이지도 못하는 식물인데 무슨 공격? 건드리지 않으면 그만이지, 제 놈이 무슨 수로 덤벼들어?"

촐라선인장 뒤에 서서 사진을 찍는데, 히틀러 경례하듯 손을 들고 찍으면 그림이 더 좋겠다고 아내가 말한다. 이왕이면 격조 높은 사진을 찍어야겠다.

"어떻게? 이렇게 들까?"

낄낄 웃으며 손을 번쩍 드는데, 별안간 엄지와 인지 사이의 손등에 극심한 통증이 팍 덤벼든다. 얼결에 날아가는 야구공에 맞은 느낌이다. 손을 내려다보니 언제 어떤 경로로 붙었는지, 전구 알 만한 선인장이 손등에 붙어서 나에게 큰소리를 친다.

"미투에 걸릴래? 요요, 손 버르장머리! 뭘 주무르려고 손을 어따 대니?"

"아악~, 아닌데요. 믿어주소. 하늘에 맹세코 당신을 만질 생각은 추호도 없었어요. 제발 용서해 주세요."

그러나 때는 이미 늦어서 움직일수록 선인장 가시는 점점 손등의 살 속으로 더 깊이 파고들었다. 점핑기술을 토끼한테 배워왔는지, 원숭이한테 강탈해왔는지, 그저 그 선인장의 날렵한 점핑실력이 놀라울 뿐이다.

"오 망했다. 이게 웬 벼락이냐? 사랑은 이제는 그만! 숨겨진 철학적 음양인력도 싫고, 착착 붙는 건 동물도 식물도 뭐든지, 난 다 싫어."

그렇게도 조심했건만 네가 또 달라붙을 줄이야? 어느 결에 모여들었는지 구경꾼들이 가득히 모여들어, 사자 앞에 선 검투사를 구경하듯, 쩔쩔매는 나를 걱정스럽게 바라본다. 남자가 엄살한다는 소리는 듣기 싫고, 별것 아닌 척 선인장만 증오스럽게 바라보았다. 그 선인장은 손등에 착 달라붙어서 싱긋이 웃으며 넉살을 떤다.

"진정 그리웠어! 후회하지 마. 너 본 지 오래다. 넌 내 친구잖아? 정말 몇 년 만이니? 너무 반갑다 이 사람아. 사랑해. 오~ 보고 싶던 내 사랑 그대여."

씨 앤 쇼

우리가 어디서 왔건 상관없이, 이왕 지구 위에 떨어진 존재임으로, 일정 기간을 이 세상에서 살다 가야 한다. 사는 동안 우리는 싫든 좋든 무엇인가를 보고 보이며 살아간다. 싫은 놈의 얼굴도 봐야 하고, 숨기고 싶은 꼴도 보여야 한다.

인간은 자기 존재를 보이고 재주와 특이성을 보이고 싶어 한다. 또 타인들의 면모를 보고 싶어 하고, 우열이나 상이점을 비교 검토하며 살아간다. 혹 가다 자기를 꽁꽁 감추고 살아야 마음이 편한 히끼꼬모리 비슷한 사람도 없지는 않다. 그러나 대부분은 보이고, 또 보고 싶어 한다. 어떤 사람은 언어를 과다 방출하여, 공개할 필요 없는 속까지 뒤집어 보여야 직성이 풀리는 사람도 있다.

각종 새들도 자기를 쳐다보고, 아름다운 깃털 색깔에 경악을 좀 해달라고, 새벽마다 목청껏 찬송가를 부른다. 꽃들도 어떤 결핍증을 느껴 타인의 시선을 그렇게도 기다리나보다. 자기 좀 보아달라고 색색이 치장을 하고, 고개를 까딱거리다가, 그래도 안 쳐다보면 허리까지 비비꼰다. 예쁜 꽃일수록 시들기 전에 누군가의 시선을 붙들고 감탄의 말을 듣고 싶어 한다. 대부분 인간들은 진정성이 결핍된 칭찬은 싫어한다. 그러나 혹자는 입발림에 지나지 않는, 립서비스일지라도 받고 싶어 한다.

거대한 정원에는 풀장이 몇 개가 있고 그들 사이사이엔 야자수들이 줄맞춰 서서 정자그늘을 만들어주고 있다. 그늘 속의 비치의자에 누워 훈훈한 바람에 배를 말리니, 책을 한 페이지도 읽기 전에 낮잠이 저절로 쏟아진다.

뚱뚱해지기 전에 몸매 자랑하러 여기저기 돌아다니는 여자들은 대개는 30대다. 쓸 만할 때 볼만할 때, 좀 더 사람들 앞에 나서고 싶고 타인들의 시선을 낚아채고 싶어서, 몸매 시위하는 모양이다. 비키니 입은 여인 하나가 이 수영장 저 풀장으로 할일 없이 돌아다닌다. 이두박근 삼두박근 알통도 푸짐하게 나왔고, 얼굴도 제법 괜찮게 생긴 신랑이 뒤에 떡 버티고 있건만, 제삼인물의 시선에 목말라진 모양새다. 곧 넙적 펑퍼짐하게 일그러질 엉덩이지만, 아직은 똥그랗고 톡 튀어나와서, 좌우로 밀었다 당겼다 하며 뙈뚱뙈뚱 잘도 걸어간다. 아무리 이쪽 수영장 물속으로 들어갔다가 저쪽 그늘을 한 바퀴 돌고 나와도, 쳐다보고 웃어주는 남자는 하나도 없으니 맥 풀리는 모양이다. 말을 거는 녀석이라도 있어야 또 한 바퀴 돌 텐데, 파도도 못 본 척하고 뜬구름도 본숭만숭 하니, 시위하던 여자는 진이 빠지나보다. 결국 볼일 있는 척 해변 모래밭으로 부지런히 나가버린다. 해변을 한 바퀴 휘돌고 한동안 혼자 헤매다가, 너럭바위에게도 거절당하고 해초에게도 무시당했는지, 뒤늦게 신랑에게로 되돌아간다. 괜히 짜증 섞어 신랑에게 신경질을 부리며, 비치의자에 털썩 주저앉는다.

"애라잇, 맹추 같은 놈들! 눈 빼고 고추 빼서 매운탕이나 끓여버릴까 보다? 임자 있는 여자도 여자는 여잔데. 보여주면 볼 줄 좀 알지 말이야!"

상의 비키니는 새까만 것으로 입고, 하의 비키니는 완전 살색으로 입은 여인이 지나다닌다. 보는 사람마다 놀라고, 눈에 띌 때마다 무심결에 소스라치게 된다. 어떤 남자는 그녀가 옷을 입은 것인가 안 입은 상태인가 확인하려고, 일삼아 그 근처로 지나가며 그녀의 비키니 하의를 주시 관찰한다. 참 별난 차림으로 주목을 끄는 신기한 여자도 있다. 어떤 여자는 가느다란 끈 같은 띠로 세 꼭짓점만을 가렸다. 앗차 잘못하면 라이프가드에게 지적당하든가, 사진 찍혀 타블로이드 신문 구석에 게재되게 생겼다. 저렇게 차려입으려면 얼마나 신경 써야 할까? 가릴 곳은 감쪽같이 가리면서 최대한 많이 노출시킴이 그녀의 목표다.

자기의 젊은 육체를 보이고 싶은 마음은 간절한데 용기가 부족한 여인들도 있다. 어떤 여자는 비키니 위에, 월남 꽁까이들의 아오자이 같기도 하고 무당이 굿할 때 입는 전복 같기도 한, 원피스를 걸쳐 입었다. 바람이 불 때마다, 또는 다리를 들어 올릴 때마다, 순간적으로만 자기 육체를 감상해 달라는 뜻이다. 또 어떤 여자는 굵은 망사헝겊으로 새로 디자인한 고급 로브를 만들어 덧입었다. 비키니 위에 겉옷을 입긴 입었는데, 속살은 물론이고 허벅지에 있는 점까지 명료하게 드러나는 복장이다.

식당은 버페이 식당인데, 아무 때나 자유롭게 드나들며 먹을 수 있게 되어 있다. 그러나 식당 앞에는 종업원들이 안내한답시고 항상 망을 본다. 수영복을 입고 식당에 들어오면 저지당한다. 뱃살이 뭉글거리는 헤비급 아줌마가 비키니 차림으로 들어오려다가 식당 안내자에게 거절당한다.

"에헤잇 아줌씨, 가리는 게 날 걸? 보는 사람 입맛 잃게 하진 마셔!"

근육이 울퉁불퉁한 육체파 남자가 삼각수영복을 입고, 두 팔을 105도 각도로 벌린 채, 휘적거리며 식당으로 들어오고 있다.

"짜아식, 저 놈 봐라! 괜찮게 생겼네. 바디 빌더인가?"

수영복 차림의 식당출입은 안 된다고 식당 안내자가 되돌려 보낸다. 공짜 눈요기하려던 여성들의 김빠지는 소리가 사방에서 높아진다. 뒤이어 건조시키다 만 망둥이처럼, 새카맣게 야윈 중년신사가 갈비뼈를 켜켜로 드러낸 채, 엉거주춤 식당으로 들어선다. 나이도 들었건만 논두렁 밑의 뜸부기 새끼처럼 가엾은 몸매에, 뭘 누구한테 보이려고 수영 팬츠만 입고 식당으로 들어올까? 안내자에게 쫓겨 나가는 그의 뒷모습이 민망스럽다기보다 고소하다.

훤히 비치는 고급 망사 로브를 비키니 위에 걸치고 수영장에서 시위하던 여인이 식당으로 들어온다. 귀추가 주목된다.

"으메, 이건 옷 입은 것에 속하니, 안 입은 걸로 쳐야 되니?"

망보던 식당종업원이 놀라며, 가로막아야 하나 모른 척 해야 하나, 한동안 고민하는 기색이 역력하다. 급하게 지배인과 의론하는 동안, 그 망사 로브 비키니 여인은 식당 안으로 이미 깊이 들어와 버렸다. 종업원이 다급하게 쫓아가다가 포기한다.

"옷을 입긴 입은 거지? 무슨 재질의 옷을 입으란 규칙은 없잖니?"

망사 로브이니 속이 보일 뿐이지, 엄연히 겉옷을 입었다. 수영복 차림은 아니니, 식당에 못 들어오게 할 수는 없다. 보이려는 지혜가 출중하고 가상하다. 인간은 묘한 수를 써서라도, 보고 또 보이려고 노력하며 살아간다.

두 번째 풀장 중앙에는 칵테일 바가 있고, 그 주변 물속에는 테이블 따라 의자들이 정렬되어 있다. 둘레둘레 앉아서 온종일 각 종류의 칵테일을 끊임없이 마셔대는 술꾼들이 보인다. 올 인클루시브 여행이기 때문에 물론 술값은 공짜다. 알코올을 웬만한 사발로 마셔 가지고는, 간장이 인식도 못하게 생긴 우둥퉁한 50대 남자들이, 물속 의자에 앉아서 큰소리로 껄껄댄다. 그 남자들 사이사이에는 여자들이 끼어 앉아서 게걸대고 있다.

여자들은 수십 명의 남자들이 순서대로 밟고 지나가도 움찔도 안 할 만큼, 모두가 튼실한 체구의 40대 여인들이다. 상체를 땡볕 아래 드러내고, 엉덩이와 다리만 물속에 잠근 채, 가지각색 칵테일로 무한정 목구멍을 식히고 있다. 햇볕 때문에 그들의 등허리가 시뻘게지다가, 나중엔 고목나무 썩은 색깔로 변해도, 자리를 뜨지 않는다. 왜냐하면 그들이 일어나면 누군가가 잽싸게 그 의자를 차지하고 앉기 때문이다. 좀 전에도 한 여자가 들것에 실려 방으로 옮겨졌는데, 이번에도 또 한 여인이 인사불성이 되어 수영장 둑으로 끌려나온다. 잔뜩 부푼 비지자루 같이 살이 찐 몸뚱이를 일꾼들이 간신히 돌려 뉘며 들것을 기다리고 있다. 공짜 술이 사람 잡는구나. 왜 저렇게 신장 간장 학대하며 술을 마셔, 길지도 않은 휴가를 아깝게 깎아먹는가? 친구들이나 애인에게 자기 주량을 자랑하며 보이고 싶었던 것일까, 튼튼한 위장을 과시하고 싶었던 것일까? 옆에 앉은 남자가 자기와 수준이 엇비슷한가, 또는 색달라 호감 가는 녀석인가, 감정해 보려던 것일까? 남의 것을 보기도 하고 또 자기 것을 보이기도 하려고, 마시기 시작했기 쉽다. 여자 술꾼들은 터진 가슴패기를 보이고, 남자는 허벅지 근육을 보이며 분위기 잡다가, 종당에는 만취하여 험한 꼴을 보고 또 보였을 성싶다. 어쩐지 남자들은 취할수록 뒤로 눕고, 여자들은 취할수록 앞으로 숙이더라니! 술 테이블과 의자들로 가득한 저 풀장 물은, 모르면 몰라도 물의 절반은 오줌일 성싶다. 황허 강의 물은 '물 한 말에 진흙이 엿 되'라는데, 그 농도보다는 옅겠으나, 여기 풀장 물의 오염도 역시 심각할 것 같다. 수중의 자들은 온종일 만원이며 자리 빼앗길까봐 일어나지도 않고 술을 마셔댄다. 그러니 남녀를 막론하고 오줌을 앉은 자리에서 누는 것은 공인된 불법행위다. 이상하게도 아침에는 파란 타일 밑에 찼던 물 높이가 오후에는 훨씬 위로 올라와 하얀 타일 위에서 출렁거리더라니! 술꾼들이 얼마나 오줌들을 많이 누었기에, 증발한 물 빼고도 물높이가 저만큼이나 올라왔을까? 인간들은 보고 싶고 보이고 싶어서, 지린내 풍기는 반반수 속에 앉아 있는 것도 감수한다. 사람들은 생기는 돈 없어도 보이고 싶어 안달이고, 이득 되는 것 전혀 없어도 보고 싶어 유치해진다.

고향

고향으로 가는 버스를 탔다. 혼자 고향으로 찾아가는 길은 생각할 여유가 있어서 더 감상적이었다. 고향으로 가는 길은 언제라도 가슴이 벅차오르고 짙은 흥분을 부른다. 백종장날 시장터에서 미아로 헤매던 아이가, 두 팔 벌리고 다가오는 엄마를 발견했을 때의 기분이다. 얼굴은 눈물과 콧물로 범벅이 된 아이가, 안기기 위해 자기 엄마 품으로 뛰어가는 모양새다. 공연히 눈물을 참을 수가 없다. 버스 밖을 내다보니 흰구름 덩어리가 상큼한 청천에 떠돌고, 따뜻한 햇볕은 소 몰고 가는 겁먹은 소년 하나를 내 가슴속으로 밀어 넣는다. 소도 조그만 아이는 만만히 보고 제멋대로 고삐를 끌고 도망가니, 아이는 대롱대롱 매달리며 울어댄다. 논매던 아저씨가 허겁지겁 뛰쳐나와 도와주며 낄낄 쯧쯧 혀를 차고 웃는다.

"고빵이를 코뚜레에 직접 묶어놓았으니까 괜찮다 아가. 이제 너도 쉽게 다룰 수 있을 거야. 코를 직접 잡아당기면 큰 황소도 꼼짝 못하게 마련이야."

그리움만 심어주고 죽어간 이웃 어르신네들, 그들의 삶이 동영상을 보듯 선명하게 다가온다. 낫 들고 허리 펴며 보내던 그들의 꾸미지 않은 야생미소와 이빨 빠진 잇몸이 보고 싶다. 막걸리 한 사발 마시고, 술취한 척 게걸대던 그들의 원색적 거친 언어들을 듣고 싶다. 거머리에게 정강이 피 제공하며 모내기할 때, 찢어진 맥고자 밑에 가려진 나의 흙

묻은 젊은 얼굴이 보인다. 서울을 그려보는 그 얼굴에 흥건히 고인 근심과 공포가 안쓰러워 눈물이 난다. 이미 저세상 사람들로 사라졌다는 옛 벗님네들과 심지어 더 젊은 친구들. 애들이라고 부를 수 없는 그 애들의 땡볕에 그은 얼굴이 보고 싶어 속이 짜릿해진다.

고향이 무엇일까? 그것은 사람들에게 어떠한 의미를 가지며, 어떤 영향을 주는 곳일까? 내가 고향에서 살아온 햇수는 20년도 안 된다. 시카고에서 살아온 햇수는 50년이 다 된다. 장수시대가 왔으니 내가 앞으로 10여년을 더 산다고 치면, 고향에서 산 기간의 3배를 시카고에서 살게 된다. 분명한 것은 시카고의 지리와 건물들을 훤히 꿰뚫게 되겠지만, 시카고를 생각할 때 눈물이 나지는 않을 것이다. 시카고가 가보고 싶은 동네로 남겠지만, 아릿한 그리움을 불러낸다든가, 심장이 저리는 슬픔을 머금게 되진 않을 것이다.

고향이 없는 사람은 없겠지만, 고향을 고향 같이 느끼지 못하는 사람도 의외로 많고, 고향이 어디인지 애매한 사람도 많다. 평양에서 태어나 일 년을 살다가, 서울로 업혀온 내 아내도 고향에 의미를 두지 않는다. 신촌에서 태어나 아버지 직장 따라 열 번 이상 다른 도시로 자리바꿈하며 자라난 영석이도 특별한 고향이 없다. 가난에 눌려 셋집으로 헤매었고, 이 학교 저 학교로 전학 다니면서 자라난 복성에게도, 고향의 정체는 불분명하고 그리운 곳도 아니다. 고향이 알싸한 슬픔과 강한 귀소본능을 자극하는 이유가 무엇 때문일까?

어떤 집 식구들은 겨울에도 보리와 시래기로 쑨 죽을 좋아하고, 왜 어떤 집 사람들은 여름에도 쌀밥만 좋아하는지 이상했던 기억. 모두 온종일 일하고, 똑같이 밥 세끼 먹고 사는데, 왜 경수네 집은 가난하다고 하고, 순자네 집은 부자라고 말하지? 누룽지 있고 잠잘 안방 있고 놀 건넌방도 있는데, 부자면 뭐가 좋은 거지? 가난하면서도 가난이 무엇인지 몰랐고, 가난이 불편하지도 않았던 순수함. 태어나서 처음 만나본 세상과 사람들. 평화가 천지에 가득했던 장소. 엄마들이 논두렁 길로 들밥을 내어갈 때, 우리들은 줄남생이들처럼 국 바가지 묶음이나 표주박 묶음을 둘러메고 달그락거리며 따라 나가던 땅. 시계가 없으니 몇 시인지도 모르며, 온종일 멱 감고 뛰어놀았던 모래톱과 냇갈. 나뭇가지가 찢어지도록 매달렸던 감과 밤들이 풍기는 떫고도 들큼한 냄새. 운 좋으면 제철에 개복숭아도 한두 개 얻어먹고 지나간다.

은하수 올려다보며 듣던 신선과 선녀들의 예쁜 사랑이야기. 그믐밤 허옇게 핀 박꽃 밑에서 홑이불 뒤집어쓰고 듣던 온갖 귀신 이야기들. 남자여자 뒤섞여 자치기 사방치기 제기차기 하다가 싸우고 울고 시끄럽던 동무들. 칡물과 멍석딸기물로 얼룩진 바지에 박주가리 진액까지 뒤범벅이 된 모습들. 옷에 묻은 진흙이나 코딱지도 말라붙으면 신경 안 썼고, 깨끗한 옷이 뭔지도 몰랐던 시절. 불장난이 공식적으로 허용됐던 쥐불날엔 점심은 물론 저녁밥도 굶으며 놀았다. 마른 쇠똥으로 불씨 옮기느라 어두워지는 줄도 몰랐고, 고삐 풀린 목매기송아지처럼 이리 뛰고 저리 헤집으며 다녔다. 그날 저녁에도 오줌은 안 쌌으니, 불장난하면 오줌 싼다는 말도 어른들의 거짓말임이 확실하다.

겨울철 징검다리 디딤돌을 잘못 짚어 메기 잡던 봇도랑. 얼음이 깨져서 발이 물에 빠지면, 양말을 벗어서 손에 들어야 발이 덜 시리다. 개구쟁이가 젖은 양말 들고 들어오는 모습은 메기 한 마리 잡아가지고 들고 들어오는 모습과 꼭 같다. 그래서 시골사람들은 겨울날 얼음이 깨져 물에 발이 빠지는 것을 메기 잡는다고 돌려 말한다.

10년 두고 축적된 담배냄새는 너무 약하다며, 메주 뜨는 냄새까지 섞어놓아, 홀아비 냄새는 맡을 수도 없던 사랑방. 약한 바람에도 등잔불이 흔들려 깜빡이기 때문에, 화투를 쳐도 살금살금 내리쳐야 한다. 이래저래 냄새는 고약해도 방바닥은 따끈따끈하여, 동네 머슴애들은 다 사랑방으로 모여든다. 거기서 얼핏얼핏 듣던 동네 남녀들의 스캔들. 육이오 때 피난 대열에서 살짝 빠졌던 JH 할머니와 DM 아저씨의 우연도 아닌 계획적인 Accident(사고). 그 젊은 노인들이 펼친 〈옛다, 천운의 기회다 놀아주자〉식의 사랑이야기. Y와 J의 참을 수도, 이룰 수도 없었던 애절한 사랑. IS와 JW가 소꿉장난인 줄 알고 놀다가 겹쳐 펼쳐낸 경악과 조기 사랑의 성취. 나의 키는 점점 커지고, 마음은 하루하루 오염되어갔지만, 불평도 변함도 없이 침묵하던 산들과 냇물이 있는 곳이다.

어렸을 때부터 고향에서 살고 싶지는 않았다. 농사일은 싫었다. 고향은 눈물이 나도록 그리운 땅이지만, 거기서 살고 싶진 않던 땅이다. 이율배반 같이 들리지만, 그 땅에서 먹고살긴 싫고, 그곳 사람들의 누런 이빨과 퇴비 썩는 냄새의 정서는 사랑한다.

나는 대부분의 생애를 타향에서 머물렀고, 고향에서보다 타향에서 미래의 꿈을 더 많이 설계하며 살아왔다. 생시에는 고향생각을 해 본 적도 없고, 고향병 앓을 심적 공간을 가질 수도 없었다. 그러나 꿈속에서는 놀랄 만큼 대부분의 무대가 고향 땅이다. 장소는 분명히 초등학교 다니던 부엉덤이 산길인데, 출연인물들은 백인인 제프이고 흑인 할아버지인 미스터 와이트다. 애드난과 무역 거래 의논하던 장소도 호세와 렌트 가격 타협하던 상가도, 신통할 만큼 모든 배경이 꿈속에서는 고향 땅의 밤나무산 중턱이고 앞 냇가의 빨래터다.

이제 세월이 훌쩍 흘러버려, 고향은 그 표정을 잃은 지 오래다. 시원찮게 가로거치면 불도저가 웬만한 산도 밀어버리고 만다. 고향의 랜드-마크였던 목베고개 모양새도 이미 일그러졌다. 울고 웃던 동무들도, 시골의 인심도, 뒷동산 묘지 앞의 망부석도 없어졌다.

정수와 함께 고구마 서리하던 승환네 고구마 밭에는 고층 아파트 건물들이 빼곡히 들어섰다. 봄마다 옆동산 사랑방치를 하얗게 뒤덮던 아카시아꽃들은 낯선 서울 사람들의 신규작물 밑에 묻혀있다. 고향이라야 아는 사람 몇이 남아있을 뿐 전혀 생소한 동네로 돼버렸다. 늙고 허약해진 작은형의 멀뚱한 눈초리가 옛 하늘을 지키다가, 동생이 찾아온다는 미세한 변화에 빙그레 웃고 있을 뿐이다. 고향은 장소도 아니고 시간도 아니다. 그 시간에 그 장소가 만나서 내 평생의 정서를 좌우하게 된 내 심령의 뿌리다.

딸 셋을 낳아놓고 조강지처가 자살하는 바람에 불우한 인생을 살게 되었다는 SM은 어디로 가서 무엇을 하며 살고 있을까? 이미 고인으로 됐다는 YH가 부러진 앞 이빨을 내보이며 킥킥 웃으니, 자꾸 눈물이 나오려고 한다. 고향이란 이름의 땅 여기저기 함께 집적거려 줄 불알친구 정수가 남아 있어서 나는 행복하다.

"서쪽이 작은목베고개야. 그 산 위에 너랑 국민학교 다니던 길이 있었잖니?"

밋밋하고 넙데데한 언덕을 그가 가리키니, 거기가 육 년 동안 걸어서 넘어 다녔던 산등성인지, 건설회사가 쌓아올린 둔덕인지 헷갈린다.

"아, 그러니? 거기 가서 한번 걸어봤음 좋겠다."

"지금은 거기 못 들어가. 길이 없어졌어. 아무도 걸어 다니지 않으니까, 풀만 수북하게 자라서 거긴 들어갈 수도 없어."

반질반질하던 길이 없어졌고 들어갈 수도 없는 숲으로 바뀌었다. 그러니 〈예 섰던 그 큰 소나무 베어지고 없구려,〉라고 애절하게 슬픔을 노래하던 선인은 한탄할만한 몫도 안 된다. 나무가 베어지는 것은 순간이나, 다듬잇돌 같던 학교 가는 등교 길바닥이 숲으로 되는 것은 문명의 변화와 장구한 시간의 합작품이다.

소중한 내 친구가 어렸을 적 사투리 재생하며 옹색하게 남은 옛터를 나에게 일깨워주니, 옛 냄새와 해묵은 서러움이 한꺼번에 덤벼든다. 앞똘깨, 뒷모랭이, 삼거리터, 기름철래, 내건너뜰, 이랑뜰, 보안뜰, 된섬, 밭뜰, 양성내깔머리, 뒷고개턱, 암산, 당리앞, 낭떠러지기, 번덜, 홍꼬래. 이름만 들어도 기분 좋은 지역지명들이다. 이런 이름들을 기억해

둔 사람이 있어 들을 수 있고, 내가 불러볼 때 들어줄 친구가 있으니, 고향은 아직도 가고 싶은 곳인가 보다.

나가자 젊은 벌판으로

사람 모인 곳에 가보면 거의가 노인이다. "나를 믿는 자는 죽어도 살겠고"라는 표어 밑에서, 죽어도 못 죽겠다고 발버둥 치며 예배당을 가득 메운 사람들도 대부분 노인이다. 투표장에도 노인투성이고, 식당에도 노인이 많고, 관광지에 가보면 더 많다. 액티비티가 없고 구경하잘 것이 별로 없는 부실한 관광지일수록, 잡티도 없이 순수하게 노인들뿐이다. 관광버스를 타고 오면서 가면서 노인들을 웃겨 주고, 점심이나 신경 안 쓰고 먹게 해주는 실속 없는 관광이 앞으로는 더 번창할 것 같다.

유원지마다 노인들이 판을 친다. 걷지 못해서 월체어 타고 온 노인들은 어지간히도 많다. 고속도로 휴게소 주차장에서 낮잠 한숨 자려고, 누워서 차창 밖을 내다본다. 질룩질룩 다리 절며 화장실 가는 사람이 정상걸음 걷는 사람보다 더 많다. 소변 본 후에도 시동 걸어 놓고 차속에서 쉬고 있는 사람들이, 휴게소 야외 벤치나 공원에서 바람 쐬는 사람들보다 더 많다. 에어컨 없이는 못 견디는 노인들이기 때문이다. 아~, 이 늙은이들을 누가 다 먹여 살리나? 앞으로 노인들은 점점 늘어날 테니, 거리엔 생산능력이 없는 늙은이로 가득 차게 생겼다. 야박스런 어린놈이 뼈있는 말을 던진다.

"장기 기증보다 더 급한 것은, 서둘러 죽어주는 일이죠. 타인의 희생을 파먹고 오래 사느니, 순서 놓치지 말고 천국으로 출발해 주는 게 사회봉사죠."

패기 찬 노인은 대꾸한다.

"먹여 살리거나 희생할 걱정 말그라 야! 내 돈 들여 내 먹고 내 살다 내 주께로 내 갈 텡게. 지 밥 묵고 지 사는 시상 아이가?"

앞으로는 노인들을 위한 사업이 대성할 것 같다. Care-Giver라든가, Catering사업, 노인대학, 추억의 노래방, 노인 기쁨조, 소설 수필 읽어주기, 성경대독해 주기, 등의 사업이 유행하지 않을까? 더욱이 요즘은 책을 잘 안 읽는 풍조이며, 비디오가 판을 치는 시절로 돌입했다. 앞으로는 개인일생 비디오나 젊은날 자기가 겪었던 로맨스를 주제로 제작한 자전영화가 유행하지 않을까? 인생 스토리를 극화시키고 철학적 요소를 삽입시켜, 개인영화를 제작해주는 사업도 괜찮을 성싶다. 물론 이 세상에 존재해야만 했었던 이유를 선명하게 부각시켜야 됨은 필수다. 요즘 노인들이 젊었던 시절의 사진을 가지고 다니듯, 앞으로 노인들은 개인 인생영화를 휴대전화 속에 넣고 다닐 것이다. 여행 가면서 오면서 개인영화를 보여주고, 잘된 영화를 투표로 엄선하는 일도 흥미로울 것 같다. 촌스럽게 환갑잔치 고희파티를 계획할 게 아니고, 그 돈으로 개인영화를 만드는 것도 좋을 성싶다. "백세만세"란 회사명칭 아래 개인 인생 영화 제작사를 차려 돈 벌 궁리하는 건 어떨까?

요즘은 늙었다고 자기 몫을 포기하거나 뒷줄로 물러나는 시절이 아니다. 늙은 사람들은 늙은 상태대로 자기가 할 수 있는 일감과 즐길 거리를 연구 개발하고, 새로운 것들이나 생소한 길들을 계속 시도한다. 뿐만 아니라, 젊은 사람들도 노인들의 삶에 활력을 주기 위해, 자꾸 노인들을 위한 새 영역을 펼치며 흥미로운 소재를 개척해 나간다. 왜냐하면 노인들의 주머니가 젊은이들의 주머니보다 헐렁하기 때문이다. 노인들은 원하는 것이 뚜렷하고 단순하다. 가려운 곳을 정확하게 긁어주기만 하면, 노인들은 의외로 소비자로서 관대해지게 마련이다. 젊은이들은 노인들이 죽을 때를 기다릴 것이 아니라, 노인들을 대상으로 돈 벌 계획을 세움이 더 현명할 것이다. 유산으로 받은 공돈은 날개가 달려서 졸지에 없어지지만, 노인들을 위한 사업을 벌여 자기가 직접 번 돈은 알차고 떳떳하다. 그런 돈은 내 수중에서의 수명이 길다.

"필라델피아 피츠버그에서 왔어요. 어제 머틀비치에서 온종일 놀고 밤새워 운전하며 여기 왔어요. 작년에 은퇴했는데, 난 너무 피곤해요."

'노아의 방주'를 만들었다기에 아침 일찍 가서 보려고 새벽에 주차장으로 들어섰다. 나보다 더 빨리 주차장에 와서, 운전대에 기대어 잠자고 있던 백인노인이 하는 행복한 불평이다.

"보소. 정신 차리소. 쉬어가면서 놀아야지, 늙은 주제에 몸을 혹사해? 평생 일만 실컷 하고 은퇴했는데, 놀아 보지도 못하고 과로사 할끼고?"

그래도 옆자리에 앉아있는 그의 아내는 아직 팔팔한 남편의 체력이 자랑스러워서 방실방실 웃는다. 아마 그 아내는 은퇴신랑의 생명보험을 큰 걸로 들어놓았나 보다. 앞이 창창한 이 은퇴부부의 제2인생에는 활력과 의욕이 넘치고 있다. 전화 속에 있는 달력을 들여다보니, 가고 싶은 명소와 면밀한 스케줄로 빽빽하다.

어떤 모텔에서 짐을 푸는데, 하나의 젊은 할아버지가 더 젊은 남자를 태우고, 내 차 옆 자리로 모터사이클을 들이민다. 눈코입이 준수하게 생긴 용모는 아니지만, 벙글벙글 웃는 인상엔 아직도 젊음이 질펵하게 흐른다. 저녁에는 모터사이클을 걸레로 닦고 광약으로 문지르더니, 아침에 보니 비맞을까봐 모터사이클을 카버로 씌워놓았다. 척 봐도 모터사이클 초심자임이 뚜렷하다. 아침 식사하는 식당에서 그 사람을 또 만났다.

"모터사이클 여행은 젊었을 때부터 해보고 싶던 짓이에요. 더 늙어 무력해지기 전에 타보려고, 벼르고 별러서 산 모터사이클이지요."

자세히 보니, 깎다만 수염은 허옇게 턱을 덮었고 대머리는 모자로 가린 노쇠한 남자다, 젊어 보이기만 할 뿐 완연한 할아버지였다. 그의 아내인 할머니는 교통사고로 죽기 싫어서 모터사이클 뒷좌석에 타기를 거절했나 보다. 그렇잖으면 뒤에 태운 남자가 젊었을 때부터 집적거리며 점찍어 두었던 러브파트너인지도 모른다.

"나도 은퇴한 66세의 남자죠. 가족을 위해 할 일 다 마친 사람이니, 내 맘대로 살아보려고 집 떠났어요."

할아버지의 미소에 소년 같은 수줍음이 살짝 스친다. 은퇴했으니 죽거나 다쳐도 가족에게 미안할 것도 없다는 뜻이든가, 죽어 없어져도 울어줄 사람이 없어서 마음 가볍다는 뜻인 모양이다. 의무의 유효기간이 모두 끝났고 즐거울 권리만 남았다고 의기양양하다. 용감한 늙은이며 제법 멋있는 삶을 꿈꾸는 남자다. 해보고 싶던 일을 실컷 해보고 말겠다는 야심찬 패기가 두 눈동자와 널찍한 그의 어깨에서 넘실거린다.

"그러셔. 하고 싶던 짓 부지런히 다 하소. 제발 사고만 내지 말고."

빨리 달리려고 서두르지만 않는다면 이런 노인은, 백 살까진 거뜬히 살 것 같다. 정정하고 튼튼하니, 무엇이든지 의미 있다고 생각하는 짓으로, 자기 여생을 메울 것이다. 언제 어떤 불행한 병에 걸릴는지, 어떤 사건 사고와 맞부딪쳐 죽음을 맞을는지 알 수는 없다. 하지만 병도 그를 피해 갔고 운 좋게 사고도 없었다고 쳐도, 그는 길어봤자 몇 년 이상 살 수 없음은 확실하다. 왜냐하면 사람의 수명은 빤한 것이기 때문이다.

다람쥐 쳇바퀴 돌 듯, 나도 집에서 공원으로, 식당에서 교회로, 똑같은 발걸음 반복하다가 스러지긴 싫다. 어차피 늙은이로 가득 찬 세상이다. 엉성한 수염 쓰다듬으며 뒷방으로 들어앉지 말고, 저 젊은 벌판으로 튀어나가고 싶다. 더운 피 종발깨나 남았을 때, 나가서 해보고 싶던 짓 제재 없이 해보다가 죽고 싶어진다. 저조한 능력으로 공연히 옆 사람 집적거리거나, 혹은 늙은 마누라에게 칭얼댈 필요가 뭐 있는가? 쓸데없이 젊은이들에게 잔소리로 참견 하다가 핀잔 듣지 말자. 내 몸뚱이조차 귀찮아지는 때가 오래잖아 닥칠 것이다.

"이왕 한번 살고 가는 건데, 그거 해볼 걸! 에잇, 그때 그렇게 했어야 되는 건데."

나중에 후회하며 눈물 흘려도, 시간은 무표정 무관심을 보이며 더 빨리 도망갈 것이다. 이제는 젊었을 때 시간 없어서 못했던 일도 해보고, 돈 아끼느라고 못 갔던 휴가도 찾아먹어야겠다. 부모 위해, 가족 위해, 체면유지 위해, 또 하나님께 아첨하기 위해, 평생 수고한 나 자신에게 포상도 해줘야 될 성싶다. 무력해지기 전에, 밖에 펼쳐진 파란 세상을 향해 혈기행진을 해봐야겠다.

제2부

보려고 눈을 감다

독나무 언덕

우리나라 한반도에서는 육이오 때 잠간 공산당이 지배하려다가 북쪽으로 쫓겨 갔다. 남한의 견제로 북한 공산주의는 그런대로 신사적으로 발전해 온 상태인데도 지금의 그 지경이다. 한국전쟁에서 만약 미국이 손들고 퇴진했고, 한반도의 공산화가 장기화되었다면 어땠을까? 머슴들과 양아치들을 시켜 지주와 지성인들에게 농사일을 강요했을 것이다. 한국인 특성대로 못 배운 자의 한과 잘난 자의 아집이 맞부딪쳐 무시무시했을 것이다.

"정부시책에 반론을 펼칠 경우, 구정권에 관여했던 냄새가 비치거나 군경 연루자들은 살해해도 좋다."

국민들의 만만치 않은 반항에 위협을 느낀 공산 권력자는, 이런 섬뜩한 하달을 했을는지도 모른다. 또 국가시책에 반항하는 자, 고학력자나 부유하게 보이는 자들은 모두 고문 대상이었기 쉽다. 죽으면 명령 불복종에 의한 사살로 되고, 살아나면 또 고문한다. 고문할 때 비몽사몽간에 헛소리로 발설된 성일아버지, 진규네 큰삼촌, 은혜 작은오빠, 모두 찾아낸 후, 근거를 첨가 조작하여 계속 죽여 나갔을 것이다.

중립국이었던 캄보디아에서 시아누크를 축출하고, 미국은 1970년에 친미파 론놀정권을 내세운다. 호치민루트를 공격한답시고, 월남전 중에 미국은 캄보디아 국토까지 마구 공격했다. 폭격과 전쟁을 피하여 수도 프롬펜으로 몰려든 농업난민들이 100만 명이다.

사방을 휘젓거리던 미국은 월남을 버리고 살짝 철수해 버렸다. 살판난 공산당은 오히려 캄보디아에서 더욱 득세를 하게 되었다. 크메르루즈(무장공산주의 단체)를 이끄는 폴폿이 캄보디아를 농민천국으로 만든다며 나섰다. 후원자인 미국이 떠나서 힘이 빠진 론놀 정부를 뒤엎고, 정권을 장악한 폴폿은 소련 중공과 손잡았다. 미국의 원조도 끊어지고, 캄보디아는 굶어죽는 국민이 비일비재하게 되었다. 폴폿은 화폐제도까지 없애고 농민을 농촌으로 강제 이주시키려 노력했다. 그 무렵까지도 중공에서 계속되던 문화대혁명에서 폴폿은 인민 다루는 방법을 배웠다. 모택동의 마오이즘을 흉내 낸답시고, 폴폿은 전국민 인간개조와 노예화를 감행했다.

내 재산 네 소유가 없어진 상태에서, 도시인과 지식인을 농촌 강제노동 수용소로 내몰았다. 반항하면 즉각 처형했다. 내친김에 론놀 정권 연루자나 군경관계자들은 가족 친척까지 몽땅 죽였다. 뚜엉슬렝(Ttueong Sleng=독나무 언덕)은 들어가면 고문 중에 죽든가 고문 끝에 굶어죽어 나오는 S-21보안감옥이다. 의사 교사 지식인은 물론이고 얼굴이 깨끗하게 생겼거나 손이 고운 자는 학살대상이었다. 안경 쓴 자나 볼펜 잡았던 흔적이 손가락에 있는 자는 죽을 때까지 고문해도 용납되었다. 시선이 예리하여 떫게 보이는 자, 코가 길어 경멸스러운 자는 죄목을 붙여 죽였다. 예쁘답시고 말 안 듣는 여자, 어렸을 때 지주의 아들 이몽룡과 비슷하게 생긴 자는 모두 죽을 때까지 고문했다. 죽기 전에 그들 입에서 토설됐던 이름들은 누구나 막론하고 이유 없이 학살대상이다.

왜정시대나 자유당시절에도 그랬듯이, 무식한 놈들일수록 잔인하게 논다. 농민천국이 되기 전에 부정천국으로 되어버린 캄보디아에서는, 고문 없는 총살은 너무 관대한 처형이었다. 고압선 전기충격, 물고문은 기본이다. 쇠침대에 눕혀놓고 쇳덩어리로 머리가 으스러질 때까지 서서히 내리누른다. 유방이나 성기 등 예민한 부분을 짓이기고 잘라내어, 굶어죽는가 아파서 죽는가 방치 관찰하기도 했다. 드릴로 머리에 여기저기 구멍을 뚫어, 어디에 구멍을 내면 죽는 시간이 얼마만큼 길어지나 감정 식별해 보기도 했다. 나체를 나무에 묶어 열대 붉은 왕개미들이 살을 파먹게 만드는 고문도 있다. 완전히 새디슴 변태환자 수준이다. 1975년 4월부터 폴폿은, 1979년 1월 월남이 프놈펜을 함락시킬 때까지 국민의 1/3인 2백만 명을 학살하였다. 캄보디아는 월남 때문에 망했고 월남 때문에 살았다.

학살당한 시체들을 한 구덩이에 묻은 집단매장지를 킬링휠드라고 부른다. 킬링휠드는 2만 군데나 발견되었다. 시엠립 시내 근처에도 킬링휠드에서 발굴된 사람들의 해골을 유리로 만든 건물에 쌓아놓고 관리 전시하는 사원이 있다. 해골더미는 너무 흔히 보는 것이라는 듯 입장료도 없으니, 동네 꼬마들이 들어와서 숨바꼭질하며 뛰어논다. 어떤 계집아이는 입을 벌리고 해골이 싸여있는 유리벽에 혀를 짓뭉개며 놀기도 한다.

미국아이들은 할로우윈이라는 절기가 있어, 어렸을 적부터 해골이나 귀신과 친해질 기회가 있다. 한국아이들은 플라스틱으로 만든 해골을 한번 보고도 밤잠을 설치며 무서워하고, 밥맛까지 잃고 괴로워한다. 캄보디아 아이들은 일찍부터 진짜 해골을 앞뜰과 뒤곁에서 보면서 자라왔으니, 킬링휠드 물결이 다시 몰아닥쳐도 눈 하나 깜짝 안하게 생겼다. 얼마나 많이 학살당했는지, 현재 캄보디아 인구의 70%가 23세 이하의 젊은이들이라 한다. 살아남은 이들은 앞으로 일찍부터 결혼하고, 중국 한족을 비웃으며 산아무한을 장려해야 될 성싶다.

오면서 가는 세월

오늘은 꽃나무 두 그루 심느라고 삽질 몇 번 했을 뿐 온종일 빤빤히 놀았다. 그런데도 왜 이렇게 어깻죽지도 아프고 엉덩이뼈도 아프냐? 건들지도 않은 요 새끼발가락은 왜 이렇게 덩달아 아파 내 속을 심란하게 만드는가? 공원에서 콘서트가 있으니 나가자고 작은아들이 전화를 했다. 음악 감상한답시고 공원 의자에 맥 놓고 앉아, 빈 공상하고 있으니 영락없는 늙은이다. 두 살도 안 된 손자가 나에게 어딘가를 가자고 이끈다. 할 수 없이 따라 나서며, 어서 네가 가고 싶은 곳으로 가보라고 떠미니, 뙈똥뙈똥 잘도 걸어간다. 누군가가 뒤를 지켜주니 걱정이 없다는 듯, 신경도 안 쓰며 낯선 사람들을 젖히고 생소한 곳으로 끝없이 돌아다닌다. 야구장을 지나서 정구장 문도 열어보고 그네 타는 큰 아이들에게 시비도 걸어본다. 무죄한 개미도 밟아보고, 돌멩이로 나무를 맞추려다 제 발등을 다칠 뻔하기도 한다. 솔방울도 주워서 정밀검사를 해보고, 쓰레기도 집어서 냄새를 맡아본다. 빗물 고인 퍼들을 살짝 밟아, 물에 비친 파란 하늘과 흰구름을 산산이 부숴놓는다. 빨간 병뚜껑을 줍더니 큰 재물을 얻은 양 잔뜩 움켜쥔다. 엄마에게 가겠다고 울 때도 됐을 성싶은데, 세상 무서운 줄 모르고 무작정 전진한다. 힘없는 나를 완전히 믿어주니 좋기도 하지만, 미지의 세계탐험을 위한 지칠 줄 모르는 아기의 호기심은 내 낡아가는 육체를 또 한 번 지치게 한다.

내가 지침으로서 손자가 세상에 대한 의욕과 자신을 가질 수 있다면, 겉껍데기만 남을 때까지 기진맥진해도 좋다. 나의 탈진이 손자의 호기심을 충족시키고, 나의 피로가 손자의 배움에 원동력이 된다면, 나는 계속해서 지쳐갈 수 있다. 아들들은 너무 가까이 쫓아오니, 잘 보이지 않는 모양이다. 어쩌면 아들들이 어렸을 때, 손자와 똑같은 모습이었는지도 모른다. 아들들의 재롱을 눈여겨보지 못한 채, 어서 자라 빨리 어른이 되라고 채찍질만 했던 젊은날이 아픈 그림자로 남는다.

늙은 야곱이 죽기 전에 아들들을 불러 모아놓고, 한 사람씩 꼬집어 불러대며 유언한다. 아들들이 행했던 착한 일 나쁜 일 모두 언급하며, 축복도 하고 저주 비슷한 예언도 한다.

"아들들이 곧 자기 자신입니다."

목사님의 설교 말씀을 듣고 나는 깜짝 놀랐다. 야곱이 아들들에게 한 말은 결국 인생을 마감하면서 자기 스스로에게 한 말이라는 뜻이다. 아들들의 단점이나 장점도, 또 그들 개개인의 캐릭터나 문제에 대응하는 방법도, 곧 나 스스로의 것이었다는 말인가? 아들들이 행한 모든 일들은, 자기 몸속에 잠재하고 있던 관렴들이 아들들을 통하여, 행위로 나타난 현상이라는 결론이 된다.

야곱은 자기가 일생 동안 겪어온 험한 길을 되돌아봤을 것이다. 서러웠던 일, 두려웠던 일, 보람됐고 즐겁던 일들을 돌아보면서, 늙은 야곱은 그 굽이굽이 얼마나 아팠을까? 많은 후회에 가만히 한숨 쉬었고, 흐뭇한 성취감에 긴 날숨 내뿜으며 뿌듯해했을 것이다. 아들이 하나나 둘인 사람도 아들들과 맘이 안 맞아 싸우고 미워하고 두려워하고 의심하며 산다. 이 여자 저 여자에게서 열두 아들들이 덜컥덜컥 태어나 쑥쑥 자라날 때, 야곱은 천군만마를 얻은 듯, 자신감에 도취됐었을 것이다. 그러나 아들들이 서로 싸우고 질투하고 말 안 들을 때는, 야곱도 속깨나 썩었을 것이다. 아들들이 합심하여 몰려다닐 때는 세상이 다 내 것 같았건만, 패를 갈라 서로 맞설 때는 기운 좀 빠졌을 것이다. 어떤 아들놈은 아버지의 후처를 범하기도 했다. 낯선 땅에서 다른 족속과 사돈을 맺어 평안을 누리며 살아보려고 별렀으나, 두 아들 놈들이 사돈네 족속 남자들을 전멸시켰다. 사랑의 증표로 사돈네 족속 남자들이 생소한 할례까지 받았건만, 아버지 야곱의 말을 무시한 채, 두 아들놈들이 제멋대로 잔학성을 드러냈다. 제일 사랑스럽던 요셉을 팔아 없애기까지 한 아들놈들이었으니, 음미해볼수록 증오가 사랑보다 더 솟구치는 아들들이다.

아들들이 결국은 나 자신이라니, 강하게 부인하고 싶은 진실인 성싶다. 아들들을 응시하면서 지나온 내 인생을 되돌아보면, 별다른 이유 없이 눈물이 쏟아진다.

"자, 보세요 날! 천부당만부당. 어떤 구석이 나를 닮아요?"

아들들이 가진 나와 다른 점을 맹렬히 비난하던 시절도 있었고, 불평의 응어리가 가슴을 내리눌러 호흡곤란을 일으켰던 기억도 떠오른다. 말도 안 돼요. 어디가 서로 비슷하기나 하단 말입니까? 아들의 다른 점이 어디서 발전해 나왔건 상관없이, 그것이 내가 지닌 필연적 단점이라면, 그 단점을 사랑할 수밖에 없다. 떼어낼 수 없는 자아이니, 사랑해야만 된다. 나 스스로를 저주할 수도 없고 나를 버리고 살 수는 없다. 내 다리가 맘에 안 든다고 도마뱀 제 꼬리 잘라내듯 내 다리 잘라낼 수는 없는 노릇이다. 나와는 너무 다르다고 생각했던 아들들의 실체가 곧 나라는 사실은, 죽이 됐든 밥이 됐든 아들의 모든 것을 사랑해야만 된다는 논리다. 싫어하는 점을 사랑하려 드니, 저항이 생기기 전에 눈물이 먼저 쏟아진다. 이것이 자아가 죽는 현상일 수도 있다.

우리가 모르는 길을 가는 것이 인생이고, 누구도 함부로 속단할 수 없는 미로가 인생길이라는 진리에 위로를 받는다. 단점이라고 증오했던 부분이 뜻밖에 장점으로 작용할 수도 있는 것이 인생이다. 노력하며 살지 않는 인생이 어디 있으랴? 인생길에 최선을 다하지 않는 사람이 어디 있으랴? 그런데도 어떤 사람은 정확한 길로 들어서서 화려한 인생을 펼치고, 어떤 사람은 암흑의 동굴 속에서 출구를 찾아 평생 헤맨다. 분명히 빨간 크레용을 확인한 후, 꺼내서 칠했는데, 칠하고 보니 새카만 색이다. 까만 장미가 빨간 장미보다 더 아름답게 보일 수도 있을까? 그래서 흑장미도 만들어 냈을까? 실수로 만들어진 새카만 장미가 만인의 인기를 끄는 경우도 있을 테니, 물론 실망은 금물이다.

내가 그렸던 아들들의 인생길과 동떨어진 길을 걷고 있는 아들들을 바라보니, 입맛은 씁쓸하다. 나와 아이디어가 척척 맞아 들어가지는 않지만, 아들들이 그들 나름대로 사회활동 교회활동을 하며 타인들과 어울려 살아간다. 주님 주신 나의 길에 만족해야 될 이유가 바로 이것이라면, 감사하며 살아갈 심적 여유는 지니고 있다. 손자 손녀가 어른들 흉내를 내면서 점점 사람 형태를 갖추어 간다.

연약해지는 육체로 한숨 내뿜으며 가는 세월을 바라보기만 했다면, 한없이 쓸쓸했을 것 같다. 어느 순간 세월이 가기만 하는 것이 아니라 오기도 하면서 변한다고 생각하니, 늙어감도 싫진 않아진다. 세월이 흐름은 아름다운 예술이며 빈틈없이 정확한 철학이다. 하나님의 법칙에 허점이 있을 리 없으니, 하나님이 정해놓은 길이라면, 어느 것이나 즐겁게 따라가고 싶다. 내가 한 발짝 멀어져 가면, 손자가 자기 부모의 인생을 치밀며 한 발짝 다가온다. 세월이 내 인생을 관통하여 흐른다는 것은 아름다운 운율을 타고 즐거운 춤을 추는 일임에 틀림없다. 운율을 깨지 말고 거기에 합당한 춤을 의욕적으로 추며 살아가고 싶다. 이 운율은 내 생애에서 끝나는 곡이 아니고, 내 손자들도 어깨 씰룩거리며 춤 출 영원한 명곡이다. 발장단 엉덩이장단 신나게 맞추며 기쁨을 창출하고, 오늘도 나는 오는 세월 바라보며 가는 세월 속으로 떠내려가련다.

배고파

풍요의 나라 미국에 집 없이 구걸하며 떠도는 노숙자가 60만이나 된다. 노숙자라면 홈리스란 말보다 고급스럽게 들리지만, 거지를 일컫기는 매한가지다. 남자건 여자건 노숙자 중에는 외모가 꽤 잘생긴 사람들도 있다. 노숙자들에겐 왠지 큰 비밀이 숨어있을 것만 같다. 많은 의문이 희극적 요소를 매달고, 신데렐라 파티복 끝자락처럼 매끄럽게 나풀댄다.

젊고 바빴을 때 맥도날드 식당에 들어가 급히 식사를 했다. 내가 마음 좋게 생겼던지 어떤 홈리스 할아버지가 나를 자꾸 쳐다본다. 자기는 돈이 없어서 굶고 앉아 있는데, 맛있게 먹어대는 내가 부러웠었나 보다. 요구사항이 있으면 말을 해라. 성냥팔이 소녀도 부잣집 문 두드리며 도움을 요청했으면 죽진 않았다는 사실을 알아둬.

"이 후렌치후라이는 내가 안 먹어도 되는데, 할아버지 드릴까요?"

적선하는 자로서 내가 자신 있게 말했을 때, 그 홈리스 할아버지는 대꾸도 하지 않고 나를 멀뚱히 바라보기만 했다.

"애개개~, 얼빠진 놈! 날 몰라도 한참 모르는구나 너."

그 홈리스 할아버지가 그때 눈으로 내게 한 말이다. 눈치가 되게 없었던 나는 그의 눈빛언어를 알아듣지 못했다. 나는 후렌치후라이를 그 할아버지에게 건네주기 위해 그에게로 다가갔다. 말없이 나를 응시하던 그는, 자기 팔에 가려졌던 자기 테이블을 자기 턱으로 가리킨다. 거기엔 먹다 남긴 햄버거와 후렌치후라이와 드링크까지 갖추어져 있었다.

"이런 우라질 늙은이. 맛있는 음식 실컷 먹어놓고, 남 밥 먹는 걸 왜 그렇게 쳐다보니?"

착한 젊은이 흉내 내려다, 졸지에 미친 저능아로 가치 폭락한 내가, 되돌아서면서 맘속으로 한 불평이다. 이 말을 마음속으로 하기 전에 내가 눈을 부라렸었는지는 기억에 없지만, 틀림없이 부끄러움에 내 얼굴은 빨게졌을 것이다. 머리도 좀 돌아가고 눈치 깨나 빨라야 할 신세대 젊은이로서, 어리빙빙한 바보짓을 저질렀음이 젊은 가슴에 자책으로 남게 되었다.

"I am hungry for food.(배고파.)" "I have 5 children who are waiting for me all day.(날 종일 기다리는 자녀가 5명임.)" 곳곳마다 홈리스들이 종이 사인을 들고 길 위에 서 있다. 미국은 세상에서 가장 먹을 것이 많은 나라다. 요즘은 옛날보다 음식도 더 흔해졌을 텐데, 배고프다는 거지는 오히려 늘었다. 하나님께 보이려고 기회 닿을 때마다 나도 1불씩 주긴 하지만, 맥도날드에서 만났던 그 홈리스 할아버지가 늘 생각난다. 그래, 아침밥을 일찍 먹었으면 너도 배고프겠지? 재벌 영감탱이도 조반 일찍 먹었으면, 이때쯤 배고파진단다. 자기 목구멍도 책임 못 지는 여자가 과연 아이 다섯을 낳았을까? 거짓말 같다. 여러 아기를 낳으려면 남자도 몇 번 갈아치웠을 텐데, 너 먹여 살릴 남자를 한 명도 못 물었냐? 너무 잘난 놈만 물었기 때문에 매번 차였든가, 그 반대였든가, 둘 중 하나다. 구걸로 애들 다섯을 먹여 살릴 수 있을까?

홈리스라고 해도 최소한도 배고프다는 말은 거짓말일 것 같다. 그로서리 스토아건 식당이건 아무 데를 가서도 먹을 음식을 달라면, 이 나라에서 거절할 사람은 없을 성싶다. 일 좀 시켜 달라고 누군가에게 매달리지, 저 사람은 이 추운 날씨에 왜 저기 서서 저렇게 비럭질을 하나?

영어 잘하고 외모 반듯하고 팔다리 멀쩡한데 일자리 주는 사람이 저렇게도 없을까? 아무 일도 못할 만큼 심각한 속병이 있나? 저 추위를 견디며 서 있는 인내심을 보면, 아주 고달픈 일, 비천한 일이라도 할 수 있을 것 같다.

쉬운 일일지라도 시키는 일을 꾸준히 할 정신적 능력이 없음이 우선일 성싶다. 되는 대로 살고 싶은 기질, 아무런 책임도 지고 싶지 않은 천성이 그 이유일 것도 같다. 되풀이되는 같은 형태의 삶을 못 견디는 성격이거나, 끝없이 떠돌고 싶은 욕망의 역마살도 한몫을 하는 것이 아닐까?

홈리스는 어쩌면, 떨쳐버릴 수 없는 끼를 가지고 있는 사람이 적당한 기회와 맞부딪칠 때, 속에 품어왔던 그 길로 미끄러지는 것이기 쉽다. 학교교육도 받을 만큼 받았고, 아주 반듯한 미남자가 홈리스로 된 경우도 흔하다. 자유철학과 무소유 만끽하다가, 성병에라도 감염되면 그 인생은 거기서 종치게 된다. 아무나 홈리스로 될 수 있는 것은 아니다. 한두 가지 예만 봐도 뚜렷이 알 수 있다.

LA에는 한 사람의 한국동포 무직자가 살고 있었다. 그 사람은 신청한 일자리에서 연락 올 때를 기다리다 지쳐, 자기 아파트에서 굶어 죽기 직전에, 친구에 의해 발견되었다. 하루만 늦게 발견되었어도 죽었을 것이라는 소식이다. 만약에 굶어죽고 말았다면, 그는 홈리스 끼가 결핍되어 목숨을 빼앗긴 턱이니, 그 끼의 중요성이 사생결단의 요인도 된다. 그런 면에서 보면 홈리스 끼가 너무 없는 것도 곤란하다. 사람이 살아남을 수 있을 만큼의 홈리스 끼는 지니고 있어야 될 것 같다.

시카고에도 한인 여자 홈리스가 있었다. 여성 의류상회인지 잡화상회인지 가게를 열어, 비즈니스도 경영했던 여자였다고 했다. 영어도 꽤 하고 교육수준도 있는 여자였다. 도와주어야 할 사람이라는 여론이 시카고 한국동포들 사이에 들끓었다. 한국 동포신문이 앞장서서 그 여자를 도와주려고 노력해보다가 실패했다. 그때 언급됐었던 말도 '떠돌아야 직성이 풀리는 끼'는 이웃이 제거해 줄 수 없다는 것이었다. 다시 말해 홈리스 끼를 가진 사람은 홈리스로 지낼 수밖에 없고, 홈리스 끼를 못 지닌 사람은 굶어죽어도 홈리스로 살 수 없다는 결론이다.

미시간 애비뉴와 왜커 길이 만나는 시카고강 위에는 다리가 있다. 다리 구석에 앉아있는 어떤 홈리스는 특이한 피켓을 들고 있다.

"Make America great again.(미국을 다시 위대하게.)"

정치하는 어떤 사람이 지나가다가 자기 당론과 일치하는 구호라는 이유로, 몇 백 불 적선하고 갈 수도 있을까? 바야흐로 정치가가 홈리스를 정치에 이용하는 시절, 혹은 홈리스가 정당 구호를 이용하여 구걸 사업에 활력을 불어 넣는 시절이 왔다. 겉보기에는 홈리스가 돈 없고 불쌍한 사람이다. 실제 그들은 웃음을 창조하는 배우일 수도 있고, 색다른 라이프스타일을 추구하는 Sociopath(이상성격자)일 수도 있다.

인류사회에서 홈리스가 영원히 사라지진 않을 것이다. 온 인류가 다 잘 살 수 있는 풍요로운 시절이 온다 해도, 일부 사람들이 지니는 끼는 떨쳐버릴 수 없기 때문이다. 이것은 좋게 말하면 유랑 끼고 혹평하면 홈리스 끼다. 육이오 직후엔 한국에 홈리스가 많았었고 아사하는 사람들도 꽤 있었다. 그러나 국민1인당 소득이 2만 8천불로 된 요즘에도, 실제로 한국의 홈리스 숫자가 줄어들진 않고 있다. 이것은 홈리스와 가난과는 별로 관계없음을 보여준다.

이런 이론으로 유추해보면, 천국에도 홈리스가 있을 수 있다. 평화와 기쁨이 넘쳐나고 참을 수 없는 감사가 재채기처럼 터져 나오는 천국에서 홈리스가 길가에 쭈그리고 앉아 구걸하는 장면은 어울리지 않는다. 믿음으로 가는 나라 하나님 나라인 천국에, 믿음이 있어서 들어오긴 했지만, 버렸으면 좋았을 홈리스 끼를 달고 들어왔으니 어쩌랴? 아브라함은 천년만년 나사로만 품에 안고 있겠는가? 자기 일을 찾아서 해야 할 사람이 무엇을 해야 될지 모르고, 맡겨진 일도 하기 싫으면 거리에 나앉아야지 별도리가 없다. 천국의 홈리스는 도대체 무엇을 구걸할까? 사랑을 구걸할까, 관심을 구걸할까? 지금은 우리가 짐작하지도 못하는 엉뚱한 것들을 구걸할 수도 있다.

세상 사람들은 점점 더 잘 살게 될 테지만, 앞으로도 이 땅 위에 홈리스가 줄진 않을 것이다. 미래에는 어떠한 형태의 홈리스가 출현할까? 자기 집을 다른 사람에게 임대해 주고, 거리에 나앉을 수도 있다. 자신의 고급 차를 길가에 세워 두고, 아라비안 러그로 자리 깔고 구걸할 수도 있다. 값비싼 태양열 담요로 엉덩이를 덥히며, 추워죽겠다는 듯, 벌벌 떠는 시늉을 할 수도 있다. 백보좌의 최후심판이나 불교의 윤회설을 믿지 않더라도, 행인들은 그때도 여전히 홈리스에게 적선할 것이다. 홈리스가 들고 있는 종이 사인도 바뀔 것이다. “얕보지 말라. 내 아버지는 만물의 주!” “이승에서 베푼 쪽파씨만한 선행, 내세에선 사업자금 되어 되돌아온다!” “나 오늘 너에게 잔돈 구걸하고, 너 내일 아브라함 품에 안긴 나에게 냉수 구걸하리라!” 홈리스들의 기발한 구호도 출현하겠지만, 그때나 지금이나 영원무궁이 동일한 문구도 잔존할 것이다.

“I am hungry for food.(배고파.)”

흘리고 잊어버린 씨앗

꽃밭에 뿌리려고 받았던 여러 꽃씨를 버리게 되었다. 빈 물병에 넣어서 버리기도 하고, 마당의 흙과 함께 쓸어버리기도 한다. 강한 산성물질에 섞여 버려지는 운 나쁜 꽃씨도 있고, 차고의 선반 위에서, 수십 년 동안 잊힌 채, 바짝 말라버린 꽃씨도 있게 된다. 대부분의 씨앗은 가까운 시일 내에 쓰레기와 섞여서 썩든가, 불에 태워지든가, 싹트다가 밟혀 죽고 얼어 죽을 것이다. 그러나 어떤 꽃씨는 깨어진 유리병 속에서 수억 년을 잠잘 수도 있다.

강바닥에서 파낸 흙을 모래사장 한 가운데 쌓아두었는데, 봄이 되니 거기서 각종 식물의 싹이 난다. 주위엔 항상 따끈따끈한 모래벌판뿐인데 어떻게 씨앗이 찾아들었단 말인가? 하늘에서 씨앗이 떨어졌는가, 누가 몰래 씨를 뿌리고 도망갔는가? 수천 년을 강바닥에 잠자던 흙인데 어떻게 씨앗이 썩지도 않고 생명을 유지하고 있었단 말인가? 고민할 필요는 없다. 적당한 환경에서는 식물의 씨가 수천 년 동안도 생명을 유지하며 살아있게 마련이다. 그리고 식물의 씨는 촉촉한 흙과 따뜻한 공기에 접하면 싹이 트는 특성이 있기 때문이다. 식물마다 조건은 다를 수 있지만, 모든 씨앗은 자기에게 맞는 조건과 맞닿으면 수억 년 후에도 생장 발육하게 되어 있다.

기온은 화씨 134도까지 올라가고 년평균 강수량은 5cm인 데스밸리에도, 겨울 봄에 적당한 비가 내린 2016년에는 수퍼블룸 현상이 있었다. 삭막했던 죽음의 계곡에 멸종된 줄 알았던 500여종의 야생화들이 총출동하여 장관의 꽃세상을 이루었다. 지구상의 어떤 꽃은 오염이나 기후의 변동 때문에 멸종되는 것도 있을 것이다. 그러나 아무도 모르게 씨의 상태로 수억 년 후까지 숨어있던 어떤 씨앗은, 어느 날 비를 맞고 흙에 묻혀 싹이 날 수도 있다. 생물학자는 오래 전에 멸종된 식물을 재발견하고 기뻐할 것이다. 지금도 마른 쓰레기 더미, 사막 한 가운데 모래에 묻힌 상자 속, 혹은 바위동굴 속에서 동물이 먹다 버린 씨앗들이 얼마나 많을까? 이 씨앗들은 어느 날 적당한 흙, 적당한 온도, 적당한 습기를 힘입어, 발아하고 성장하여 여러 사람을 놀래어줄 것이다.

이런 과정을 거쳐서, 엉뚱한 곳에 수수께끼 같은 식물이 태어날 수 있다는 사실은 누구나 별 저항 없이 수긍한다. 그러나 그 제목을 식물에서 동물로 바꾸면, 많은 사람들이 깜짝 놀라, 강하게 저항한다. 심하면 조물주에 대한 반항이나 모욕으로 정죄하기 위해 긴장한다. 이런 말을 입에 올리는 것조차 신앙심의 결여라 규정하고, 많은 사람들은 더 이상 이런 명제에 뒤섞이지 않으려고 회피한다.

생물학적으로 깊이 들어가고 싶지는 않다. 단지 가능성을 이야기하고 싶을 뿐이다. 깊은 산속에 땅을 파 놓으면 웅덩이가 생긴다. 빗물이 모여서 고이든가 샘물이 솟아서 모이기 때문이다. 처음에는 물풀도 없고 장구벌레도 없고, 바닥에는 빨간 찰흙뿐이다. 그러나 해를 거듭할수록, 거기에는 미꾸라지 붕어 송사리 올챙이 엿장수는 물론이고, 결국은 거대한 메기 가물치까지 생긴다. 누군가가 물고기를 잡아다 넣지도 않았는데 신기하게 각종 물고기가 생육 번성한다. 여러 가지 조건으로 볼 때, 누군가가 물고기를 잡아다 웅덩이에 넣었을 가능성은 거의 제로다. 미국이나 캐나다에 있는 수많은 산상호수들은 모두 바다가 융기하여 만들어진 것들일까? 빗물이 고여서 호수를 이룬 산상호수는 얼마나 많을까? 어째서 호수마다 모두 각종 물고기가 살고 있을까?

요즘은 마리아노스 그로서리 스토아에서 자주 아침식사를 해결한다. 마리아노 식당 중간에 화단을 만들어 놓고, 거대한 활엽수(Fiddle Leaf Fig)와 늘푸른풀을 심어 놓았다. 그 화단은 콘크리트 빌딩 기초 공사로, 외부 흙과 완전 분리되어 있는 거대한 화분인 성싶다. 그 화단 중간에는 뚜껑 덮인 거대한 항아리를 올려놓았다. 어쩌면 항아리는 옹기 흉내만 내서 만들어 놓았을 뿐, 속 빈 플라스틱 제품이기 쉽다. 플라스틱이건 옹기건 상관은 없다. 항아리 꼭대기에 있는 작은 분수구멍에서는, 항상 물이 넘쳐, 항아리를 적시며 흘러내린다. 수돗물을 받아서 순환펌프로 24시간 동안 365일을 돌리고 있는 분수이기 쉽다. 기화하거나 줄어든 물은 수돗물로 자동보충 되게 만들었을 것이다. 화단의 흙은 항상 극심한 건조 상태이고 분수의 물은 물방울도 튀기지 않고 조용히 흘러 순환한다. 어느 날 그 분수항아리를 관찰하던 나는 깜짝 놀랐다. 노래기보다는 약간 크고 지네 같이 생긴 다족류의 벌레들이 항아리에 잔뜩 붙어살고 있는 것이었다. 식당 분위기를 위해서 설치한 분수항아리에 이상한 벌레들이 생길 줄은 아무도 기대하지 않았을 것이다. 이 사실은 지배인에게 연락이 갔고, 벌레들은 전멸되었으며 항아리는 깨끗이 닦였다. 어쩌면 종업원들은 독한 클로락스로 항아리를 닦아냈기 쉽다. 다시 벌레가 생길까봐 그들은 새로 순환시키는 물에도 독한 약품을 탔을 것이다. 어디에서 어떤 경로로 침투하여, 이 다족류 벌레들은 항아리 벽을 기어 다니며 번식하고 있었던 것일까? 지금은 전멸 당했지만 언젠가는 또 생길 것이다.

조물주는 지금도 일하시리라 믿는다. 우리들처럼 청소를 하거나 꽃씨를 쓸어내지는 않을 것이다. 그러나 우리가 상상하지도 못하는 신기한 종류의 일을 하시든지, 어떤 형태의 공정이든지, 일하고 계실 것이다. 조물주도 난자와 정자를 섞어서 버리는 경우도 있을는지 모른다. 과학자는 동물의 난자나 정자를 산 채로 오랜 세월 동안 보관했다가 실험용으로 쓰기도 한다. 어떤 과학자들은 수정란 비수정란 신경 쓰지 않고 버리며, 난자와 정자를 뒤섞어서 버리기도 할 것이다. 그때 적당한 조건이라면 정자와 난자가 서로 만나 수정되는 경우도 있을 것이다. 이미 수정된 난자가 특수한 조건 속에서 수천 년 동안 정지 상태로 살아 있다가, 좋은 조건과 적기를 만나 성장이 별안간 시작되기도 할 것이다.

물고기들을 비롯해 많은 동물들은 체외수정을 한다. 엉뚱한 곳에서 생명체가 툭 튀어나오는 경우는 우리가 받아들이기 너무 힘들다. 우리가 모르는 여러 곳에 그 동물들의 씨앗들이 숨어 있다가, 맞는 조건을 틈타고 돌출하는 것이 아닐까? 과학이 아직 그 과정을 찾아내지는 못한 상태이다. 물고기의 수정란이 축축한 흙속에서 잠자고 있다가, 빗물이 고이고 웅덩이가 생기니, 별안간 부화하고 성장하는 것은 아닐까? 조물주가 흘렸거나, 사람이 버린 수정란이 지금도 여기저기에서, 맞는 기회 적합한 조건을 기다리고 있는지도 모른다.

체내수정을 하는 동물들도 마찬가지다. 체내수정을 하는 동물의 수정된 난자가 흘려져 여기저기 휩싸일 가능성은 얼마든지 있다. 우선 쉬운 것부터 생각해 본다. 메뚜기가 체내수정을 거쳐 알을 통통하게 배었다. 만삭이 된 그 메뚜기가 알 수 없는 특수 환경에 들어가서 못 헤어나고 죽었다. 그 메뚜기 알들은 어떤 특수한 환경에서 수천 년 동안 알로 살아있었다. 어떤 알맞은 조건과 맞부딪쳤을 때, 별안간 그 메뚜기 알들은 모두 부화 성장할 것이다. 특수조건은 뚜껑 깨진 유리병이나 구멍 뚫린 플라스틱 통일 수도 있으며, 건조 온화한 분위기거나 혹은 극저온 냉동상태일 수도 있다.

동물의 일회 사정 정액에는 수억 마리의 정자가 들어있지만, 한 마리만 생명을 갖게 된다. 사람이 꽃씨 쓸어버리듯 쓰레기와 섞인 나머지 수억 마리의 정자에 관해서는, 아무도 생사 결과에 신경 쓰지 않는다. 세계 수십억 성인남자가 버리는 정자나 수컷 동물들이 버리는 정자는 얼마나 많을 것인가? 그 정자들은 대부분 며칠 내로 죽어서 거름이나 쓰레기로 될 것이다. 어떤 정자는 죽어버리기 전에 특수 환경에 돌입하여 오래오래 살아남는 경우도 있을 것이다. 그 정자는 특수 환경에 있다가, 특수 환경에 있던 난자와 만나 생명체의 근원이 될 수도 있을 것이다.

사람의 난자도 시험관에서 체외수정을 성공시키는데, 고등동물이라고 이런 이론에서 완전 제외될 수는 없다. 수정된 고등동물의 난자를 특수 환경 속에서 흘릴 수도 있고, 과학자가 실험하던 정자와 난자를 섞어서 특수 환경 속으로 버릴 수도 있다.

어떻게 생명체의 근원이 생겨났느냐가 문제지, 생명체의 근원이 형성된 뒤에 영양분을 제공하고 성장시키는 일은 인간도 할 수 있다. 그리고 어떠한 특수 환경이 수정란을 성장시킬 수 있느냐를 파악하는 것이 문제지, 파악한 뒤에 환경을 조성하기는 어렵지 않다. 어떤 고등동물의 난자가 우연히 특수 환경에서 생명을 유지하다가, 수천 년 후, 어떤 부랑아 수컷이 쏟아버리는 정자와 결합하는 경우도 있을 것이다. 그렇다면 이것은 아버지와 엄마의 나이 차이가 수천 년이나 되는 경우다. 이렇게 수정된 수정란이 우연히 돌입한 특수 환경에서 영양 공급을 받아 세포분열하고 자라나는 경우는 어떻게 될 것인가? 이런 경로로 고등동물이 엉뚱한 시기에 얼토당토않은 장소에서 벌컥 생겨난다면, 불합리한 이론과 쓸데없는 논쟁은 끝이 없게 될 것이다.

만약 인생을 먼 곳에서 보거나 조물주의 눈으로 보면, 이것은 아주 자연스러운 현상이다. 동떨어진 땅에서 철적은 잡초가 툭 생겨나는 것과 다를 것이 없다. 그러나 수만 년 후의 사람들은 너무 엉뚱하게 생성 발달하는 그 고등동물을 놓고, 도저히 풀 수 없는 불가사의라 말할 수도 있다.

사자 죽음의 뒤편

한 마리의 거대한 수사자가 열 마리의 오합지졸 하이에나와 맞붙어서 싸우면, 누가 이길까? 사자도 배고프고 하이에나도 허기져 있다. 사자는 이빨이 날카롭고 목의 힘이 엄청 강해서, 하이에나 한 마리 물어죽이기는 어렵지 않다. 그러나 이런 경우에는 하이에나들에게 사자가 잡아먹히고 만다. 왜 그럴까? 사자에게 지혜가 없기 때문이다. 사자가 쫓아가면 하이에나는 일단 도망간다. 물리면 죽을 것임을 알기 때문이다. 사자는 여러 마리의 하이에나에게 겁을 먹고, 이쪽 놈을 어르며 쫓아내버리고, 또 저쪽으로 쫓아가면서 저쪽 놈을 겁주면서 쫓아낸다. 하이에나들은 이리 몰리고 저리 쫓으며 사자 주위를 떠나지 않는다. 사자는 당황하기도 하고, 이리저리 뛰어다니며 기운만 빠져버리기 때문에, 결국 사자는 입질도 한 번 못해보고 하이에나들의 밥이 된다.

허기진 사람이 굶주린 라쿤 열 마리를 상대해서 싸우면 누가 이길까? 물론 사람이 이긴다. 한 사람이 사자 열 마리와 싸워도 사람이 이길 수 있다. 사람은 머리가 좋아서, 상대를 어떻게 물리쳐야 될는지 알고 있기 때문이다. 꼬챙이를 이용하든가 불을 이용하든가, 아무튼 사람이 이긴다. 주위에 같은 종류의 적이 많을 때는, 제일 약한 놈을 완전 제압한 후에 다음 목표물을 찾아 공격해야 한다. 경우에 따라서는 반대 순서로 행동하는 스타일의 사람도 있다. 가장 강자처럼 보이는 자를 먼저 죽여 놓고 겁을 주는 것이다. 적의 숫자가 많을 경우엔, 이렇게 우선 하나만 집중 공격해야 된다.

사자가 기운 빠지기 전에 하이에나 한 마리를 완전히 물어 죽여 놓고, 또 한 마리에게 치명상을 입히고 있는 중이라면 어땠을까? 나머지 하이에나들은 그 다음 차례 희생자가 되기 싫어서 공포를 안고 겉돌다가 슬금슬금 도망쳤기 쉽다. 그러면 사자는 먹이사냥도 해 놓은 셈이고, 자기 목숨도 구할 수 있었을 것이다. 사자가 이보다도 좀 더 똑똑했으면, 어땠을까? 한 마리의 하이에나 시체를 입에 물고, 그 시체를 몽둥이 삼아, 다른 놈들의 벌린 입을 때리며 공격했을 것이다. 그러면 다른 하이에나들은 사자의 힘을 당하지 못하고, 모두 헤뜨러졌을 것이다. 먹고 먹히며 사는 동물들도 본능적으로 상대를 잡아먹는 데는 익숙하나, 상대를 이기는 작전에는 미숙하다.

이 약육강식을 지켜보고 있는 아프리카 관광객들의 경우는 어떨까? 사람들은 사자보다는 똑똑하다. 그러나 사람도 충분한 지혜가 없어서 전쟁터나 결사대결에서 치명적인 실패를 맛보는 경우가 허다하다. 만약 신들의 세계에서 신들이 우리 인간들을 내려다본다면 어떨까? 여기서 신들은 그리스 신이나 로마의 신들처럼 엉터리 신들을 일컫는 것이 아니다. 또 조물주 하나님이신 대문자 God 말고, 소문자 gods라든가, 우리가 아직 모르고 있는 제3의 존재라 보면 비슷할 성싶다. 사람들보다 훨씬 높은 IQ를 가졌으며 시공을 초월하는 신들이 있어서, 4차원 세계에서 우리 인간들을 내려다본다면 어떨까? 받아놓은 밥상처럼 너끈히 이길 수 있는 전쟁이건만, 지혜가 없어서 패배하고 마는 인간들을 내려다보며 신들은 혀를 찰 것이다.

“못 말리네, 못 말려! 저 머리 나쁜 인간들 보소. 기본적인 단순한 머리도 안 돌아가니까 세월만 보내다가, 결국 인생의 실패자로 남고 마네. 이리이리 하면 전쟁해도 쉽게 이기고, 저리저리 하면 남북통일도 이룰 수 있을 뿐만 아니라, 지상최고의 코리아로 발전시킬 수 있을 텐데 쯧쯧."

생각이 거기까지 밖에 미치지 못하는 인간들이니 어쩌겠나? 신들은 어쩌면 안타까워하면서 내려다보고 있을 것이다. 사자와 하이에나들의 격돌을 지켜보며 인간들이 낄낄 웃듯이, 신들은 인간들끼리 붙은 승부를 지켜보며 혀를 찰는지도 모른다.

경쟁기업 사회나 지식인들의 모임에서도 이런 원리를 꽤 잘 이용하는 사람들이 가끔 있다. 그런 영악한 인간들을 우리 평범한 사람의 맹한 눈으로 쳐다보면 무섭기도 하고 정떨어지기도 한다. 인간들이 사회생활을 하면서 육체적 힘으로 싸우진 않는다. 머리를 쓰고 뒤통수를 치고, 재치 있게 곤경을 벗어난다. 상대방을 속이고, 교활한 방법으로 숨었다가 튀어나오며 뒷발질까지 하면서 싸운다. 정치가들은 대개 이 방면에 좀 더 단수가 높은 사람들이다. 평범한 사람들이라 할지라도 한평생을 살아가는 동안, 극심한 전쟁보다 더욱 힘든 싸움을 겪을 때도 적지 않다.

애기 때 사탕 얻어먹기 작전으로 시작하는 인생은, 공부하면서 살벌한 경쟁시험을 거쳐, 젊어서는 사랑싸움과 돈 벌기 전투로 녹초가 된다. 늙으면 좀 편안할까? 늙어서는 젊은이를 향한 현상유지 작전이나, 하나님을 향한 신용받기 아첨작전으로 더 고달프다. 그렇게 보면 살아가는 동안 인생길이 전장의 연속이다. 인격자 노릇만 해온 각하도 신앙심 있는 척하는 장로도, 인간의 한계에서 인간 짓하면서 살아가기는 마찬가지다. 인간들끼리의 싸움도 죽기 살기로 싸우기는 사자와 하이에나의 싸움과 똑같다. 인간들도 혼신을 다하여 고민하며 싸움에서 이기려 들고, 머리를 최대한으로 짜내어 적을 쳐부수려 든다. 직접 살인을 하면 감옥으로 가야 되니, 직접 살해를 재치 있게 피하면서 상대를 쳐부수고 자기가 살아남아야 된다. 그렇지만 4차원 세계의 신들이 내려다볼 때는 인간들이 하는 짓이 유치한 방법이고 서툰 수작에 지나지 않는다.

"헐, 인간들! 한번 고개 숙여 상대방의 비위를 맞추고 기다렸다가, 며칠 후 재도전하면 승리는 자동적으로 자기 것으로 될 텐데! 저토록 고민하며 몸만 축 낼 게 뭐 있어? 단순히 동의하고 기다리면 쉽게 풀릴 걸!"

신들은 안타까워하며 바라볼 것이다. 신들이 멀리에서 총체적으로 문제를 내려다본다면, 이기는 방법은 물론이고 결과까지 빤히 보일 것이다. 신들은 우리가 왜 가난하게 살 수밖에 없는지 그 이유도 알고, 금고 속으로 돈이 척척 쌓이도록 만드는 방법도 빤히 알고 있을 것이다. 저 남자는 왜 실패할 수밖에 없었는가, 저 여자는 왜 존경받을 수밖에 없는가가 아주 또렷하게 보일 것이다. 사업에 성공하는 방법도 훤히 알고, 걸출한 예술가가 되는 직선코스도 알 것이다. 우리 인간이 바라보는 눈의 시야는 협소하고, 인간의 생각은 짧기 때문에, 인간으로서는 인간세계의 앞날을 알 수가 없다. 그러나 신들은 백년을 한눈으로 한꺼번에 바라볼 수 있기 때문에, 우리 생애를 아주 명확하게 알고 있을 것이다. 우리 인간들은 지혜가 부족하여, 이것저것 건드려보고 이 길 저길 헤매며 시행착오로 허송세월을 한다. 그러다가 짧은 인생을 다 보내고, "이제 늙어서 틀렸어,"하며 죽어간다.

인간들은 대부분 자기가 머리 좋은 줄로 착각하며 산다. 약삭빠른 고양이를 흉내 내는 인간들일수록 착각의 정도가 더 심하다. 아주 지혜롭게 일을 처리했다고 생각하지만, 그 일이 결국은 자기 목을 조이게 되는 경우도 다분하다. 사자가 하이에나 떼에게 잡혀 먹히듯, 인간세계의 괜찮은 인격체도 지혜가 부족하여, 사악하고 비열한 자들에게 거뜬히 잡아먹히고 마는 수가 흔하다. 실력발휘 한번 못해보고 찢겨지지 않도록 사자가 정신 차려야 하듯, 쓸 만한 인물도 어이없이 희생 사멸되지 않도록 긴장할 필요가 있다.

우리는 내일을 볼 수 없고 지혜도 부족한 인간들이다. 그러나 짐작컨대, 어쩌면 하이에나 떼 같은 그룹은 한 멤버씩 완전히 죽여 나가야 되기 쉽다. 하이에나는 야비한 속성을 가졌기 때문에, 군중심리와 깡패기질을 파괴하면, 곧 힘을 잃는다. 사자라는 이름 달고 태어나서 무의미하게 죽어 가면, 힘진 발톱과 거창한 송곳니를 주신 조물주에게, 죄짓는 일이다. 갈피 못 잡고 사자가 왔다 갔다 헤매다가 죽어서, 살코기 몇 근은 먹히고 나머지 몇 근은 썩어서 잡초의 거름으로 된다면, 조물주 하나님은 뭐라 하실까?

"내가 뭣 하러 너를 만드느라 이빨 디자인 고민하고, 뾰족 발톱 가느라 고생하니? 살찐 돼지나 하나 더 만들지?"

야곱의 씨름

야곱은 죽을 만큼 힘들었을 때, 다행스럽게도 천사를 만날 수 있었다. 야곱은 자기를 축복해주기 전에는 그냥 떠나보낼 수 없노라고 악착같이 천사에게 매달렸다. 야곱이 젖 먹던 힘까지 동원해 붙들고 늘어지니, 떠나야 되는 천사는 난감했다. 할 수 없이 천사는 야곱의 허벅지 관절을 건드려 엉덩뼈가 어긋나게 만들었다. 야곱에게 일시적인 아픔은 있었겠지만, 야곱의 요청은 관철되어 축복을 받았다. 하나님과도 사람들과도 겨루어서 이겼다는 칭찬도 듣고, 이스라엘이란 새로운 이름까지 얻었다. 사기꾼이란 뜻의 이름인 '야곱'을 버리고, 이겼다는 뜻으로 '이스라엘'이란 이름을 받았으니, 결국 축복된 삶의 시작인 셈이다.

토론토 북쪽 알곤퀸 주립공원으로 단풍구경을 갔다. 공원 들어가기 전에 도르셋 전망대에 들렀다. 오래된 화재 전망대인데 요즘은 필요 없어져서 단풍 전망대로 쓰인단다. 가이드의 특별 경고가 있었다.

"전망대에서 내려다보는 단풍과 호수들의 경치는 가경입니다. 그러나 비가 구질구질 오는 날이라 철판계단이 미끄럽습니다. 자신 없는 사람은 올라가지 마세요."

포기와 절친하지 않은 나는, 하나의 젊은 사람으로서 용감하게 도전장을 디밀었다. 좀 이른 아침이었고 가을비에 젖어 미끄러운 철판계단이었지만, 벌써 오르고 내리는 사람들이 꽤 많았다. 많은 사람들이 한꺼번에 몰려 내려왔다가, 한동안 한가해졌다가, 다시 떼져서 내려오곤

하는 관광객들의 흐름을 나는 인지할 수 있었다. 난간에는 4피트 정도 높이로 안전망을 쳐 놓긴 하였지만, 그래도 중간쯤 올라가니 다리가 후들거리며 현기증이 나기 시작했다. 그때 나는 내려오는 사람들이 왜 무척 많아졌다 한가해졌다 하는지, 그 이유를 알게 되었다. 체구도 꽤 큰 40대의 여인이 옆으로 앉아서 한 계단씩 주춤거리며 내려오고 있었다. 한쪽 다리에 완전마비를 입은 백인 여성이었다. 옷이 흠뻑 젖도록 오는 비는 아니었지만 차가운 가을비였고 날씨는 꽤 쌀쌀했다. 그 백인 여성은 땀을 뽀골뽀골 흘리며 내려오고 있었다. 양손으로 마비된 다리를 한 계단 내려놓고 나서, 그 육중한 자기 몸뚱이를 옆으로 주춤거리며 내려놓았다. 그녀가 내려오고 있을 때는 계단을 거의 막으며 내려와야 하므로, 타인들은 계단을 통과할 수가 없었다. 내려오는 관광객들은 그녀의 움직임을 지켜보며 기다리고 있어야만 했다. 그녀가 옆으로 피해주어야만, 관광객들이 한꺼번에 통과하며 몰려 내려갈 수가 있었다.

너무나 가슴이 아파서 나는 그녀를 오랫동안 지켜보았다. 그러고 보니 전망대 입구에 빈 휠체어가 놓여있어서, 나는 의아하게 생각했었다.

"휠체어 타는 사람이 수백 개의 계단을 밟고 전망대로 올라가?"

똑같이 휠체어를 타도 사람마다 컨디션에 차이가 있으니까, 어쩌면 경증 장애자라 그런가 보다 하고 지나쳤다. 휠체어의 주인이 이렇게 중증 장애를 가진 사람인 줄은 몰랐다. 자매인지 친구인지 모르지만, 옆에서 지켜보고 있는 도우미가 있으니, 그래도 천만 다행이었다. 그녀의 부탁이 있었든지 서양사람들의 관례인지는 모르나, 도우미는 그녀의 핸드백을 받아든 채, 지켜만 보고 있었다. 그녀를 부축한다든가 그녀를 도와줄 마음은 아예 없는 듯싶었다. 하기야 그녀를 도와줄 방법도 마땅하지 않고, 도와줄 공간도 없었다. 또 누가 도와주기엔 그녀의 몸집이 너무 육중하여 잘못하다가는 그녀와 도우미가 함께 다치게 생겼다.

"에구구, 올라오지나 말지 야."

언뜻 들리는 한국말에 나는 분하고 창피하여 얼굴이 뜨끔했다. 길을 가로막는다고 불평하는 사람은, 곱상하게 늙은 한국여자였다. 물론 불구의 몸으로 힘들게 계단을 내려오는 모습이 너무 애처로워 집어던진 말이었겠지만, 당사자가 들으면 너무 가혹한 말이 된다. 왜 조금만 저 여인의 입장에서 생각해 줄 수 없을까? 오나가나 관광지에는 한국 사람들이 많다.

당신은 건강하고 돈이 많아 서울에서 캐나다까지 구경 왔지만, 저 여인은 이 마을에 살더라도 맘대로 올라올 수 없답니다. 저 여인은 몇 달을 기다리고 별렀다가 전망대에 도전해보는 중이랍니다. 저 여인이 원해서 마비가 됐을까요, 죄가 많아서 스트록을 맞았을까요?

저 여인은 어렸을 때, 샌디와 재키와 캐렌과 올라 다니며 뛰놀던 이 전망대에 얼마나 올라가고 싶었을까요? 남자친구 피터와 함께 내려다보던 추억의 단풍이 얼마나 보고 싶었을까요? 어쩌면 저 꼭대기에서 피터가 처음으로 그녀에게 덤벼들어 키스를 했을는지도 모른다. 어쩌면 그때 피터의 입과 혓바닥에서 났던 고소한 팝콘 냄새는 평생 그녀를 따라 다닐는지도 모른다. 평생 따라 다니며 항상 행복의 실마리 노릇을 할 것이다. 피터의 침에서 쾌쾌한 담배 냄새나 시큼시큼한 수챗구멍 냄새가 났다 해도, 그 냄새는 그녀 가슴에 그리움이란 미로의 입구로 남아있을 것이다. 마침 그때 개구쟁이들이 떼져서 올라왔기 때문에 역사는 그 점에서 끊겼다. 그렇지 않았다면, 피터의 뜨겁던 몸뚱이는 그 자리에서 엄청난 흔적을 그녀에게 남겼을는지도 모른다.

도우미에게 얼마나 통사정하여 허락을 받아냈을까? 피터가 얼마나 그리우면 이 전망대에 올라가고 싶었을까? 깔깔대며 뛰어놀던 계집애들이 얼마나 연락을 안 했으면, 이 전망대라도 오르며 옛 동무들을 그려보고 싶었을까? 한번 전망대에 올라갈 수 있게 해 달라고 얼마나 기도한 후, 실행하는 도전이었을까? 밀려서 기다리고 있던 관광객들이 지나가도록 한동안 길을 터주었다가, 그녀는 다시 한 계단씩 내려와야만 했다. 사람들이 없을 때 올라가려고 아침 일찍 나왔건만, 시간이 많이 걸리다보니, 결국은 타인들에게 걸림돌이 돼 버렸다. 오던 날이 장날이라고 하필 비까지 오지만, 오래전부터 심사숙고해왔던 계획을 바꾸거나 포기할 수는 없었을 것이다. 날짜 시간 도우미까지 감안하여, 간신히 결정하고 간절히 기다려 왔던 이 가을날의 오늘이었다.

외국 관광객들이 타국어로 떠들면서 오르고 내리는데, 자기는 불구의 몸으로 가로거치고 있으니, 얼마나 몸 달고 스트레스를 받을까? 얼마나 미안하고 죄송스럽고 창피할까? 한국 여자가 말했던 비난의 한국어를 핸디캡드 백인 여자가 못 알아들었으니 다행이다. 한국어를 안 배운 백인 여자지만 표정이나 말투로 그 말의 뜻을 감 잡았을 수도 있다. 핸디캡드들은 더 눈치가 빠르기 때문이다. 저 여인은 내려올 때도 저토록 힘든데, 올라갈 때는 얼마나 피나는 노력을 했을까?

야곱이 천사와 씨름한 뒤 축복을 받았듯이, 오늘의 이 도전 후에, 하늘에서 축복이 저 여인에게 소나기처럼 쏟아져 내렸으면 좋겠다. 그녀가 저 밑 전망대 입구에 있는 자기 휠체어에 올라앉는 순간, 기쁨과 만족과 소망이 가슴속에서 마구 솟구쳤으면 좋겠다. 속에서 생겨난 성취감이 모든 부정적 요소를 밀어내고, 감사만으로 가득 찬 그녀의 생애로 되었으면 좋겠다. 긍정적인 생각에 흠뻑 젖어, 핸디캡이란 문제가 아주 작은 불편일 뿐이라고, 여겨졌으면 좋겠다. 다리는 불편하지만 하나님께서 많은 친구들과 즐거움을 저 여인에게 주셨으면 좋겠다. 어떤 사람은 스트록을 맞아 반신불수로 됐었는데, 나중에 회복이 되어 멀쩡하고 건강하게 잘 살고 있다고 한다. 오늘 도전은 너무 힘들었지만, 저 여인도 결국은 축복을 받아, 육체가 완전히 회복되었으면 좋겠다. 기도하기 위해 눈 감고 하늘을 보니, 차가운 가을 가랑비가 하나님의 응답인 양, 내 얼굴 위로 흩뿌려진다.

무서운 것은 사람

아메리칸 인디언들은 깊은 산속에 살기를 좋아했었을까? 마야문명을 유지 발전 시켰던 페루의 마추픽추 세계도 깊은 산중에 숨어 있다. 콜로라도 남쪽지방의 메사 베르디 국립공원에 가보면 푸에블로 인디언들도 깊고 깊은 산속의 깎아진 절벽이나 낭떠러지 건너편에 살고 있었음을 알 수 있다.

미국 땅이지만 그 근처로 다가가면 우선 전화도 안 터진다. 호텔에서 카톡을 하려해도 Wifi의 스페셜 연결이 필요함은 물론이다. 그 근처에는 중계탑도 없는지, 호텔 방에 그 흔한 삼성 TV하나 없다. 이 아메리칸 인디언들은 왜 이렇게 깊은 산중에서 자기들만의 문화를 유지해 나가며 살았을까? 물이 귀한 땅이니, 페루의 인디언들은 물 찾아 산속으로 들어갔다고 볼 수 있다. 이 콜로라도의 인디언들은 왜 이 깊고 험한 산속으로 들어왔을까? 아름다운 미국의 비옥하고도 드넓은 땅들을 마다하고, 왜 이 척박한 땅에서 이토록 아름다운 문명을 이룩하며 살아갔을까? 그들은 바위절벽 중간 부분에 굴을 파고 집을 짓고 살았다. 산짐승이 무서워서 일까, 뱀이 무서워서 일까? 절벽 중간에 굴을 파고 살면 곰이나 호랑이야 못 올라오겠지만, 독사는 기어 올라올 수 있다. 그렇다면 부득부득 절벽 중간에 굴을 파고 궁전을 만들 필요까진 없었을 것 같다.

이 동네로 들어오는 입구의 관망대 산꼭대기로 올라가 보았다. 가지가 많고 옆으로 퍼진 난쟁이 관목이 있기에 살펴보니 놀랍게도 갈참나무였다. 갈참나무는 참나무나 오리나무처럼 굵고 높게 자라는 나무이며 도토리가 달린다. 갈참나무의 도토리는 보통 참나무에 달리는 상수리보다도 알이 크다. 얼마나 산이 깊고 높은지 이곳의 갈참나무는 싸리나무나 산딸기나무처럼 납작한 관목으로 자라고 있었다. 잎사귀도 일본단풍나무처럼 왜소하고 앙증맞은데, 잎 모양이나 가지 생김새는 분명히 갈참나무였다. 혹시 도토리가 달렸는가 하고 찾아보았다.

대개 열매 맺는 식물들은 열매 크기가 작으면, 여러 개가 많이 달리게 마련이다. 월남 고추는 고추알이 작은 대신에 닥지닥지 달린다. 개량종 둔시 감은 사이즈가 크고 개수가 적게 달리지만, 재래종 막감은 알이 작으니까 나무에 수많은 감들이 달린다. 이 작은 갈참나무에도 자그마한 도토리가 닥지닥지 달렸을 것을 기대하고, 구석구석을 살피며 열심히 도토리를 찾아보았다. 오랜 시간을 소모한 뒤에 결국 도토리를 찾긴 찾았다. 그러나 도토리가 한 나무에 한 개나 두 개밖에 안 달렸다는 사실을 알아냈다. 생김새는 보통 도토리와 정확하게 닮은꼴이었기 때문에, 첫눈에 즉시 도토리임을 알아볼 수 있었다. 다 영글어서 딱딱해진 도토리인데 크기는 녹두알 만했으며, 포경 수술한 생쥐 성기처럼 옹그려 붙어 있었다.

산에는 다람쥐가 많게 마련이다. 그러나 여기는 다람쥐도 눈에 안 띈다. 깊은 산중이라 춥기도 하고 무섭기도 할 텐데, 먹을 것까지도 궁색하면 어떤 다람쥐가 여기에 살겠는가?

이 춥고 적막한 산들을 넘고 통과하여 깊숙한 동네의 절벽 중간에 굴을 파고, 동네를 이루며 살아왔으니, 이곳 인디언들은 얼마나 고달팠을까? 이 사람들이 푸에블로 인디언들인데, 이들이 살던 세계의 밤 풍경만은 환상적이었다. 서럽도록 고요한 분위기였다. 목청 가다듬어 소야곡을 부르면 이산저산 메아리쳐, 연심을 숨겨왔던 아랫마을 여인이 울어버릴 것 같다. 하늘엔 그믐밤을 훤히 밝힐 만큼 많은 별들이 인간의 친구로 되기 위해 몰려든다. 밤하늘의 아무 공간이나 한참동안 응시하면, 그곳에도 역시 별이 있었음을 알 수 있다. 별이 없는 공간이 없는 하늘이다. 은하수를 기준으로 별이 시야에 가득하니, 어느 인디언 소년이 겪었을 사춘기의 상사불망과 태고의 이색적 사랑을 찾아내고 싶어진다. 숙소를 벗어나 야생 언덕으로 어둠속을 무작정 올라가 보았다. 인조 조명은 물론이고 인간 흔적까지도 없어지니, 영의 영역 같다. 무엇인가 얻으려면 어느 정도의 위험은 감수해야 될 성싶다. 깊숙이 들어갈수록 잡초가 길길이 우거져 있으니, 어둠과 적막이 별안간 무서워진다. 자꾸 소심해지는 것은 젊음을 놓친 탓일까, 늙어가면서 책임이 겹쳐진 탓일까? 어둠속에서 인디언들의 원귀가 나를 낚아챌 것 같아 더욱 섬뜩해진다. 깊은 구덩이에 빠질 것도 같고, 운 나쁘면 짐승 잡는 덫에 걸릴 수도 있을 것 같다. 한 번 무섭다고 생각하니 야간탐험도 걸출소재도 정떨어진다. 옆에서 너구리가 덤벼들어 내 얼굴을 할퀼 것만 같다. 나는 얼른 전화로 전등을 켜 들고, 깜깜하지만 인간냄새가 풍기는 주차장 쪽으로 마구 뛰었다.

유타 주에도 역시 푸에블로 인디언들이 살았던 유적지가 있다. 이들도 험한 절벽 위에 과학적이고도 섬세 절묘한 건축양식으로 집을 짓고, 화려한 동네를 이루며 살았던 흔적이 있다. 옆집으로 마을을 가려해도 동아줄이나 사다리를 타고 오르내려야 된다. 이 인디언들 역시 천년만년 살려고 튼튼하고 아름다운 주택을 지어놓고 살아오고 있었다. 그러나 어느 날, 살던 집과 문화 문명의 발자취를 고스란히 남겨두고, 그 부족 전체가 별안간 감쪽같이 종적을 감추었다 한다. 이유는 아무도 모른다. 원래 건조한 지역이었는데, 지독한 가뭄 때문에 살 수가 없어서, 이스라엘 백성 출애굽 하듯 떼 지어 나갔는지도 모른다. 인간은 약한 놈, 강한 놈, 미운 놈, 예쁜 놈이 섞여 있어야 생존이 가능하다. 자기들끼리 죽고 죽이며 싸우다가 대다수가 죽게 되니, 이긴 놈들도 살아갈 수가 없게 되었을 수도 있다. 그 지경이 되니 살아남은 인디언들은 "출초야" 하여, 백인들과 섞여버렸는지도 모른다.

열악한 땅에서도 이토록 탁월한 문명을 이룩해 놓을 수 있었던 푸에블로 부족이었는데, 평야에서 자리를 잡았다면 어땠을까? 좋은 땅에서 그들의 기량을 마음껏 펼치며 살았다면, 엄청 놀랄만한 문명을 이룩해 놓았을 것임에 틀림없다.

이들은 무엇 때문에 이렇게 깊이 숨어서 살아야만 했을까? 옛날부터 사람들이 제일 무서워했던 것은 사람이었을 가능성이 있다. 어쩌면 닥치는 대로 죽이는 유럽 백인들이 인디언들에게는 가장 공포의 대상이었기 쉽다. 그래서 백인들이 들어올 엄두도 못 내고 들어올 필요도 없는, 깊은 산속 절벽에 굴을 파고 돌기둥을 세웠기 쉽다.

유럽인들이 미대륙에 처음 상륙했을 때, 인디언들에게 얼마나 잔인하게 굴었는지는 잘 알려진 사실이다. 당시 유럽인들은 동양에는 인도라는 나라가 있는데, 거기는 금이 땅바닥에서 여기저기 흔하게 굴러다닌다고 믿었다. 유럽인들은 미대륙을 처음 발견하고, 그곳이 인도라는 나라인 줄로 착각했었다. 그래서 미국 원주민을 인도사람(Indian)이라고 불렀다. 미국 땅에는 유럽인들이 생각했던 것처럼 금이 많았던 곳도 아니었다. 내일까지 금덩어리를 가져오라고 명령한 후, 불순물이 잔뜩 들어있는 귀걸이라도 가져오는 인디언들은 살려두었다. 그러나 금이 없어서 빈손을 내민 인디언은 그 자리에서 손을 잘라버렸다고 하니, 인디언들은 무서워서 어떻게 살 수 있었겠는가? 유럽 사람들은 자기 유익을 위해서도 인디언을 죽였지만, 자기들이 살아남기 위해서도 죽였다. 기독교 전파를 위해 나온 선교사님들까지도 위험할 땐 인디언을 죽여야만 했었다. 생각해보면 그런 와중에서도, 인디언들과 피를 섞으며 살아준 유럽인들(주로 스페인인들)은 꽤 괜찮은 사람들이었다. 반강제였거나 선택의 여지가 없어서 붙어살았던 인디언 여인들도 많았을 것이다. 그러나 죽이지 않고 아내를 삼아, 먹여 살려줬던 백인들이 있었다니 그나마 얼마나 다행인가? 지금도 일부 미국인들에겐 푸에블로 인디언의 피가 흐를 것이다. 더 이상 복수는 할 수 없는 사회로 되었지만, 앞으로 다가올 역사에서도 사람에게 가장 무서운 존재는 사람이기 쉽다.

갈색 초록색

사람의 눈은 불완전하고 간사하다. 색깔은 다 특유의 개성과 고유의 가치가 있어서 존재해야만 한다. 그런데도 사람들은 빨간색은 예쁜 색이라며 좋아하고 회색은 별 볼일 없는 색으로 소홀히 여긴다. 사람의 눈과 마음이 허술하고 편협하기 때문이다. 그뿐만이 아니다. 사람들은 똑같은 색일지라도 어떤 때는 저주의 색으로 분류하여 싫어하고, 어떤 경우에는 축복의 색으로 만들어 귀히 여긴다. 특히 초록색이나 갈색은 비밀이 많아 속을 알 수 없고, 변덕도 심하여 조심해야 되는 색깔이다.

나는 캔쿤 여행을 좋아한다. 겨울에 시간이 되면 자주 간다. 비용도 괜찮고 쉽고 편하기 때문이다. 캔쿤 앞바다에서 해수욕을 즐기다가, 짝 찾아 먹이 찾아, 바쁘게 오고가는 갈매기들을 올려다보았다. 모든 갈매기들의 배와 날개가 산뜻한 초록색이었다. 멕시코 갈매기는 원래 배와 날갯죽지가 초록색인가? 너무 신기하여 옆에서 수영하는 싸뇨리따들에게 물어보았다.

"무신 소리하능교? 갈매기 배가 흰색이지예."

내가 보니, 아무리 보고 또 봐도 갈매기 배가 맹세코 초록색이다. 오전 내내 파도와 싸웠더니 내가 돌았는지, 그녀들 눈에 도깨비가 씌워졌는지, 감을 잡을 수가 없다. 나중에 알고 보니 그것은 바닷물에서 반사되어 나오는 초록색의 요술이며 조화였다. 초록바다가 사람의 눈을 속여, 주위에 있는 모든 흰색을 초록빛으로 바꿔 놓았기 때문이었다.

결국 초록이 간교한 색이었다.

갈색 역시 비밀도 많고 변덕스러운 색깔이다. 초록색과 대조를 이루며 갈색도 가끔 요술을 부리고 거짓말을 한다. 갈색이 예부터 입맛 돋우는 색깔이었던지 식당의 간판도 갈색이 많고, 갈색 사물에는 "참(Real)"이란 접두사를 자주 붙인다. 참이란 말을 붙이어 '맛이 좋다' '먹을 수 있다'라는 뜻으로 표시한다. 색깔이 거무튀튀한 깨는 들깨라고 부르지만, 매끈한 갈색의 깨는 참깨라고 부르며, 거기서 나온 갈색 기름은 참기름이라 칭한다. 참기름은 값도 비싸고 맛도 훨씬 고소하다.

갈색 바탕에 얼룩얼룩한 무늬가 새겨진 종달새 알은, 날로 먹으면 목청이 트여, 노래를 잘 할 수 있게 되는 럭키 새알이다. 종달새는 모래톱 위에 둥지를 파고 알을 낳는다. 알은 모래색깔이라 얼핏 보면 조약돌인지 새알인지 구분이 안 된다. 어렸을 때에는, 종달새 하늘에서 맴도는 모래톱마다 샅샅이 뒤져, 종달새 알들을 훔쳐 먹었다. 새알을 도둑맞은 종달새 어미는 하늘을 빙빙이 돌며 목이 터지도록 슬픈 노래를 불렀다. 예쁜 목소리로 부르는 통탄의 노래는 애절할수록 듣기 좋다.

"야 요놈아. 사람들이 달걀을 매일 훔쳐가도 암탉은 가만히만 있는데, 넌 그까짓 쬐끄만 새알 네 개 도둑맞고, 뭘 그렇게 애간장 태우니?"

종달새 어미를 가슴 아프게 만들었을 뿐, 내 목소리가 종달새 목소리를 닮아간 것도 아니고, 자라서 가수가 되지도 못했다. 내가 가수로 못 된 것은 순전히 갈색인 종달새 알이 거짓말쟁이였기 때문이다. 그럴 줄 알았으면 종달새 알을 훔쳐 먹지 말고 새끼나 까게 둘 걸! 미국에 와서 말간 초록색의 로빈 새알을 처음 봤을 때, 얼마나 예쁜지 나는 적잖이 감탄했다. 로빈 알은 예쁜 초록색 알이지만 못 먹는 알이다. 결국 초록색 알은 못 먹는 알, 갈색 알은 먹을 수 있는 참알이며, 살과 피로 바뀌어 사람에게 유익을 준다.

미꾸라지의 등이 검은색이거나 초록색이 돌면 그냥 미꾸라지, 갈색으로 알록알록 줄쳐져 있는 놈이면 참기름챙이라 부르며 값도 더 비싸다. 물방개도 그렇다. 물방개 등에 갈색과 흰색으로 줄이 있으면 참방개, 줄이 없고 그냥 검은 색이거나 초록색이면 똥방개라고 부른다. 똥방개도 먹긴 먹는 것이지만 참방개처럼 맛있지는 않다.

지금 말하긴 좀 섬뜩하지만, 어렸을 땐 개구리 뒷다리를 구워먹어, 프로틴을 섭취했다. 아이들은 등허리가 갈색인 개구리를 참개구리라 불렀으며, 잡아서 뒷다리를 구워 먹었다. 개구리 등이 초록색이면 청개구리라고 불렀는데, 흉한 색깔이라 못 먹는 저주의 동물로 취급했다. 그래서 청개구리는 버리든가, 돼지먹이로 주었다. 실수로 청개구리 살점을 먹었다 하면, 엄마 말에 반대로만 행동하는 나쁜 아이가 될 것이고, 엄마도 죽게 되어 불행해질 것이기 때문이다. 돼지새끼로 따지자면, 엄마 말 안 듣는 망나니 돼지 새끼의 고기살점이 더 쫄깃쫄깃하고 맛있으니까, 사람이 못 먹는 청개구리를 돼지에게 준다. 이것은 초록색이 개구리 등에 붙어, 그 개구리를 못 먹는 흉측한 동물로 둔갑시킨 경우다.

메뚜기나 방아깨비의 경우는 또 뒤바뀐다. 메뚜기나 방아깨비가 초록색이면 맛있는 식용곤충으로 구워먹든가 볶아서 먹고, 갈색이면 불결한 벌레로 구분하여 버려진다. 결론적으로 풀벌레가 초록색이면 영양가 풍부한 식용곤충이 되며, 참메뚜기 참방아깨비로 불려진다. 그러나 요 풀벌레들이 갈색이면, 송장메뚜기 송장방아깨비라고 비하 호칭하며, 천대하고 못 먹는 해충으로 분류한다. 메뚜기 등에 붙은 초록색은 흉측한 벌레를 맛있는 음식으로 뒤집는 재주가 있는 셈이다. 초록색은 깨끗한 색이고, 갈색은 더러운 색이라 그렇게 취급하는 것이 아니다.

새를 보면 또 반대다. 갈색인 자그마한 새는 맛있어 보인다고 참새라고 부르며, 참새구이로 될 자격이 주어진다. 입맛 돋우는 갈색이 지니는 특권이고 비밀이다. 예쁜 초록색으로 사람의 마음을 끄는 앵무새는 못 먹는 새고, 청호반새도 못 먹는 새, 청포장수 울려 보냈던 파랑새도 못 먹는 새다. 각종 초록색 열대조들도 다 못 먹는 새다. 결국 갈색 새는 맛있게 먹을 수 있는 참새지만, 초록색 새는 송장새로 구분되어 사람 입맛에서 버림받는 턱이다.

갈색이 뱀에게 씌워지면 어떨까? 무시무시한 공포의 살무사가 된다. 살무사는 살모사라는 말에서 유래했으며 엄마를 잡아먹는 뱀이란 뜻이다. 독종이고 악종이다. 그러나 이 살무사는 폐결핵에 특효약이며 삶아먹으면 사람의 몸에 큰 이득을 준다. 특히 살무사 수놈은 해구신에 버금가는 정력증강 보약이라니, 갈색 뱀인 살무사는 식용인 참뱀이다. 어렸을 때 읍내 시장터나 한길로 나가보면 "생사탕"이라고 쓴 간판들이 많았었다. 생과자 만드는 공장이든가, 박하사탕을 파는 가게로 알면 큰 오산이다. 알고 보니 놀랍게도 살무사를 끓여 파는 뱀탕집이란다. 생사탕집 아저씨는 갈색인 살무사를 얼마나 귀하게 취급했을까?

그 아름답고 고귀한 초록색도 뱀에게로 옮겨 입혀질 때엔 유혈목이라는 뱀으로 되어, 증오와 공포의 대상으로 바뀐다. 유혈목이는 초록색에 붉은색까지 섞여 아주 예쁜 빛깔이지만, 못 먹는 더러운 뱀이고 송장뱀이다. 사람들은 유혈목이를 보기만 해도 싫어서 소리를 지른다. 유혈목이에게 물려 죽었다는 사람을 아직까지 보진 못했다. 그러나 유혈목이 등에 있는 증오의 초록색 때문에, 사람들은 그 뱀을 지독하게 싫어한다.

초록색을 좋아하는 소녀도 갈색에 호감을 느끼는 늙은이도, 어쩌면 이중인격의 소유자가 아닌지 주시해봐야겠다. 하시라도 인간성이 바뀌어 반대 캐릭터를 갖으며, 변덕을 부리는 사람이면 곤란한 노릇이기 때문이다.

열탕으로 쏟아지는 별들의 비밀

핫 설퍼 스프링의 온천수 속에 몸을 담그니, 늦가을 메뚜기 귀뚜라미들이 옆에서 톡톡 튀고, 산속 야생화들은 머리 위에서 찬바람에 으스스 떤다. 식지도 않는 따끈한 온천수 속에서 눈을 감으니, 이 세상 누구라도 용서할 수 있을 것 같이 마음이 녹는다. 수시로 찾아와서 온천욕을 즐긴다는 체구 큰 벽안 신사가 사진을 찍어주며 벙글벙글 웃는다.

"아이다호 핫 스프링으로 갈 계획이었으나 길을 놓쳐서, 오늘 저녁 할 수 없이 이곳으로 찾아왔어요."

"그럼 너무 잘하신 겁니다. 저는 집에서 아이다호를 가려면 30분 걸리고, 여기 오려면 2시간 30분이 걸리지만, 매번 일부러 이곳으로 찾아옵니다."

여기가 시설도 훨씬 낫고, 광물의 함유량도 월등하단다. 물은 좀 탁하지만 물에서 유황냄새가 진동하니 몸에도 유익할 성싶다. 몸뚱이는 따끈따끈한 물속에 담그고 얼굴은 쌀랑한 공기 중에 노출시키니, 기분이 날아갈 것 같다.

"글렌우드 스프링스라는 도시로 가볼 생각인데요. 거기 온천은 어떤지?"

"전 못 가봤지만 그 온천이 좋다는 얘긴 들었어요. 여기랑 비슷하겠죠?"

안 가본 사람이 비슷할 것 같다니까, 훨씬 더 좋다는 말로 들린다. 이튿날 오후엔 글렌우드 스프링스로 향했다. 그 도시에 도착하니 세상은 이미 어두워져 있었다. 숙소에 짐을 풀고 시골 길로 나와서 밤하늘을 올려다보니, 별들이 아우성치며 한꺼번에 환영인사를 한다. 어린 시절의 죽마고우들을 만난 듯 가슴이 뛴다.

'아이언마운튼 핫 스프링' 이란 온천장을 찾아갔다. 시골 동네라 타운을 조금 벗어나니 깜깜했다. 한쪽 편으로는 I-70 고속도로가 지나가고 다른 쪽 면은 바로 언덕 밑으로 콜로라도 강이 별빛을 반사하며 유유히 흐르고 있다. 암흑 속의 한 구석에 온천장을 만들어, 강력한 조명을 집중적으로 쏟아 부으니, 사이파이 영화 속에 나오는 자그마한 독립 외계 같다. 강이 내려다보이는 깜깜한 산속 모퉁이에 황천 같이 밝은 불빛들을 모아 만든 온천장이었다. 물은 '핫 설퍼 스프링'의 물보다 훨씬 맑고 신선했다. 야외 온천장에서 넘치는 더운 물이 콜로라도 강으로 직접 떨어진다. 늘 물이 넘쳐흘러 나가니, 항상 새 물로 대치되고 있다는 느낌이다. 북쪽으로 걸어 올라가면 대형 풀장이 있고, 언덕을 돌아 남서쪽으로 내려가면 여러 개의 열탕들이 구석구석에 층층으로 펼쳐져 있다.

밝은 투광조명 가로등들이 풀장 쪽을 대낮 같이 밝게 비추고 있다. 큰소리로 웃고 떠들고 싶은 사람들은 대형 풀장으로 모여든다. 거대한 풀장 위에는 대형 월풀도 설치되어 있다. 직접 솟아오르는 따끈한 지하수를 원하는 사람들은 하시라도 월풀로 뛰어 올라갈 수 있게 되어 있다. 풀장과 월풀에서는 남녀노소 모두 어울려 크게 떠들며, 마구 뛰어놀고 있다.

서남쪽으로 돌아 숲으로 내려가면 열탕들이 숨어 있고, 조명이 한풀 꺾여 어둑하다. 밝고 웃음소리 질펀한 수영장에 익숙했던 나는, 차분한 분위기에 약간 긴장을 느꼈다. 그러나 잠시 후, 곧 그 분위기에 매료되었다. 조용한 분위기를 좋아하는 사람들이 열탕 속에서 속살거린다. 많은 청춘 남녀들이 이 열탕에서 저 열탕으로 옮겨 다니며 즐거워하니, 젊음의 생기가 나에게도 전달되어 힘이 솟구친다. 발걸음도 주책없이 사분의삼 박자를 타려든다. 사분의사 박자로 걸어야 씩씩하고 품위가 있는 법인데, 촛사닥 촛사닥 걷든가 쿵작자 쿵작자로 걸으면, 아내에게 트집잡힐 것이 뻔하다.

열탕들은 강변 따라 돌아앉아 있어서, 은은한 조명에 고요가 주변에 침착하게 깔려있다. 모양과 특성과 물 온도가 서로 다른 열탕 여남은 개가 숲속 강변을 따라 올망졸망 분포되어 있다. 열탕마다 각각 자기 고유의 이름을 가지고 있어서, 동등성을 처음부터 부인한다. 102도에서 108도 사이의 서로 다른 수온의 온천수를 담고 있기 때문에, 기호에 따라 열탕을 선택할 수 있다. 열탕의 생김새들까지도 은행 모양, 캐슈넛 모양, 타원형, 젤리빈 모양, 나팔꽃 모양으로 각각 특이성을 지닌다. 구조도 각각 엉뚱하여 바닥이 콘크리트로 된 탕도 있고, 자갈을 깔아놓은 바닥도 있고, 여러 색깔의 타일로 디자인해 놓은 열탕들도 있다.

고속도로에서 차들이 흘리고 지나가는 불빛이 있고, 콜로라도 강 위의 낚싯배에서 방사하는 불빛이 있어서 원경도 무섭도록 깜깜하지는 않다. 가만히 귀기울여보면 고속도로에서 버리고 가는 먼 잡음과 북쪽 풀장에서 집어던지는 아이들의 웃음소리가 아련히 들려 구색을 갖춘다. 열탕 속에 앉으면 하늘에 별들이 사춘기 소녀들처럼 까르르 웃으며 말을 걸어온다. 요즘은 백수건달까지도 과로사하는 바쁜 시절이라, 대부분 인간들은 별들의 웃음소리를 알아듣지 못한다. 옛이야기하며 열탕에 앉아있는 연인들의 분위기가 차분하고 아늑하다.

고개를 깊이 젖히고 새까만 하늘을 가만히 훑어본다. 별들이 아우성치며 쏟아져 내린다. 자욱한 별들이 하늘에서 내려다보며, 열탕 속 각 남녀들의 과거와 비밀과 고통을 어루만져주고 쓰다듬어준다. 열탕 주변에는 소음이 거의 없고 바람도 한 점 없어서, 눈만 감으면 꿈길로 직접 연결될 것 같다. 풀숲 여기저기에서 야행성 풀벌레들이 째륵째륵 또록또록 낮게 속삭이며 파트너를 부른다. 듬성듬성 설치되어 있는 스피커에서는 들릴 듯 말 듯 한 고전음악이 애절하게 흘러 분위기를 잡는다.

열탕마다 물속을 형광등 불빛으로 환하게 밝히니, 물속에 잠긴 인간의 다리들은 애스펜 나무줄기 같이 하얗고 미끈미끈하게 보인다. 공기 중에 드러난 살은 밤하늘처럼 까맣게 보이고, 열탕 속의 살은 희고 깨끗하게 나타난다. 물속에서 움직이는 사람 다리들이 유영하는 인어들처럼 길쭉길쭉하고 매끄럽게 꿈틀대니, 미친 척 옆 사람 다리를 건드려보고 싶다. 인간의 육체 자체가 환상 속의 그림 같고, 네 것 내 것 없이 색깔도 모양도 똑같이 아름답다. 대부분의 청춘 남녀들이 물속에서 같은 모양새로 앉거나 서서, 맥주나 칵테일을 마신다. 추억담을 이야기하는지 내일의 계획을 세우는지, 그들은 밤 깊어가는 줄 모르고 끝없이 소곤거린다. 옆 사람들은 그 연인들이 말하는 소리를 들을 수 없지만, 별들은 알아듣고 싱긋이 웃음기를 띠기도 하고 고개를 끄덕이기도 한다. 어떤 별은 놀라서 큰 눈을 껌뻑이고, 어떤 별은 이빨을 반짝이며 웃는다. 별들이 그들의 비밀을 공중에게 공개하지는 않지만, 맑은 마음으로 별을 바라보는 사람에게는 그들의 은밀한 이야기를 살짝살짝 흘리기도 한다.

별들은 내 유치한 고민도 이미 감 잡았다는 듯, 가만히 눈웃음친다. 새카만 밤 허공 속에서 강물도 반짝반짝, 검은 하늘을 비집고 튀어나온 별들도 반짝반짝, 젊은 남녀들의 눈동자들도 반짝반짝 빛난다. 거기에 칵테일이 주는 알코올 맛도 반짝반짝하며 혀끝과 목젖을 자극한다. 분위기가 너무 감미로워서 무심결에, 별들이 전해준 비밀을 옆 사람에게 누설하게 생겼다. 별들은 저 연인들의 사연뿐만 아니라, 인간사 모르는 것이 없다고 이야기해준다. 눈뜨고 억만년을 내려다보며 인간들의 이야기를 듣기만 했을 테니, 저 별들은 얼마나 많은 사연을 품고 있을까? 아마 모르는 것이 없을 것이다. 애절한 사랑이거나 독선적 사랑이거나, 별들은 이미 다 알고 있으며, 그 결말과 해결방법도 통달했노라고 귀띔해준다. 귀를 쫑긋 세우고 별들의 정담에 귀 기울이니, 여러 별들이 내 친구로 돼 주겠다고 자원한다. 별들은 한꺼번에 감미롭고 예쁜 이야기들을 앞 다투어 펼쳐낸다. 별들의 이야기가 달콤한데다가 알코올이 온몸의 각 세포로 스멀스멀 파고드니, 봄날에 꾸던 예쁜 꿈을 다시 꾸고 싶다. 따끈한 물속에서 자다 깨고 또 잠들며, 오래오래 별들을 바라보았으면 좋겠다. 별들이 숨겨두었던 비밀 이야기를 들으며 감동받아 눈물도 흘려주고, 기대하지 못했던 깜짝 사연에 응원하며 박수도 쳐주고 싶다. 그리스 신화나 안데르센의 동화 같은 클리쉐이(cliche)는 지루하다며, 숨겨두었던 비밀을 튕겨준다. 별들이 들려주는 언톨드 스토리는 놀랍게도 옹달골에서 행방불명된 새순이의 애달픈 첫사랑 이야기였다. 오랜만에 별나라 언어로 소통할 사람을 만났다며 별들이 내 손을 움켜잡고 떠나지 말란다.

"나도 먼 길을 거쳐 너희들에게 왔어. 난 오늘 분위기 맞는 통로를 찾아낸 행운아야."

"네 인생이 끝나는 날, 너도 우리들 중 하나로 되어, 우리와 함께 억겁의 사연을 이야기하며 반짝이게 될는지 몰라."

이 야외 열탕은 육체적 피부건강에도 탁월한 효과가 있으며, 정신 건강에도 최고라고 한다. 눈 오는 날이나 비 오는 날은 경치가 더욱 장관이며, 훨씬 더 즐거울 수 있다니, 눈 오는 날을 잡아 다시 한 번 오고 싶다.

여기 온천물에서 놀면, 온갖 피부병은 물론이고 속병까지도 다 치료가 된단다. 육체에 침투한 각종 병들뿐만 아니라, 집으로 갈 때는, 마음에 잠입한 온갖 해로운 요소들을 다 빼내 버리고 갔으면 좋겠다. 욕심, 미움, 갈등, 온갖 미련을, 넘쳐흘러 콜로라도 강물로 나가는 저 열탕 온천물에 섞어서 떨쳐버리고, 홀가분한 심신으로 출발했으면 좋겠다.

제3부

단짝

서른두 번째 결혼기념일
마흔다섯 번째 결혼기념일
내가 맞을 쉰일곱 번째기념일
마이가리 금혼식
벗어부친 결혼식

서른두 번째 결혼기념일

결혼기념일이 하필 바쁜 때에 끼어 있어서, 매해 위스칸신이나 미시간으로 마을 갔다 오는 것으로써, 내 사랑을 받아 준 아내에게 감사를 대신했다. 이번에는 우연히 캐리비안 크루스를 가게 됐는데, 크루스 끝나는 이틀 후가 결혼기념일이었다. 핑계 삼아 후속휴가로, 크루스 배가 도착하는 마이애미에서, 2박3일을 연장 체류했다. 크루스 연장선상에 결혼기념일을 연결하면, 전체 휴가를 결혼기념일 때문에 간 것으로 생색낼 수도 있지 않겠는가? 또 크루스에서 얻은 피로를 마이애미에서 풀어 버리고 나서, 살벌한 시카고 추위와 맞닥뜨리자는 계산도 포함되어 있었다.

자동차 빌릴 필요도 없이, 마이애미 다운타운 힐튼호텔에서 걸어 나가니, 공짜 모노레일 기차가 24시간 운행되고 있다. 시카고에서 공짜 탑승이란 것은 자전거도 없는데, 이게 웬 떡이냐? 기차 안에 달랑 우리 내외뿐인 때도 있었다. 너와 나만을 위해서 기차가 돈다니, 이번 결혼기념일 선물로 아내에게 기차를 사 준 기분이다.

노숙자 비슷한 사람이 올라타, 아내가 무섭다고 긴장하니, 나는 더욱 용감해진다. 아무튼 권총 살 돈은 없는 노숙자다. 덤비면 어둠속으로 벌컥 떠밀어 버릴 육체적 힘은 나에게도 아직 남아 있다. 자신감이 빠진 헛껍데기 노숙자가 뭐가 무서우랴?

결혼기념일 아침에는 5불씩 내고 "올 데이 버스 패스" 두 장을 끊었다. 시내버스나 전철 닿는 곳은, 새벽 2시까지 어디든지 갈 수 있는 패스라니, 단돈 5불 내고 이런 횡재가 어디 있나? 버스 패스가 있으니, 우선 버스로 사우스 비치를 찾아갔다. 바닷물이 맑아서 모랫바닥이 빤히 들여다보인다. 파란 파라솔 밑에 파란 비치의자를 나란히 놓고, 아내와 누워, 파란 하늘과 파란 바다를 바라보니, 파랗던 젊던 날이 아련히 덤벼든다. 인생이 너무 길다고 울부짖던 때가 엊그제 같건만, 선인들의 말대로 인생은 역시 짧다.

젊은 시절의 새파란 인생은 격동적이다. 그래서 그것은 순간순간을 스트레스에 묻혀 살게 만든다. 젊은 시절은 부대끼고 바빴고 긴장의 연속이었다. 서로 주고받았던 상처도 모질고 아팠었다. 아내와 부닥쳐도 한쪽이 완전히 깨져야만 해결이 났다. 그 상처는 젊고 튼튼한 육체도 지치게 했고, 의욕에 찬 강인한 정신도 피곤하게 만들었었다. 더 이상 젊지 않으니 나는 행복하다. 새파랗던 육체와 개성이 세월 따라 옥색으로 바래니 마음이 편하다. 소유욕도 불필요하고 승리욕도 가소롭다. 퇴색하는 옥색이 더 세련된 고급 색깔이다. 아무 색이나 다가와도 잘 어울리고 저항이나 되튕이 없어서 좋다. 옥색에 남아 있는 푸른빛이 아주 흰색으로 바래 버리기 전에, 아직 식지 않은 젊음을 즐겨야겠다. 옆의 파라솔 밑에서 소설책만 읽으며, 더듬적거리는 늙은 부부의 이마와 손등에 난 저승꽃을 보니, 나도 아직은 젊은이다.

바닷물 속으로 뛰어들어, 잠자는 젊음을 선동한다. 파도는 막을 수 없는 세월처럼, 무자비하게 나를 덮치고 지나간다. 멈출 수도 없고, 더디 가도록 유혹할 수도 없는 시간의 흐름이라면, 나는 이 육체로 맞부딪쳐 매분 매초를 분쇄하며 생의 운율을 확인해 나가겠다. 늙은 척하려는 아내를 억지로 끌고, 파도속의 젊은 시절로 약진한다. 파도와의 싸움은 언제나 재미있고 시간 가는 줄 모른다.

오후가 되니 바다 속에서 선 채로 낮잠 한숨 자고 싶다. 물속은 뭍동물에게도 매혹적인가 보다. 무엇인가가 자꾸 정강이를 건드리고 애무한다. 자세히 들여다보니, 누운 키가 10인치는 될법한 물고기들이, 우리 다리 주변에서 강강수월래를 한다. 이게 꽁치 떼냐, 상어새끼들이냐? 신기하기도 하고, 희롱 당하는 감촉이 너무 좋다. 별안간 공짜 생선을 수입 잡고 싶어진다. 발을 잽싸게 굴러 봤지만, 물속에서 굼뜨게 움직이는 내 발에 밟혀 죽는 물고기는 한 마리도 없다. 물속으로 들어가 눈뜨고 물고기 움켜잡을 수영실력은 안 되니까, 이번엔 발길로 물고기를 힘껏 걷어차 본다. 우리를 즐겁게 해 주는 물고기를 괴롭히지 말라는 아내의 의견과, 물고기는 잡으라고 만들어진 동물이니, 잡아야만 한다는 내 견해가 벌어지기 시작했다. 여행 중에 애먼 생명 해치고 비린내 덮어쓴다며, 내가 하는 일에 아내가 적극 반대하고 나선다. 아내가 반대하니, 나는 더욱 어획 소득을 올리고 싶어진다. 한 마리라도 꼭 잡아야겠다. 그러나 아무리 정조준 하여 발로 걷어차도, 죽어서 둥둥 뜨는 물고기는 한 마리도 없고, 내 발길질에 맞아 죽을까 봐 도망가는 놈도 또한 없다. 아내의 반대와 나의 오기가 큰 분쟁으로까지 발전하기 직전에, 나는 여우가 신포도 쳐다보듯 물고기들에게 투덜대며 퇴각했다.

"짜아식, 지느러미만 크고 먹잘 것도 없게 생겼네. 통통해야 맛있지 인마."

소득 없는 일에, 공연히 아내 기분만 구겼다. 그래도 아내와 큰 싸움은 없었으니, 그게 어디인가? 모래언덕을 넘어오니 샤워장과 옷 갈아입는 화장실 건물이 보인다. 샤워를 끝낸 아내는 외진 데서 옷 갈아입기 싫다며, 그냥 서둘러 숙소로 들어가자고 조른다. 그러나 나는 한 시간이 남아 있어도 정승 같이 놀고 싶다. 축축한 옷을 입고 마를 때까지 그럭저럭 뭉기기는 싫었다. 옷 갈아입으라고 아내를 여자 화장실 쪽으로 밀어 넣은 후, 나도 건물 반대쪽에 있는 남자 화장실 입구로 들어갔다.

새 팬츠가 없었던 나는, 노 팬츠로 바지만 입고 나오니, 더욱 개운했다. 아내가 옷 갈아입고 나올 때를 기다리고 있는데, 여자 화장실 안에서 놀란 여자의 비명소리가 흘러나온다. 이게 무슨 소린가? 아내가 공포에 자지러지는 소리다. 아내가 원하지 않던 일을 내가 억지로 시켰는데 불운이 닥친다면, 그 후회를 어떻게 감당하랴? 큰일 났다. 여자 화장실 입구 쪽으로 덤벼들며 한국말로 소리를 질렀다.

"여보! 괜찮아?"

싸우는 소리도 들리고, 사그라진 목소리로 대화하는 소리도 들려나온다.

"여보, 왜 그래? 무슨 일이야?"

여자 화장실 입구에서 애타게 기다리는 내 앞으로 걸어 나오는 아내는 잔뜩 겁에 질려 누렇게 뜬 얼굴이다. 일별하는 아내의 눈빛에 원망과 증오가 질펀하다. 내가 다급하게 이유를 물었지만, 별것 아니라며, 아내는 나를 떠밀어낸다. 이건 참고 말 일이 아니다. 이유를 따져서 알고 가야겠다.

"왜 그래? 당장 말해! 무슨 일야?"

아내는 현기증이 나는 듯, 이마를 만지며 비틀댄다. 아내를 부축하여 벤치가 놓인 공터로 향하며, 나는 여자 화장실 입구를 노려보았다.

"어-억-."

나는 놀라서 그 순간 아내의 팔을 놓칠 뻔했다. 체구가 나보다 훨씬 크고, 삐쩍 마른 남자가 여자 화장실에서 꺼떵꺼떵 걸어 나오고 있었다. 코가 유달리 큰 그 남자는 얼굴도 거칠었다. 포니테일 스타일로 숱 허술한 노랑 머리칼을 뒤로 묶었는데, 튀어나온 광대뼈 위에서 수북한 두 눈썹이 꿈틀댔다. 내가 그 남자에게 항의하려고 눈을 부릅뜨는데, 그 남자가 흘낏거리며 오히려 나에게 욕지거리를 했다.

"꼴값하는 등신새끼들! 무슨 생각하니, 이 똑똑하지 못한 것들아?"

“아~.”

내가 두 번째로 놀란 것은 그 남자의 소프라노 목소리를 들은 후였다. 나는 상황판단을 하느라고 한동안 입을 벌리고 있다가, 결국 웃기 시작했다. 아내도 비로소 키득거리기 시작했다.

“젠장, 외진 변소로 들여보냈다가 마누라 졸도사 시킬 뻔했네. 여자를 남자로 잘못 보고 하는 졸도사, 누굴 원망할 수 있겠어? 죽는 사람만 손해지.”

태양은 한풀 꺾여 나무 뒤로 숨고 빌딩 너머로 피하기도 하건만, 더위는 좀처럼 숙여지질 않는다. 지친 아내는 신경 쓰기 싫으니, 엊저녁 먹던 식당에 가서 아무거나 먹자고 했다.

“똑같은 길을 걸어가려면 왜 살아? 똑같은 식당에서 비슷한 음식으로 끼니 때우려면, 돈 없애고 시간 버리고, 뭣 하러 놀러 나와? 변화는 살아있다는 증거고, 전진할 수 있는 힘이라구.”

못마땅해 하는 아내를 버스 속으로 끌어당겼다. 아내에게 아주 괜찮은 저녁식사를 대접하겠다고 큰소리치며 앞장섰다. 특별한 이유 없이 이상하게 위축되는 기분이라, 가만히 생각해 보니, 버스 안이 너무 추웠다. 버스에 익숙한 승객들은 버스를 타자마자, 모두 스웨터나 잠바를 꺼내 입는다. 아무 준비도 없었던 나는 치통 참듯 꼼짝 못하고 추위를 견디는데, 아내가 춥다며 옴츠러든다. 나는 아내의 어깨를 끌어안으며 바짝 붙어 앉았다. 아내를 추위로부터 보호해 주는 척하며, 내가 그녀의 체온을 빼앗아 오니, 겉으로는 아내가 이득이고, 실제로는 내가 베네휘쉬어리다. 아내와 함께하면 득을 보는 사람은 역시 나다.

버스는 이미 웨스트 길로 접어들었건만, 식당은 도통 눈에 띄지 않는다. 피로에 쓰러질 지경이라는 아내를 억지로 끌고 왔더니, 틀린 정보로 엉뚱한 곳에 도착했으니, 이제 큰일은 벌어졌다. 무식과 무능에 무모와 무례가 섞인 내 초라한 인격이 다시 한 번 드러나게 생겼다. 아내는 당뇨병이 있기 때문에, 배가 고프면 여러 증상이 몰려올 텐데, 어떻게 대처해야 하나?

별수 없다. 지금이라도 돌아서서 다운타운의 아는 식당으로 가야만, 아내의 아사를 방지할 수 있을 것 같다. 걱정 가득한 얼굴로 버스에서 내리니, 버스운전사가 고함을 치며 나를 부른다.

"웨스트 길을 가겠다고 묻더니 어디 가는 거야?"

"저 말인가요? 먹거리 골목을 찾아왔는데, 아마 잘못 온 것 같아요."

"내가 데려다 줄게 그냥 타고 있어. 아마 링컨로드를 가는 것이기 쉬워."

버스운전사의 친절도 무시할 수 없고, 길도 도통 모르니, 무작정 상경한 시골처녀처럼 얌전히 앉아 순종할 수밖에 없다.

"링컨로드에서 내려줄 테니까, 동쪽으로 아홉 블락을 걸어가. 자세히 조사해 봐. 제일 좋은 음식으로 골라 먹어."

죽여주네. 허기져 쓰러지겠는데, 링컨에서 내려, 아홉 블락을 걸어가라고? 결국 우리는 링컨로드에서 내렸다. 오늘 버스 잘못 탄 죄로, 사람 생으로 잡고 완전히 죽 쑤게 생겼다. 아내에게 미안한 것도 문제지만, 나도 배고파서 못 견디겠다.

"여보~ 미안해. 내 잘못이지만 어차피 이렇게 된 거, 할 수 없잖아? 좀 걸어 보자. 힘들지 당신?"

아침의 말로 아내에 대한 걱정이 해결된다면 얼마나 좋으랴? 그런데 이것 보소. 이게 웬일인가? 눈앞을 보니, 뜻밖에도 그 아홉 블락의 링컨로드가 바로 내가 찾던 길이었다. 차도 안 다니는 좁은 길 양쪽으로 식당들이 쫙 깔려 있다. 사막에서 오아시스 만난 것처럼, 그제야 간장에서 영양분을 방면하니, 온몸에 생기가 솟는다. 식당 정원마다 야자수들이 운치 있게 심겨져 있고, 야자수 밑에는 아웃도어 식탁들이 꽉 차 있다. 식당마다 비키니 차림의 아가씨들이 대형 메뉴 판을 받쳐 놓고,

자기 음식의 고유성과 특미성을 행인들에게 선전하고 있다. 사람들은 점점 더 많아지고, 멕시코 음악보다 더 낭만적인 쿠바 음악이 붉은 석양 위에 생동한다. 노르스름하게 익어가는 코코넛이 주렁주렁 달려 있는 야자수 숲 밑에 자리를 잡았다.

쌉쌀 칼칼한 열대나라의 맥주가 허기진 위장을 서둘러 급랭시키는데, 별안간 왁자지껄하는 대소동이 귀를 번쩍 열게 한다. 빠른 외국어의 열광적 노랫말을 제압하며, 뾰족하게 솟아오르는 이 소란은 누구의 사보타지일까? 깜짝 놀라 하늘을 올려다보니, 야자수 속으로 숙소를 정하려는 수백 마리 새떼들이 도떼기시장인 양 아우성이다. 모두 배가 노랗고 날개가 초록색인 열대조들이다. 곰실곰실 걸어 다니고, 포르릉 차르릉 옮겨 다니며, 마음에 드는 숙소를 서로 먼저 체크인 하려고, 잠자리 전쟁이 한창이다.

"금숙아, 난 오늘밤, 네 뒤쪽에서 잘래."

"오 미치겠다, 길순아. 아빠 몰래 이쪽으로 좀 와라. 난 네 옆에서 그냥 눈감고 잠만 잘게."

짝 찾아가는 수새들이 모두 떠들어 내 마음을 들뜨게 만드니, 늙어가는 주제에 주책없이 얼굴이 빨개진다.

어둑어둑해지니 웨이터들이 식탁마다 촛불을 켜기 시작한다. 연인들의 행복한 대화와 만족한 웃음소리들이 이 구석 저 테이블에서, 스패니쉬 배경 음악 위로 얼핏얼핏 튀어나온다. 잠자리가 결정된 새들은 초저녁잠이 많은가 보다. 정말로 눈 감고 잠만 자는지, 어두워짐과 동시에 요란하던 새소리들도 말끔하게 잦아든다.

"여기까지 오느라고 너무 힘들었지? 사랑하는 ○○아, 지금까지 인내하며 걸어왔으니, 우리 앞으로 남은 시간도 잘 살아 보자. 좀 맞지 않는 구석도 있었겠지만, 재미도 있었어. 이토록 지칠 때까지 우리는 시간 가는 줄 몰랐었잖아? 지금까지 일도 많았지만, 감당 못할 두통거린

없었어. ㅇㅇ아. 허기지고 피곤했던 시간은 지나갔어. 지금 우리는 풍성한 정찬이 차려진 식탁 앞에 앉아 있잖아?"

말이 잘 나오는 것을 보니, 알코올 성분이 세포 속으로 스며들고 있나 보다. 보름달로 영글어가는 상현달이 야자수 잎사귀 사이로 희푸른 달빛을 쏟아 부으니, 온종일 쌓였던 가지각색 피로가 한꺼번에 씻기어 나간다. 달그림자에 어렴풋한 아내의 젖은 입술을 몽롱한 눈으로 응시해 본다. 심장이 슬그머니 자극을 받아 혈액순환이 빨라진다.

"참 오늘까지 낯선 곳 여러 군데도 헤맸지? 고집 피우고 길도 모르는 나를 이곳까지 말없이 따라와 줘서 정말 고마워. 많이 먹어, 여보."

'말없이'를 '큰 반박 없이'로 바꿔 말할까 하다가 그냥 웃었다.

마흔다섯 번째 결혼기념일

하룻밤이라도 자고 와야 의미가 있지 않을까? 마스크 쓰고 컵을 잡아도 두 손가락으로 조심스럽게 잡고, 침대 머리를 만질까 말까, 싱크대를 손으로 짚었으니 비누로 손을 또 닦아야 될 것 같다. 그렇게 불안하고 불편하게 뭣 하러 외박을 하랴? '코비드19'의 재 확산 때문에 난리라 한다. 당일치기 여행으로 물 있고 나무 있는 곳을 찾다가 스타브드락을 찍었다. 먹을 데는 있을까? 라셀이나 페루라는 옆 동네로 가면 할러데이인도 두 군데나 있고 베스트웨스턴도 있다니, 괜찮은 식당도 분명히 있을 것 같다.

아내는 김밥 고추장 오이지를 준비하자고 한다.

"미쳤어? 놀러가면서 요상한 것 싸갖고 가게? 아무것도 가져가지 말고, 다운타운 트래픽 생기기 전에 일찍 출발하자 여보."

코로나 영향인지 정말 차도 별로 없었다.

"오늘 참 마음이 편안하다 여보. 당신이 왔다 갔다 안 하고 천천히 운전하니까."

"놀러 가는데 빨리 도착해야 뭘 해? 아침 먹을 데나 좋은 데로 찾아봐."

'천생소원 봄보리 개떡'이라더니, 찾고 찾은 곳이 맥도날드였다. 실내로 들어갈 수는 없게 되어 있으니, 드라이브 인으로 통과했다.

"2 for 4 맥머핀 앤 2 시니어 커피 주세요."

가장 실용적이고 제일 싸구려 음식이다. 오줌 마려울까봐 늘 미리 걱정하는 아내는 홈디포 주차장에 가서 먹자고 한다. 음식은 저 집에서 사고 왜 화장실은 이 집에서 사용하는가? 홈디포에 들어설 때는 활짝 웃으며 여러 사람이 반갑게 인사를 했지만, 화장실만 쓰고 나가니 아무도 인사를 안 한다. 전염병 때문에 죽은 사람이 많아서 그럴까? 가는 데마다 성조기와 일리노이 깃발이 반기로 펄럭인다. 스타브드락에 도착하니 당직자의 차인지 주립공원 드넓은 주차장에 달랑 차 한 대가 엎드려 떨고 있다. 너무 딱하여 내 차를 옆에 세워 친구삼아 주었다. 아내는 우선 지팡이 먼저 꺼내 준비한다. 완전무장을 하고 강가로 나갔으나, 찬바람이 숨을 못 쉬게 얼굴을 후려친다. 노래를 부르니, "유리창~에 물들면~"이 "요로총에~ 몰돌면~"으로 음성변조 되어 나온다.

"안 되겠다. 사무실 열었나 봐서 좀 건물로 들어가자 여보."

"아~, 라면이나 끓여먹었으면 좋겠다."

"오늘 같은 날 좋은 거 먹지 왜 나오자마자 쓸데없는 소리?"

"그냥 추우니까 생각나서."

사무실이 열렸을 리가 없었다. "Starved Rock" 산책길을 걸었다. 분명히 아내는 조금 걷는 척하다가, 계단 올라가는 것은 싫다며 포기할 것이다. 그냥 시간 보내다가 점심이나 괜찮은 식당에서 주문해 먹어야겠다.

계단 앞에서 아내 손을 잡고 어떻게 도와주어야 좋을까를 고민하며 절절맸다. 산행할 때는 아내가 늘 내 손을 뿌리친다. 내가 힘들까봐 그러든가, 자기가 강자임을 증명하려고 그러는 것 같다. 아내가 싫다고 뿌리치지만 않으면, 나는 종종 아내 손을 잡고 걷는다. 아내는 가끔 멀쩡한 땅에서도 넘어지곤 했는데, 일어나려다가 재차 넘어지는 경향이 있어서 맘을 놓을 수가 없다. 스페인 여행할 때도 이중으로 연거푸 넘어져서 놀랐는데, 동네 산책길에서 넘어졌을 때도 일어나려다가 또 넘어져 코와 입술까지 다쳤었다. 산책할 때도 우리는 내심 서로 긴장한다. 찬바람은 나뭇가지를 밀치고 덤벼들어, 콧등을 훑고 모가지까지 쑤석거린다.

"여보, 내가 호흡 조정하면서 난간 붙잡고 천천히 올라갈 게. 당신 먼저 올라가요. 응?"

헐떡이며 올라오는 아내를 위하여, 앞서 오른 내가 허풍스런 제스처로 목청껏 노래를 불러준다.

"따스하던 너의 입김~ 몹시도~"

음성과 세월은 무관하다며 앳된 테너 목소리가 텅 빈 산 중턱을 파고든다. 어느새 아내가 따라 올라와 숨을 고르고 함께 장단을 맞춘다.

"아아아아 그 옛날이~ 너무도 그리~워라아아~"

장갑 낀 손 마주잡고 우리는 겨울숲속 썩은 나무들을 바라보며, 젊었을 때 부르던 가요들로, 한동안 발성연습과 허파 확장운동을 했다. 우리는 다시 정상을 향하여 올라가기 시작했다. 셀카로 인증 샷도 찍고 강물 배경삼아 독사진도 찍었다. 그러다보니 어느덧 우리는 한 코스를 다 돌아 이미 내려오고 있었다.

"요 정도면 하이킹 코스 하나 더 돌아도 되겠다."

아내의 말을 나는 오후에 다른 코스 하나를 더 돌자는 뜻으로 이해했다. 그러나 놀랍게도 아내는 당장 앞장서서 "Lover's Leap" 산책 코스로 걸어가기 시작했다. 나는 고개를 갸우뚱하며 웃었다. 그 코스는 훨씬 더 긴 코스였기 때문이다.

"가다가~ 못가면~ 쉬어가더라~도~"

좀 춥긴 해도 시간은 오늘 온종일 남아 있다. 옷도 잔뜩 입어서 동사의 위험도 없다. 어딘들 못 가랴? 조금 올라가니까, 어느 헤비급 중년 백인 남자가 반바지를 입고 우리를 앞질러 올라간다. 다리통도 우람하고 추위는 안 타게 생겼지만, 젊지도 않은 저 남자, 뻥치다 얼어 죽게 생겼다. 그때 보니 텅 빈 산이 아니고, 걷는 사람들이 여기저기 보였다.

"이 모래산이 생기는 데는 460밀리언 해가 걸리지만 망가지려들면 백년 이내에 없어진대."

안내판도 읽어보고 생태학공부도 하다보니까, 아내는 두 번째 코스까지 거뜬히 완주하게 되었다. 기대 이상의 결과에 우리들의 기분은 최고조였고 서로 자랑스러웠다. 추운 것은 둘째 치고 배가 고팠다. 아내가 바나나를 가져왔으니, 반개씩 먹자고 한다.

"왜 밑지는 장사 해 여보? 금방 점심 먹을 건데?"

배가 고픈지 아내는 바나나 반쪽을 기어코 먹는다. 이제 어딜 가서 어떤 맛있는 것을 먹을까가 관건이다. 노스유티카를 헤맸으나 아내 맘에 드는 식당은 없었다. 지도에서 보았던 라셀 타운을 찾아 서쪽으로 향했다. 그때 옆에서 아내가 별안간 허둥댄다. 9시 반에 꼭 먹어야 되는 약을 깜빡 잊고 안 먹었단다. 바짝 얼어붙은 나는 차를 세우고, 아내가 약 먹는 모습을 지켜보았다. 약 먹는 걸 잊어버리면, 맛있는 음식이 무슨 소용이며, 운동 산책이 뭘 중요하랴? 등산 전에 확인할 걸 후회막심이다. 낙천가인 아내는 여전히 뱃속 편하다.

"지금이라도 생각났으니, 얼마나 다행이에요?"

우선 주유소에 가서 어떤 식당들이 어디에 있는가 알아봐야겠다. 너무 배가 고팠다. 아, 미련한 척 바나나라도 먹을 걸! 케이시스(Casey' s)라는 주유소에 들어갔다. 한쪽 편 스낵샵에서는 음식을 만들어 팔고 있었다. 손님은 많았다. 내가 이 타운의 식당들이 어디 있느냐고 물으니, 계산대의 한 여자가 빤히 쳐다보더니, 마뜩찮게 길을 가르쳐준다. 여기서 아무거나 먹지, 지금이 어느 때인 데, 어디 가서 뭘 먹으려고 주접을 떠느냐는 뜻이다. 괜찮은 점심을 좀 먹어보려고 부지런히 돌아다녀 보았으나 열려 있는 식당이 없다.

"아~ 배고파! 저 반짝이는 게 뭐지?"

"그건 은행이야."

"죽여주네! 저 격조 높은 사인은 뭐지?"

"헤어 살롱인데 닫혔어."

이 골목 저 거리 헤매던 우리는 허기에 지쳐, 결국 주유소로 되돌아왔다. 식당촌을 가르쳐주었던 여자가 그럴 줄 알았다며 묘한 미소로 흘겨본다. 우둥퉁한 남자가 고무장갑 끼고 마스크 하고 음식을 만들고 있었으나, 가져오고 챙기는 것은 대부분 셀프 서비스였다. 서로서로 사람 마주치기를 꺼린다. 투나 샌드위치 하나를 주문하고 피자 두 쪽을 담았다. 주유소 가게 안에는 음식 주문하는 사람과 스낵이나 드링크 사가는 사람들로 어지간히 붐볐다. 코로나 때문에 장사가 안 돼서 죽네 사네 해도, 이렇게 문전성시를 이루는 가게도 있구나! 우리는 차속에서 허겁지겁 먹기 시작했다. 아, 12불만 들여도 이렇게 잘 먹는 걸, 쫄쫄이 굶고 다니다니? 음식 버리기 아까워서 몽땅 먹었더니, 너무 배가 불러서 움직일 수가 없다. 차 안에서 낮잠이나 잤으면 좋겠다.

"이제 뭘 하기로 되어있는 거지?"

"뭐하긴? 트래픽 생기기 전에 집에 가야지."

운전만 했지 도대체 이게 무슨 맹랑한 애니버서리야? 할 수 없이 집으로 향했다. 트래픽을 뚫고 집에 오니, 벌써 저녁나절이다.

"배는 부르지만, 저녁은 저녁대로 또 먹어야 되겠지 여보?"

"나도 몰라! 난 라면 하나 먹으려고."

뭘 먹기는 너무 배가 부르다. 아내가 라면 먹을 때, 나는 무국 남은 것을 덥혀 먹었다. 피로에 지친 아내가 일찍 자기 침실로 들어가서 눕는다. 민숭민숭한 날이었다. 설거지를 끝낸 나는 아내의 침대에 걸터앉아 아내의 발을 주물러주었다. 아내는 허공을 바라보며 눈을 끔벅거린다. 나중에는 내가 내 발을 주무르기 시작하니, 아내는 미안한 척 내 무릎을 쓰다듬는다.

"늙으니까 발을 주무르면 괜히 좋지?"

"난 조금 자다가 일어나서 약 먹어야 되니까, 당신 얼른 당신 방으로 가서 자요."

"그래 자러 갈 게. 잘 자!"

내가 맞을 쉰일곱 번째 기념일

“○○씨, 일어나셔! 커피 끓여 왔어.”

“잠은 꽤 잘 잤다. 생각했던 것보다 잠자린 괜찮은데?”

“괜찮았어? 대충 닦고 서둘러 아후통가리키로 일출 보러 가자. 오늘 날씨도 기차네.”

대부분 잔손질과 심부름을 내가 도맡아 하건만, 아내의 외출준비 시간은 나보다 훨씬 길다. 바지 입는 시간 양말 신는 시간이 바지나 양말 만드는 시간만큼은 걸린다. 아내는 신 한 짝을 신고 5분 동안 기도하고, 또 다른 쪽 신을 마저 신고 7분 동안 기도한 후에 일어설 준비를 한다. 기도 좀 짧게 하라고 투덜댔다하면, 쉬지 말고 기도하라 하신 하나님이 호통 치시기 전에, 아내가 먼저 난리를 꾸민다. 아내가 지팡이 짚고 일어서는 동작은 고속 촬영한 슬로우 모션 영상 같다. 일어나는 동안에 시편 23편 정도는 외우고도 몇 초가 남는다. 아내가 일단 내 옆에 서서 함께 걷기 시작하면 내 모습과 아내 모습엔 차이가 없다. 아내 옆에만 서면 나도 아내의 모습과 닮은꼴 내지 합동으로 변하기 때문이다. 아내가 왼쪽다리 절면 나도 절고, 차츰 원상복귀 되면 나도 괜찮아진다.

이스터 섬에 어제 도착했지만 결혼기념일은 실제로 오늘이다. 이렇게 긴 세월을 아내와 공유할 수 있게 해주시고, 꿈에 그리던 섬에서 결혼기념일을 맞을 수 있게 해주신 하나님께 감사가 절로 터져 나온다. 아내는 69세 때에 암이란 병에 걸려서 죽네 사네 했지만, 결국 암을 극복하고 비교적 튼튼한 몸으로 오늘날까지 살아왔으니, 더 바랄 것은 없다.

이 섬으로 여행 오는 데는 반대도 많았었고 어려움이 꽤 있었다. 작년까지만 해도 사실상 이곳으로 오는 여행은 미지수였었다. 장시간 에어탑승에 대한 아내의 건강에도 확신이 없었고, 비용도 정말 장난이 아니었다. 살아있는 동안 아내와 가보고 싶던 곳임을 내가 강조해왔고, 아내는 나와 함께 올 용기를 내 주었다. 이 여행은 내 버킷리스트의 마지막 항목인 셈이다. 산티아고에 와서 며칠 쉬면서 아내의 컨디션을 활성화시킨 후, 라면 버너 냄비 쌀 햄 계란 사과를 준비했다. 젊던 시절 알래스카 데날리 공원에 갔을 때도 음식이 비싸서 놀랐는데, 이스터 섬에는 더 비싸단다. 처음 이틀 밤은 마히노아 캠핑장에서 야영을 하고 싶다는 내 의견에 아내가 어렵사리 동의해 주었다. 이왕이면 민박도 해보고 싶었지만 아내가 너무 걱정하기에 나머지 3박은 그냥 호텔에서 자기로 했다.

어제는 아후아카푸에서 타이피까지 야자수가 잘 정리되어 있는 해변 갓길을 걸어 다녔다. 우리 둘이 손잡고 걷는 모양은, 다리 묶어놓은 두 마리의 햇병아리가 세발걸음 하는 모습 같다고들 말한다. 항상 조심조심 아장아장이다. 걷다가 더우면 하시라도 바닷물에 들어가 몸을 식힌 뒤 다시 걸었다. 바닷바람도 있고 야자수 그늘도 좋아, 걷는 사람도 꽤 있었다. 첫날부터 좀 걸었더니 피곤했었나보다. 그 덕분에 어젯밤 잠은 달게 잤다. 초저녁에는 나루터에서 따뜻한 바닷물에 아내와 나란히 발을 담그고 앉아서 맥주를 마셨다. 우리 은은한 노랫소리가 찰싹대는 파돗소리에 섞이니 화음이 아름다웠다.

"남은 것~은 바위섬과 흰~파도~"

캠핑장은 깜깜했고 야간 관리자는 엉터리 영어로 고함 꽥꽥 질러 끗

발을 부렸지만, 자정이 지나니 고요하고 좋은 밤이었다. 아내가 준비한 손전등이 유용했다. 아내도 아들도 야영을 극구 반대했었으나, 텐트에서 자고난 아내는 평생 다녀본 여행 중에 제일 좋은 밤이었단다. 눈앞엔 훈훈한 바람을 밀어주는 밤바다가 속삭여주고, 고개를 들면 새카만 하늘에서 수억만 별들이 제각각 추억에 젖어 애련한 사랑을 꿈꾸며 흐른다. 이렇게 많은 별들을 처음 본다면 억지겠으나, 어렸을 때 그루밭 둑에서나 봤을 성싶다.

아후통가리키 일출 벌판에 도착하니 새벽잠 없는 사람들이 먼저 나와 웅성댄다. 15개의 크고 작은 모아이들이 훤해지는 바다와 붉어지는 하늘을 등지고, 섬사람들을 보호하려는 듯, 내륙을 향해 횡대로 서 있다. 꽤 많은 관광객이 모여드니 새빨개진 하늘은 바다까지 검붉게 물들인다. 붉은 티셔츠를 배꼽 위로 걷어 올리고 흑자색 바지춤을 밑으로 내려, 중요부분품을 서서히 내보이듯 태양이 그 신비스런 정체를 드러낸다. 하늘과 바다 사이를 비집고 불쑥 튀어나오는 태양이 힘진 입김으로 강렬한 햇살을 만들어내니, 햇살은 모아이들 사이를 헤집으며 내 눈으로 파고든다. 장렬하고 당당하게 내미는 그 자태는 닳고 닳은 문명인까지도 태양을 숭배하고 싶게 만든다.

항가로아 마을로 가서 아침식사를 한 후, 우체국에 들러서 손자손녀들에게 엽서를 하나씩 부쳤다. 모아이 스탬프가 찍힌 엽서는 귀한 선물이 될 것 같았다. 엽서에 새겨진 그림은 모아이 사진도 아니고, 원주민의 폴리네시안 춤도 아니었다. 우리 두 내외를 모델로 만든 비디오 사진이었다. 이 섬의 공항에서 나올 때는 하와이 입도할 때처럼, 꽃목걸이를 하나씩 걸어주는데, 어제 우리 부부가 꽃목걸이 걸고 함께 찍은 기념사진이었다. 이 엽서에 새겨 넣어 준 기념사진은 5초짜리 비디오 사진인데, "The 57th Wedding Anniversary"란 글자까지 지나가고 있었다.

좀 이르긴 하지만 아나케나 해변으로 갔다. 아나케나에 있는 7개의 모아이 중 4개는 붉은 모자까지 쓰고 정장을 했건만, 셋은 모자가 떨어져나가 헐벗고 반파된 모습이었다. 텅빈 해변에서 7개의 모아이는 우리를 기다리고 있었다. 햇볕은 벌써 따가웠으나, 우리 부부 외엔 해변에 아무도 없었다. 호주의 야생 바닷가였다면 사나운 동물들이나 강도도 무서웠을 것이다. 여기는 완전히 텅 빈 바닷가였지만 고향의 냇가에 찾아온 것처럼 편안했다. 섬 서쪽 타하이 해변이나 아후아카푸 해변과는 전혀 달라서 바다가 아주 잔잔했다. 바닷물에 들어서니 고요한 침묵 속에 물 끼얹는 소리까지 들렸다. 7개의 모아이 뒷모습을 바라보며 물놀이를 하니, '혹성탈출' 영화 속으로 껑충 뛰어든 기분이다. 바다가 너무 파래선지 하늘이 너무 맑아선지, 빽빽한 야자수와 풍족히 매달린 코코넛들이 쪽빛 배경을 깔고 노랗게 다가선다. 아내 허벅지를 베고 잔디 위에서 낮잠 한숨 잤으면 좋겠다. 그러나 아내 무릎을 베려면 문제가 너무 많을 테니 참는 게 이득일 성싶다. 산책이나 좀 해야겠다.

"바~다앗가에 모래알 처~럼, 수많은 사람~중에~"

우리는 손잡고 타달타달 물뭍을 오가며 걸었다. 어차피 하루에 만보는 걸어야 된다. 아귀힘은 쪽 빠져나간 육체건만, 목젓은 멀쩡하여 노래는 곧잘 나온다.

"흘러~간 옛날의 추억에~ 젖어 나~ 홀로 있~"

무인도에 단둘이 떨어진 듯 오붓한 바닷가였지만, 듬성듬성 피크닉 구역이 있어서 뭐든지 끓여 먹을 수가 있었다. 날씨가 더욱 뜨거워지면서 사람들이 몰려들었다. 젊은이들도 꽤 있었으나 여느 해변처럼 시끄럽지는 않았다. 조용한 바다에 호응하려는 듯, 사람들은 수영을 하거나 정담을 나누거나 깔깔 웃는 것이 전부였다. 우리가 렌트한 빨간 지프차에서 나는 버너와 냄비를 꺼내다 인스턴트 밥을 지었다. 아내가 고추장에 밥을 비벼서 오이지를 넣고 김에 둘둘 마니, 가난하던 시절에 먹던 자루김밥이 되었다. 라면보다는 역시 밥을 먹으니 생기가 났다. 솜사탕 장사가 지나간다.

"솜사탕 얼맙니까?"

"하나에 20불씩입니다. 몇 개 드려요?"

아내는 껑충 뛰며 안 먹겠다고 했지만, 나는 이미 두 개를 뽑아 들었다. 땡볕 밑에서 바다를 바라보며 먹는 솜사탕은 색다른 낭만이었다.

저녁나절에는 석양을 구경하기 위하여 아후아키비로 갔다. 제주도의 1/10밖에 안 되는 섬인데, 한번 들어오면 5박6일을 좁은 땅에서 놀아야 되니, 관광객들은 바쁠 것도 없다. 벤치에 앉아서 여유롭게 석양을 기다리다가 나도 모르게 잠이 들었다. 이상하게도 팔이 저려서 눈을 떠보니, 아내도 내 어깨에 기대어 색색 잠을 자고 있었다. 피곤했던 모양이다. 횡대로 선 모아이들 너머로 퇴색해가는 태양을 바라보았다.

라파누이 사람들이 이 섬에 처음 도착했을 때는 나무가 우거지고 풍요로운 땅이었단다. "모아이"라는 특별한 유적은 남겨놓았지만, 모아이를 옮기고 뗏목을 만들기 위해 나무를 무작위로 베어내다 보니, 황폐한 섬으로 남았단다. 자원의 고갈은 부족 간의 전쟁을 부르고, 부족들은 자기족속을 지켜줄 모아이를 경쟁적으로 만들었다. 그 결과로 나무는 더 많이 베어졌다. 굶으면서도 신격화한 모아이를 계속 만들어야 했던 그들의 신앙이 애처롭다. 더욱이 네덜란드인들이 들어와 천연두와 매독을 퍼뜨려 놓고, 주민을 노예로 마구 잡아가니, 주민은 더 줄고 생활은 더 열악해졌다. 2만여 명이었던 주민이 1872년에는 111명만 남았고, 식인까지 하며 생존해야 했단다. 유럽인들이 섬에 도착한 날이 부활절(Easter)이었기 때문에 섬 이름을 이스터로 명명했단다. 식인도 했던 주민들이라 지금도 가끔 흉측한 욕을 한단다.

"네 엄마 살점이 내 이빨에 끼었다."

라파누이 국립공원에는 다시 나무가 무성하다. 인육까지 먹던 고난의 주민들이었건만 다시 풍요를 찾았다. 주민들은 모아이를 더 이상 신성시하진 않지만, 모아이 때문에 잘 먹고 잘 산다.

태양은 열과 빛이 약화되는 만큼 주위를 아름다움으로 강화하고 있었다. 태양이 열을 상실하는 양만큼, 구름과 하늘과 바다는 아름다움을 획득한다. 열에너지가 미에너지로 바뀌어 에너지 불변의 법칙이 보존 유지되는 지도 모른다. 늙고 피곤한 육체를 쉬게 할 사후 세계도 미에너지로 가득 찬 곳이었으면 좋겠다. 격동의 에너지 교체가 끝나면 세상은 평화로 덮이듯, 삶이 끝나는 날, 주위는 아름다움의 에너지로 푹 덮였으면 좋겠다. 태양은 만물을 점점 더 빨갛게 물들이며 모아이 발밑으로 숨어들고 있었다.

*이 글을 혼동하시는 분들이 있어서 말씀드린다. 이것은 앞으로 맞을 57th Anniversary를 계획하면서 쓴 소망의 글이다.

마이가리 금혼식

'마이가리'라는 말은 일본말 '마에가리'에서 유래한 말로 "미리 빌려 받기" 혹은 '가불'이란 뜻이다. 여자들에게는 익숙하지 않을 수도 있지만 군대서는 흔히 쓰는 말이고, 남자들끼리의 대화에서는 재미삼아 자주 쓰는 말이다. 진급을 예상하고 있는 상병이 미리 병장 계급장을 붙이면, 마이가리 병장이다. 그러다 보니까, 곧 결혼할 여자를 '마이가리 마누라'라 부르기도 하고, 임신한 여자의 남편을 '마이가리 아빠'라 부르기도 한다. 장로로 피택되어 곧 장로로 될 사람을 '마이가리 장로'라 부르면, 하나님이 주시는 직분 운운하며 죄악시하려 드는 사람도 있다. 그러나 '마이가리'라는 말이 나쁜 말도 아니고 욕은 더 아니다. 한편 너무 앞서 나가진 말아야 한다. 당선될 것임이 빤해서 "마이가리 대통령"이라고 불렸던 힐러리 클링튼은 영원한 "가라 대통령"으로 남고 말았으니까 말이다.

"금혼식을 꼭 결혼 50주년 되는 해에 할 게 뭐 있어? 너무 늙기 전에, 결혼 45주년쯤 되어서 좀 미리 당겨서 하면 어떨까? 더 젊어서 하니 더 신바람 나고 좋겠지?"

"아, 그거 좋은 아이디어네요. 보통은 금혼식을 몇 달 다가서 하는 게 통례인데, 좀 몇 년 다가 한들 어때요? 우리가 그렇게 시작해보죠."

"늙어서 더듬더듬 하느니 좀 다가서 하자는 거지? 그래 봤자 몇 년 차이인데 그게 그거긴 해."

금혼식을 다가서 하자고 결정한 우리 부부는 의욕이 넘쳤으며, 건강하고 행복했다. 매일 헬스클럽에 가서 수영도 하고, 집과 교회 꽃밭에서 열심히 꽃도 가꾸고, 온갖 모임에서 봉사도 앞장섰다. 신앙생활은 물론이고 취미생활에도 적극적이었으며 놀러 다니는 데도 선두로 도착하는 기질이 있었다.

그래서 우리 부부는 결혼 45주년을 기다리게 되었다. 그런데 결혼 42주년도 맞기 전에 아내가 복막암이란 진단으로 날벼락을 맞게 되었다. 원래 예측할 수 없는 것이 인생인 줄은 알고 있었다. 야고보서에도 내일을 모르니, "오늘이나 내일이나 어떤 도시에 가서, 일 년을 머물며 장사하여 이익을 보리라" 하지 말라고 했다. 생기 넘쳐 펄펄 뛰던 아내의 육체가 속으로는 심각하게 병들어, 점점 망가져가고 있다는 사실은 짐작도 못했었다.

너무 늦게 발견되어 여러 곳으로 전이까지 되었기 때문에, 당장은 수술을 할 수도 없는 상태라고 했다. 키모를 받으면서 암의 사이즈를 줄여 놓은 다음이라야 수술을 할 수 있다고 했다. 아내가 키모를 받기 시작했다.

쨍쨍하던 아내는 매주 키모를 받으면서 하루하루 쪼그라들었고, 꽤 쓸 만하게 젊던 육체는 매주 강제로 늙혀져갔다. 암세포를 죽여야 된다면서 독한 약을 매주 혈관에 투입하였다. 체중이 벌컥벌컥 줄었으며 아내는 급속도로 무력해져갔다. 정상세포 비정상세포 막론하고, 모든 세포를 아낌없이 죽이고 흐물흐물 절여놔야, 아내가 살아날 수 있단다. 모순 같이 들리지만, 의사의 명령대로 따르는 방법밖에는 다른 도리가 없었다. 주위에 있는 신앙동료들이 한꺼번에 기도해주고 위로해주고, 먹을 음식을 만들어다 주고 백방으로 도와주었다.

아내는 키모의 혹독한 어려움을 겨우겨우 이겨냈다. 결국 천신만고 끝에 수술도 성공적으로 끝났으나, 정신 차릴 사이도 없이 또 키모를 받아야만 되었다. 죽는 것이 나은지 사는 것이 나은지 심하게 헷갈렸지만, 아내는 내 팔에 이끌려 키모 받으러 병원으로 또 가야만 했다. 거의 2년을 기도하며 모진 고난을 참아낸 후, 드디어 암지수가 정상인 범위까지 떨어지게 되었다. 암지수가 정상인 수준으로 되었으나, 의사로부터 축하한다는 말도, 그 동안 수고가 많았다는 위로도 없었다.

"암지수 CA-125가 정상인 컨디션에 도달했어요. 키모가 재발을 예방한다든가 재발을 늦추어 준다는 증거는 아직 밝혀진 바 없어요. 키모를 계속 받든가 중단하든가를 본인이 선택하세요. 앞으로 2년 안에 재발할 확률은 80%입니다."

완치되거나 재발하지 않는 사람이 20%라는 뜻이 아니다. 2년 안에 죽는 사람을 포함해 2년이 지난 후에 재발하는 사람까지 통틀어 포함해야 겨우 20%라는 것이다. 완치는 차치하고, 내 아내가 그 알량한 20% 안에도 들 가능성은 없다는 듯, 의사는 건조하고 담담한 어조로 이야기했다.

키모를 더 이상 받지 않으니, 한동안은 그래도 살 것 같았다. 그러나 '2년' 혹은 '80%' 등의 단어들을 비웃으며, 재발은 6개월 후에, 잽싸면서도 100% 분명하게 찾아왔다. 다른 방법은 어디에도 없었다. 의사가 하라는 대로, 독한 약을 혈관으로 다시 주입하면서, 시계바늘 따라 서서히 죽음으로 다가가는 것이 유일한 길이었다. 나중에는 병원이란 것도 키모라는 것도, 놀랄 일도 아니었고 무섭지도 않았다. 친해지거나 가까이하고 싶은 친구는 아니지만, 되게 나쁠 것도 없고 특별히 증오할 대상도 아닌, 그저 그렇고 그런 어퀘인턴스 같이 돼버렸다. 이렇게라도 살아갈 수 있게 해주신 하나님께 감사했다. 기도해주는 친구들의 격려와 귀 기울여주신 하나님의 은혜로, 아내는 수개월 간의 키모를 다시 이겨냈다. 아내의 암지수가 정상인 컨디션으로 또 한 번 되돌아왔다. 지금까지도 그래왔지만, 앞으로 한 순간도 안심하며 살 수는 없다. 나는 그 동안 용기를 잃지 않아준 아내의 등을 토닥여주었다.

이렇게 내 아내는 여러 험산험로를 헤매고 거쳐서, 지친 몸 이끌고 내 품으로 다시 돌아왔다. 엄청난 고통을 참아내고 묵묵히 시키는 대로 모든 과정을 따라준 아내에게 감사한다. 다행스럽게도 아내는 선천적으로 낙천가 기질을 가지고 있다. 항상 즐거운 마음을 소유하고, 기도하면서 살아야 됨은, 아내와 내 삶에서 필수조건이다. 나도 아내의 기분을 헤뜨릴까 봐, 바짝 긴장한 상태로 조심스럽게 살아가야 되니, 좋기도 하고 나쁘기도 하다.

그러다 보니, 금혼식을 다가서 치르는 것이 이상해졌다. 내가 원해서 다가 치르는 금혼식이 아니라, 운명에 쫓겨 할 수 없이 일찍 치르는 금혼식이 돼 버렸다. 어서 병장이 되고 싶어서 병장 계급장을 미리 다는 것이 아니라, 주위 환경에 쫓겨 할 수 없이 병장 계급장을 서둘러 단다면 어떨까? 하급자가 이미 마이가리 병장 계급장을 달고 다니기 때문에. 나도 떠밀려서 병장 계급장을 달아야 될 지경이라면 기분이 어떨까? 그것 역시 좋기도 하고 나쁘기도 할 성싶다.

45주년 결혼기념일도 46주년 결혼기념일도 코로나에 쫓겨, 먹구름 밑에 그림자처럼 졸지에 사라졌다. 2021년 5월 정도면 과학자들이 코로나 코를 비틀어 놓겠다고 장담을 했다. 그러나 2021년 11월이 되어도 코로나는 백신정도를 코로도 신청 안 하고, 콧대만 꼿꼿하게 세우고 있다. 이제는 코로나 눈치 볼 것도 없다. 밀고 나가야겠다.

곧 다가올 나의 마이가리 금혼식을 생각해 봤다. 코미디 같기도 하고 엉뚱한 짓 같기도 했다. 아내가 아프니까 할 수 없이 금혼식을 다가서 한다고 비웃음을 살 수도 있고, 우리 부부의 분위기도 어색하게 됐다. 그러나 조용히 생각해 보니, 그렇게 좋을 수가 없다. 하나님은 우리들이 늙었다는 사실과 현 위치를 주지시켜 주셨으니 감사한 일이다. 인생의 잎과 줄기를 더 무성하게 키울 때가 아니고, 이젠 열매에 신경을 써,

더 알차게 영글어 가라는 암시인 성싶다. 우리들이 마이가리 금혼식을 정해놓고 기다리니까, 자비로우신 하나님은 안타까운 나머지, 우리의 행복한 생애를 더 연장시켜 주셨을 수도 있다.

무조건 감사하며 살아가련다. 받은 것만으로 감사하며 살아감은 우리 부부의 좌우명이기도 하다. 나는 아내가 암을 극복하고, 86세까지만 건강하고 튼튼하게 살게 해 달라고 기도해오고 있다. 장모님이 86세까지 사셨기 때문이다. 이제 백세 세대를 살아가는 아내인데, 최소한도 장모님만큼은 살게 해주셔야 맞지 않겠느냐고 하나님께 기도한다. 암이 잔재하고 있는 것까지는 양보하겠지만 암에게 압도당하진 말았으면 좋겠다. 눈이 오나 비가 오나 아침저녁으로 걸으며, 현재 상태를 잘 유지해주고 있는 아내에게 감사한다. 이 마이가리 금혼식 후에도 내 아내가 건강하고 튼튼하게 살게 될 것임을 나는 믿고 바라고 기도한다.

평화 가득한 심령으로, 행복에 푹 젖어서 마이가리 금혼식을 치를 예정이다. 훗날 후회가 남지 않도록, 아름다운 춤으로 장식하고 싶다. 내 아내와 K-팝 댄스는 못 출망정, 스르륵스르륵 미끄러지는 플로어 댄스라도 출 수 있으니 얼마나 다행한 일인가? 허리 다칠까봐 벌컥 꺾지도 못하고, 척추 삐끗할까봐 뺑그르르 돌리지도 못한다. 아내가 그녀 고유의 환한 미소를 띠며, 함께 춤추는 흉내라도 낼 수 있다는 것이, 나를 한껏 행복하게 만든다. 어린애 생일날 기다리듯 나는 내 마이가리 금혼식을 기다린다.

벗어부친 결혼식

원시인처럼 발가벗진 않았어도 감추는 것 전혀 없는 몸뚱이로, 순수한 인간 대 인간으로 사랑을 맹세한다. 구석기 시대 자연계에서 불쑥 튀어나온 자유로운 사람들로서, 하늘을 향하여 여기 이 자(female)와 이 웅(male)이 죽을 때까지 변함없이 사랑하게 해 달라고 기도한다. 잡티 묻지 않은 순수영혼들이 조건도 구속도 없는 창공 속에서, 생겨먹은 그대로 조우한다.

친구의 딸이 캔쿤 휴양지에서 결혼식을 올렸다고 했다. 경비가 엄청날 것이라는 생각이 들어 놀랐더니, 오히려 적게 들며 재미도 있단다. 진취적인 젊은이들은 끊임없이 새로운 것을 추구하며, 자유와 가능성을 항상 확인하며 살아간다.

정말 캔쿤 휴양지에는 호텔마다 결혼식 올리는 부부가 자주 있다. 같은 호텔 안에서도 어떤 날은 오전 오후로 결혼식이 겹친다. 결혼식은 아주 창의적 아이디어에 신선한 모양새다. 경건한 예식이라며 신 앞에서 제사지내듯, 심각한 표정으로 결혼식에 임하는 사람들도 세상에는 많다. 그런 모난 격식과 경건성이라는 허세를 내세워, 현대인들은 스트레스를 자초한다. 그런 결혼예식장에서는 축하객도 깔깔 웃지 못한다. 기도해야 할 시간에 경거망동하는 신앙심이 없는 사람이란 비난을 듣게 되기 때문이다. 그러나 캔쿤에서 행하는 결혼식을 보니, 아주 즐겁고 명쾌했다. 엄숙한 척 심각한 표정을 짓는 신랑도 없고, 부끄러움으로 위장하거나 얌전한 척하는 신부도 없다. 시끄럽게 떠들지도 않고 특별히 법석을 떨지도 않는다. 넓은 하늘 밑의 뻥 뚫린 허허모래벌판 위에서, 끝없는 바다를 배경 삼아, 단 둘이 서 있는 신랑과 신부다. 거대한 자연 속에서 그들 스스로가 얼마나 사소한 존재인가를 서로 확인한다. 결코 오만해질 수 없는 미물들임을 느끼며, 단순히 마주보고 웃는다.

꽈리알처럼 작고 예쁜 신부와 사이즈가 산도적처럼 무지하며 대갈쇠만큼은 힘을 쓰게 생긴 신랑이 결혼한다. 예식장이나 교회에서 결혼을 했다면, 신부는 높은 하이힐을 신어서, 키를 최대한 커 보이게 만들었을 것이다. 신랑은 속옷 벗고 배를 한껏 조여, 작고 홀쭉해 보이도록 분장했을 것이다. 그러나 캔쿤의 모래사장에서 결혼하는 이들 남녀는 잘 보이기 위해 그럴듯하게 꾸밀 수도 없고, 위장할 필요를 전혀 느끼지 않는다. 자기 얼굴에 개칠을 하고 나서기엔 하늘이 너무 파랗고, 공기가 너무 깨끗하다. 야단스러운 몸치장을 하기엔 죄송할 만큼 모래와 야자수가 너무 자연스럽다. 생긴 그대로, 조물주가 허락해준 만큼의 육체를 활짝 내보이며, 너는 여자고 나는 남자니까 사랑을 약속한다. 세상을 통째로 짊어 메자는 결심도 하지 않고, 대서양이 다 마를 때까지 변치말자는 부담스러운 맹세도 하지 않는다. 미래 일은 모르는 노릇이지만, 그저 네 힘닿는 데까지 사랑하고, 내 주변이 허락하는 한까지 노력해 보자고 겸손하게 두 손 마주잡는다.

신랑 신부는 물론이고, 10여명의 축하객들과 여기저기 헤뜨러진 구경꾼들도, 모두 맨발이다. 신부는 비키니 위에 두 쪽의 하얀 헝겊을 걸치고 간단한 면사포를 썼으며, 신부라는 증표로 꽃다발을 들었다. 신랑도 신랑이란 표시로 맨 등허리에 예복 하나 걸쳤지만, 배와 배꼽이 노출된 반바지 차림에 맨발의 청춘이다. 주인공들이 생긴 몸뚱이 그대로 다 내보이며 나섰는데, 축하객이 남아도는 살집 감추려고 거창하게 차려입고 무게 잡을 수는 없다. 양가 부모들도 넥타이를 매든가 미니 드레스를 걸치든가, 부모라는 표시만 냈지, 배와 앙가슴을 내놓은 야생복장이다. 분홍색 미니 보자기를 가슴에 나풀나풀 붙이고, 맨발로 나선 신부 들러리들은 네 마리의 홍학 같다. 신랑 들러리들은 날 몸뚱이에 감색 미니예복을 걸쳤고, 반바지 맨발 차림이라, 꼭 네 마리의 펭귄 같다. 주례 목사도 사진 찍는 사진사도 모두 배꼽과 허벅지를 드러낸 채, 맨발로 모래를 헤치며 왔다 갔다 한다.

신부의 머리가 신랑의 겨드랑 밑에서 머무니, 키스를 할 때도, 신랑이 무릎을 꿇어야 입이 닿을 지경이다. 꾸민 것도 없고 감춘 부분도 없다. 초라할 만큼 빈약한 가슴도, 창피할 만큼 퉁겨진 뱃살도 활짝 펼쳐 보인다.

"그냥 이게 나의 실체야."

"괜찮아요. 보다시피 원래 저는 이거니까, 과잉기대는 금물이에요."

눈에 거슬리는 부분도 아쉬움 스치는 면모도 어쩔 수 없는 우리의 것이니, 감사와 만족을 안고 살자면서, 서로 환하게 웃는다. 노리끼리한 혈색도 거무튀튀한 몸뚱이 색깔도, 생긴 그대로 보여주며 실행하는 결혼식이다.

육체의 단점을 감추지 않는 사람은 거짓 마음을 품지 않으며, 품을 필요도 없게 마련이다. 거짓 마음은 모르는 사이에 육체로 드러나게 되어 있다. 사악한 마음이나 삐딱한 심성은 사람의 눈으로 나타나고 얼굴 표정에 변화를 준다. 일그러진 행동이나 시니컬한 말솜씨를 타고, 몸 전체로 풍겨 나온다. 이런 것들을 옷과 장식품으로 감추면서 위장과 혼동을 도모하면, 엉큼한 속셈은 더욱 깊이 숨어버린다. 드러내기 곤란한 육체의 결점까지 완전히 드러내는 사람이면, 구차스럽게 속을 감출 필요가 없게 된다. 우리가 원래부터 보잘것없는 존재인데 뭘 감출 게 있으랴? 대자연 속에서 내 작음을 인정하고 나아오는데, 눈빛도

표정도 심장속도 가릴 필요가 없음은 당연하다. 속을 것도 없지만 속일 수도 없는 상태로, 인생을 처음부터 솔직하게 까놓고 시작하니, 나중에 바뀔 우려도 없다. 수줍던 신부가 앙칼진 흑표범으로 돌변할 이유도 없고, 성실파 신랑이 냉혹 무자비한 이기주의자로 둔갑할 리도 없다.

처음 만나 첫눈에 들던 인간과, 함께 생활하면서 느끼는 인간이, 판이한 예는 세상에 부지기수다. 상사, 동료, 후배를 막론하고, 처음 볼 때와 알고 본 후가 다른 경우는 흔하다. 더욱이 남녀의 만남에는 순간적 콩깍지가 씌워지는 경우도 있고, 불행의 색안경이 요술을 부리는 수도 있어서, 더욱 격차가 심하다. 아예 속과 겉의 장단점을 몽땅 내 보이며 만나는 신랑신부는 나중에라도 불행해 질 가능성이 없어 보인다. 수영장 주위에서 잠자던 사람들과 멕시칸 초가지붕 밑에서 책 읽던 여행객들이 모두 박수를 쳐주니, 세상은 축하객으로 그들먹하게 된다. 축하해 주는 사람들에게 선물을 줄 필요도 없다. 진실된 자세의 결혼식을 보여주고, 예쁜 결혼생활이 되도록 노력해보겠다는 의미로 부드러운 미소만 던지면 된다.

동양사람들이 서양사람들보다 결혼식을 난분스럽게 한다. 겉치레가 소란할수록 실속은 없다. 친우 친척 사돈 이웃사촌 다 불러 모아놓고 결혼식을 올린다고, 그 사람들이 다 축하해 주는 것은 아니다. 절반 이상이 마지못해 참석한 이름뿐인 축하객이다. 그들은 신랑신부나 신랑신부 부모들에게 어서 자기 얼굴을 보인 뒤, 밥 먹고 떠나고 싶기만 한 사람들이다.

진정으로 신랑신부의 행복을 빌어줄 알짜배기 축하객 몇 명 모아놓고, 거침없이 맑고 푸른 공간에서 진행하는 결혼식이 참 좋아 보인다. 노랑나비 한 쌍의 교합장면(mating scene)을 보는 것 같다. 비밀도 없고 사심도 전무하니 좋을 수밖에 없겠다.

제4부

생기가 용트림할 때

해변은 깨어있다

바다는 언제나 속에서 잠자던 젊음을 불러내며, 파도는 내게서 온갖 걱정 불행 불만 불안을 모두 털어낼 것 같아서 좋다. 항상 해변엔 뭔가 격동하는 흥분이 있고, 창조력이 꿈틀대며 새로운 영역이 펼쳐진다. 바라보기만 해도 속이 뚫리는 바다는 선각자를 일깨운 원초적 근거지다.

젊은 날 사우스파드레 섬 해수욕장에서의 추억이 좋았다고 아내는 그 장소를 그리워했다. 아내를 위해 다시 찾은 텍사스 파드레아일랜드 해수욕장은 거창하게 지어놓은 쉘터에 화장실 샤워장 선물가게까지 구비되어 있었다. 아무래도 10년 전에 왔던 곳이 아닌 생소한 해수욕장인 성싶다. 깐깐한 오기로 곤두선 땡볕이 웬만한 살점정도는 구워버릴 태세로 강한 개성을 과시한다. 이 끔찍한 태양열을 간단히 옮겨, 시카고의 무자비한 추위를 상쇄시킬 수 있다면 노벨상까지 탈 것이다. 햇볕이 너무 강렬하니 서둘러 파도 속으로 몸을 감추어야 견딜 수가 있다. 떡가루처럼 가늘고 정교한 모래알들을 보니, 옛날 그 장소인 듯도 싶다. 같은 장소면 옛 추억에 젖는다는 이득이 있어서 좋겠지만, 다른 해수욕장이라고 한들 바다가 주는 이득이 어디 감소하랴? 이왕 시카고의 살벌한 추위를 피해 왔으니, 해변마다 골고루 찾아다니며 곳곳에 들러 바다마다 헤엄쳐보고 싶다.

동쪽을 향하며 해변을 훑었다. 펜사콜라에서는 아침부터 바닷가 쪽으로 들어갔다. 홀로리다 서북부 해안선을 따라 달렸다. 98번 길로 달리면 곳곳에 해수욕장들이 나타나는데, 무척 한가하고 평화로웠다. 폭풍 지나간 사막처럼 조용하고 모래가 너무 하얘서, 무조건 아무 해변으로나 들어섰다. 어떤 중년남자가 낚시 두 개를 드리우고, 먼 하늘을 응시하며 외롭게 서 있었다. 우리가 구경한지 5분도 안 되어, 1피트가 넘는 대형 pompano(전갱이류)를 낚아 올렸다. 그는 너무 기분이 좋아서, 우리와 함께 사진을 찍겠다고 한다. 아침 4시부터 낚시질하러 나왔지만 한 마리도 못 잡았었는데, 우리가 행운을 끌어다 주어, 오전 9시 2분에 드디어 물고기를 낚게 되었단다. 그때 별안간 가로 세로가 4피트씩은 될 만큼 넓적한 flounder(가자미류) 두 마리가 옆으로 얼쩡거리며 지나간다. 정말 우리가 행운의 구경꾼들인 모양이다. 과잉 흥분한 낚시꾼은 허둥지둥 서둘러 그 물고기들이 전진하는 쪽으로 낚시를 던졌다.

"놀고 있네. 고래 잡니 요 멍청아? 서툰 솜씨로 어디다 뭘 던지니? 나를 낚으려면 좀 더 영리하게 굴어야 되지 않겠니?"

물고기들은 낚시꾼을 비웃으며 여유 있는 몸짓으로, 옆에서 해수욕하는 부부를 향해 유영해 간다. 해수욕하던 부부가 물고기의 크기에 호들갑을 떨며 경탄의 소리를 내지른다.

"미친 것들, 놀라긴! 물고기 처음 보니? 내 배지느러미 반쪽만한 인간들!"

물고기들은 사람들에게 전혀 신경도 안 쓰고, 꼬리 날개 휘날리며 활보하여 제갈 길로 사라진다. 대형 물고기들의 오만에 사람들이 주눅이 드니, 사람 세상으로 물고기가 출현했는지, 물고기 세상에 사람들이 얼쩡얼쩡 끼어들었는지 헷갈린다.

98번 길에서 399번 길로 들어서니, 거기는 더욱 한가하여 산들바람까지도 시에스타(낮잠) 중이었다. 바다 중간으로 난 모래 언덕 따라

낸 길이다. 여유와 침묵과 무한의 가능성이 새벽안개처럼 가득히 깔려 있었다. 이 끔찍한 고요를 9피트 큐빅으로 토막 내어, 젊은날의 내 공부방에 던져놓았다면, 나는 지금쯤 만물박사가 되어있었을 것이다. 이렇게 무례한 더위엔 매미소리가 허공을 메워줘야 제격인데, 여기엔 쓰르라미소리도 없고, 여치소리도 빠져있는 완전 제로의 음향공간이다. 눈꺼풀 살포시 내리깔면, 바다 저쪽에서 실파도의 율동이 자잘하게 느껴질 뿐이다. 수백 수십 리 포장도로가 하얀 모래벌판 위에 누워 있고, 뜨거운 태양 밑에 무서운 적요만 수면과 모래 위에 웅크리고 있다. 속세의 불필요한 충고나 단상 위에 선 인격자의 소음을 거절하는 이 공간은, 안정과 자유와 의욕으로 가득 채워진 아름다운 바닷가다. 여기에서는 어불성설의 창의성도 품을 수 있고, 턱없이 거창한 일이라도 생길 수 있고, 엄두도 못 낼 일도 거뜬히 성취될 수 있을 성싶다. 아무 때 아무데서나 차를 갓길에 걸쳐 세워놓고, 바다로 뛰어 들어가 수영을 할 수 있는 곳이다. 야트막한 모래 언덕이 길을 가리고 있어, 프라이버시도 보장된다. 수영복을 입고 다니며 가고 싶은 장소로 아무데나 뛰어 들어가 해수욕을 즐길 수 있다니, 무인도에 떨어진 듯 신비스럽고도 가슴 벅차다.

어린애가 아니니 위험한 곳은 보면 알게 된다. 사람 많고 안전한 곳에서 해수욕을 즐기고 싶은 사람도 있고, 달랑 둘이만 수영하고 싶은 사람도 있다. 벅적거리는 장소나 고독의 명소를 내 기호에 맞춰서, 내 고유의 세계로 만들 수 있다니, 공상영화 속 주인공이 따로 없다. 가끔 모래언덕에 몰려 앉아서 연좌데모하고 있는 억새풀만 밟지 않는다면, 가는 데마다 모래는 태고연하고 감촉은 부드럽다. 모래가 너무 뜨거우면 샌들을 걸치면 된다. 그러다 보니 낚시꾼과 해수욕하는 사람들이 섞여 있는 경우도 있게 마련이다. 낚시꾼 때문에 서로 신경 쓰는 경우도 생기겠지만, 거기가 싫으면 또 다른 곳으로 옮겨가서 놀면 된다.

준수하게 생긴 두 남자가 수군거리며 킬킬거린다. 요즘은 크루스를 가도 유원지에 가도, 남자부부가 눈에 많이 띈다. 여자부부는 눈에 안 띄지만 남자 연인들은 금방 눈에 띈다. 불공평한 것 같지만 어쩔 수는 없다. 여자들은 옛날부터 모녀끼리, 자매끼리, 동창끼리 같이 여행을 다니기도 하고, 한 방 한 집에서 동고동락하기도 한다. 또 여자들은 잘 협조하고 공동생활을 무리 없이 개척해 나간다. 여자 둘이 손 잡고 한적한 곳에서 다정하게 이야기하면 아무도 이상하게 보지 않는다. 자매이거나 동창이거나 애인이거나 상관없이, 여자들이기 때문에 아주 자연스럽게 보인다. 남자들은 처음부터 다르다. 아버지가 장성한 아들과 함께 장기 여행을 가지도 않고, 형제가 단둘이 나란히 앉아서 길게 할 이야기도 없다. 남자들은 부자나 형제나 동창인 두 사람이 함께 여행을 갔다 하면, 이틀도 못 지내고 싸움박질 판이 벌어지게 마련이다. 남자 단둘이서 여행을 계획하지도 않거니와, 큰맘 먹고 여행을 출발했다 해도, 첫날밤부터 서로 싸우게 마련이다. 서로 가로거치는 부분품투성이인 구조가 남자 몸뚱이고, 상대방 위에 올라타려는 습성에, 서로 밟고 짓누르려는 기질이 있으니, 어떻게 싸움을 피하랴?

그러다 보니, 남자 단둘이 놀러 다니는 사람들은 애인 외에는 있을 수가 없다. 이 휑뎅그렁한 빈 공간의 모래와 외진 바닷물에서 시시덕거리는 두 남자는, 제 세상을 만난 듯 즐거운 몸짓들이다. 양과 양이 착 달라붙는다고 의아할 것은 별로 없다. 자연 속에도 양양 음음끼리 죽고 못 사는 경우가 많다. 원자를 살펴보면, 핵에는 플러스인 양자가 있고, 그 주위를 마이너스인 전자가 돌고 있다. 나트륨 원자에도 플러스인 양자들을 마이너스인 전자들이 돌고 있고, 염소 원자에도 전자들이 양자 주위를 돌고 있다. 이 두 원자는 외곽의 전자 숫자 때문에 만났다 하면, 허겁지겁 달라붙어 염화나트륨(소금)이 된다. 이

때 두 원자에 있는 전자들은 마이너스끼리지만 서로 득달같이 달라 붙어 하나로 되는 것이다. 이 두 원자핵에 있는 양자들의 입장에서 봐도, 이 남자들은 플러스끼리 찰떡궁합이라, 서로 착 달라붙어야만 편해진다. 음과 음이나 양과 양이 붙는 경우, 아무나하고 붙는 것이 아니다. 자기의 입맛과 기호에 딱 맞는 상대하고만 붙지, 조금만 삐딱해도 이들은 서로 쳐다보지도 않는 속성이 있다. 이처럼 자연계에도 인력과 척력의 수수께끼는 부지기수다. 바다는 역시 새로운 역사를 색다르게 창조하는 원천지다.

Opal National park에 들어가니 쉘터도 많고 바닷물도 모래도 독특하게 깨끗했다. 호텔급의 샤워장과 화장실이 여기저기 지어져 있다. 해수욕 후 점심을 먹으려고 쉘터로 향하는데, 갑자기 종달새 한 마리가 내 눈을 할퀼 듯 공격한다. 깜짝 놀라서 어리둥절 하는데, 또 한 마리가 연속으로 내 눈을 후비려든다.

"아니, 요 새놈들 간덩이 좀 보소. 네 눈에 오목렌즈 안경 꼈냐? 내가 갯지렁이 사이즈로 뵈니, 몽당연필만한 방아깨비로 착각하니?"

너무 기가 막혀서 나는 쉘터 속으로 도망가 주었다. 승리감에 도취된 새의 협박 소리가 뒤에서 들린다.

"그럼 그렇제. 이 근처서 얼씬거리기만 하면, 니 국물도 없대이."

자존심은 상하지만 얌전히 점심을 먹었다. 그 종달새 부부는 내가 가장 만만한가 보다. 내 아내가 나가면 안 덤벼들고, 내가 고개만 내밀면, 머리칼도 낚아채고 내 얼굴도 당장 쪼을 듯, 결사적으로 들이덤빈다. 청개구리가 어깨에 힘주며 자동차 앞바퀴로 덤벼들듯 막무가내다. 나도 옛날에는 태권도 유단자로 될 뻔했던 사나인데, 나를 깔보다니 말도 안 된다. 내가 오른손바닥의 날로 한 번 치면, 종달새는 그대로 모래 속에 묻혀, 미라가 되든가 화석으로 변한다는 사실을 알까 모를까?

"광활한 백사장은 끝이 없건만, 넌 왜 하필 쉘터 사이 모래에 둥우릴 지어 놓고, 새끼 때문에 안달이냐? 요 맹한 새대가리야!"

나는 새의 사나움에 질려 쉘터 밖으로 나가지도 못했다. 요 새놈들에게 내 특기인 돌려차기 실력을 보여줄까, 겁쟁이인 척 사라져줄까? 인산인해의 해수욕장이거나 텅텅 빈 공허의 해변이거나, 바닷가에서는 놀랄만한 일이 계속 발발하며 모든 사건은 역동적이다. 들끓는 신비의 역사는 내일도 해변을 깨어있게 하리라.

모터사이클 태풍

오늘 하루 동안에 본 모터사이클 수가 내 평생 봐왔던 오토바이 숫자보다 더 많다. 하노이뿐만 아니라 월남 어느 도시를 가나 모터사이클이 이렇게 판을 친다니 놀랍다. 나는 월남전에서 전투했던 맹호의 일원이다. 그 시절에는 교복으로 하얀 아오자이를 입은 여고생들이 자전거 타고, 퀸혼 시내를 떼 지어 지나가는 풍경이 젊은 가슴에 큰 감동을 주었다. 세월은 자전거 떼를 모터사이클 태풍으로 바꿔 놓았다. 자전거 시절 아오자이와 짝 맞추어 쓰던 밀짚모자 논은 최신모형 헬멧에 밀려 사라져가고 있다. 넘어지면 머리보다 먼저 산산이 부서지는 재질의 헬멧이라 한다. 이들이 쓰는 헬멧은 머리 보호용이라기보다는, 색깔을 맞춰 매력창출을 하기 위한 장식품이다. 월남인들은 거의 식구 수대로 모터사이클을 가지고 있단다. 모터사이클이 이렇게 쓰나미처럼 또는 돌풍처럼 이리 몰리고 저리 쏠리며, 거리를 휩쓸고 누비는데 교통사고는 얼마나 많이 나랴?

가끔 미국의 도시에서도 모터사이클 떼가, 요란한 소리로 힘껏 독판주행하며 자기들의 세력과시를 하고 질주한다. 그런 때는 행인들이나 다른 차량들이 공포를 느낀다. 월남은 다르다. 교통법규가 그런지, 월남인들이 모터사이클 위험성을 잘 알기 때문인지, 다행스럽게도 이들은 서행이 사회풍조로 되어있다. 옆 사람에게 겁을 주려고 폭격소리 내며 쌩쌩 달리는 모터사이클은 없으니 훨씬 마음이 놓인다.

하노이 구시가지를 인도 바라나시와 비교해 보았다. 신호등도 거의 없는 거리에, 자동차 트럭 버스 모터사이클 자전거까지 온갖 바퀴 달린 탈것들이 모두 섞여서 먹구름처럼 흘러가는 풍경도 똑같다. 째릉째릉 빵빵 부왕부왕 항상 경적을 울리며, 자기 위치를 옆 차에게 인식시키는 풍경이 똑같다. 옆에서 아무리 빵빵거려도 맹인처럼 청각장애인처럼, 내 갈 길만 가는 모습도 비슷하다. 싸울 일이 있어도, 갈길 멈추고 굳이 잘잘못을 파헤치며 따지지 않는 기질도 똑같다. 기 센 놈이 앞을 가로막게 마련인 속성도 똑같다. 옆의 운전수에게 큰소리로 욕하는 사람도 없고, 도로에서 시비 걸거나 서로 삿대질하지 않는 생태도 똑같다.

인도의 인력자전거 릭샤(ricksha)는 두 고객을 태우지만, 월남 인력자전거 시클로(cyclo)는 한 사람을 태운다. 바퀴 달린 온갖 탈것이 가득한 길인데, 한 사람씩 태운 시클로까지 뒤섞여, 서로 앞지르고 알짱거리는 신경전이 대단하다.

옆 운전자의 무례 때문에 기분 나쁠 때, 인도사람은 보통 모른 척 무시하고 다문 입술을 쑥 내민다. 월남인들은 불만이 있든가 항의하고 싶을 때, 상대방 운전자의 파우어를 측정해보며 째리고 지나간다. 일일이 따질 수도 없고 싸울 시간도 없으니, 눈빛으로 한 순간 서로 욕해버리고 때려치운다.

"개씨바리 앓는 눈에 낀 눈곱같이 생긴 여편네가, 운전도 개판이야."

"뭘 노려봐 식캬? 낯짝 돌리고 꺼져삐라 문디시키!"

인도의 바라나시에서 차를 피하여 길 건너가는 여인의 날렵함을 보고 감탄했었는데, 월남에서는 잽싼 척하면 큰일 나게 생겼다. 이 차를 피했다고 안심할 때, 저 모터사이클이 바로 옆에서 덤벼들기 십상이기 때문이다. 여기서는 무조건 천천히 걸어서 길 건너며, "날 잡아 잡수!" 하는 것이 더 현명하다. 혼을 빵빵 울리며 고함까지 치는 운전자도 가끔은 있지만, 시치미 뚝 뗀 채 기죽지 말고 건너가면 된다. 모두가 운전도사들이기 때문에, 그들이 미리 알아서 피하고, 서행하거나 정차해준다.

버스 타고 앞을 내다보면, 성질 급한 한국 사람은 혈압 오른다. 버스가 워낙 천천히 가니까, 뒤에서 모터사이클이 비키라고 짹짹거린다. 그럴 때는 버스가 덩치 값도 못하고, 모터사이클에게 엉거주춤 길을 비켜준다. 눈 반짝이며 쏘아보는 새끼고양이에게 설설 기는 대형 불도그처럼 우습고 기막힌 장면이다.

일방통행 길을 역행으로 슬금슬금 달리는 모터사이클도 있다. 운전자들은 말로 소리 지르는 대신 신경질적으로 경적을 울려 분노를 표출한다.

"원웨이를 거슬러오면 어떠커니, 요 늙어빠진 고려장 대기자야?"

거꾸로 오는 놈도 만만하진 않아서, 부득부득 모터사이클을 들여민다.

"어허~ Shut up! 바로 요기 한 블락 가서 조 샛길로 빠질 건데 뭘?"

멍석 위에 널어놓은 검은 콩알들처럼 모터사이클들이 길 위에 쫙 깔려 있으니, 교통법규를 어기는 사람들은 오죽 많으랴? 경찰이 교통위반자들에게 몽땅 티켓을 줄 수는 없다.

"전 4불 밖에 없는데, 좀 봐 주시와용~."

"알았어. 삼삼하게 생긴 아가씨라 4불에 봐 주는 거야. 앞으론 조심해!"

경찰이 뇌물수수를 끝맺음하고, 돌아서자마자 또 한 놈의 교통위반자가 걸려든다.

"너 티켓 받고 법정 나가서, 하루 까먹으면서 6불 낼 거야?"

"맘 좋은 오피서 형님! 형님 인상 좋네요. 전 딱 3불밖에 없는데 어떻게 좀. 법정만 안 나가게 부탁."

"너는 얼굴이 내 동생 닮아서 3불에 타협해 주는 거야, 다음엔 그 가격 가지곤 어림 반 푼어치도 없어."

경찰이 맘 좋게 생기지도 않았고 인상도 엉망이다. 경찰은 닮을 동생도 없는 외아들이다. 그러나 오고가는 거짓말 속에 뇌물의 크기가 은근히 결정된다. 공갈치던 교통순경은 3불을 주머니에 꾸겨 넣으며, 운전수의 등을 툭툭 치고 보내준다. 한국에서는 경찰을 짭새라고 비하 호칭했었지만, 월남에서는 알리바바라고 부른단다. 교통경찰이 공돈을 뭉텅이로 챙기기 때문인지, 도둑놈(교통위반자)들의 등을 쳐 재물을 한꺼번에 쓸어가기 때문인지, 잘 알 수는 없다. 한국에도 과거에는 경찰들이 뒷돈을 긁어모으던 시절이 있었으니까, 뒤쫓아 오는 개발도상국이 겪는 자연스런 현상이라 볼 수도 있다.

대로의 한가운데에서 신기한 모터사이클 라이더를 볼 수 있었다. 한 가족인 듯싶었는데, 모터사이클에 엄마와 장성한 세 자녀를 한꺼번에 태우고, 아빠는 교통 혼잡 속을 달리고 있었다. 혼자 타는 모터사이클인데, 앞턱과 뒷좌석에 5명이 엉겨 붙어 타고 달리니, 경찰한테 걸리면 벌금깨나 물게 생겼다. 뇌물을 줘도, 경찰이 만만한 돈으로 타협하진 않을 것 같다. 아무리 모터사이클 운전에 자신이 있다 해도, 위험한 재주 그만 부리고, 조금만 가서 금방 가족들을 내려놓았으면 좋겠다.

날씨는 덥고 간단한 이동을 선호하는 월남인들이라, 모터사이클이 딱 맞는 교통수단인 것 같다. 이 나라 기후가 추워질 리가 없으니, 이들은 앞으로도 모터사이클을 점점 더 많이 이용할 전망이다. 앞으로 비행기 세대가 닥쳐도 월남에는 개인 비행기가 득세할 것이다.

개인비행기를 타고 이동하는 월남인들은 참새 떼나 비둘기 떼가 날아가는 것 같을 것이다. 그 시대가 되어도 빵빵 뻥뻥 혼을 울리며 날아다닐 테니, 개인비행기 떼가 날아가는 소리는 요란할 것이다. 기러기 떼나 펠리컨 떼 날아가는 소리보다 더 시끄러울 것이다. 독립기념일 다운

타운 하늘에 폭죽 터지는 소리 같든가, 생철지붕 위에 우박 쏟아지는 소리 같을 것이다. 떼져서 다니는 비행기들은 볼만하긴 할 것이다. 바닷고기 '금줄박이 푸질리어' 떼의 군무를 구경하는 것 같이 아름다울 것 같다. 개인비행기 떼가 밤하늘을 날아갈 때는, 은하수 한쪽이 뚝 떨어져나가, 새카만 하늘을 가로지르는 것 같을 것이다.

타임머신 대량생산 시절이 닥쳐도 월남인들은 개인용 소형 타임머신을 타고 다니며, 개개인의 프라이버시를 즐길 성싶다. 반짝반짝 타임머신을 타고 출발하고 도착한다면 소리는 나지 않을 것이다. 그러나 개개인이 운전하면서도 전체적 조화를 추구하는 월남인들은, 그때의 그 모습도 우주의 낭만일 것이며 또 볼만한 신비일 성싶다.

흙수저 금수저

미국에 사는 대개의 야생동물들은 금수저다. 특히 집 근처의 숲에 사는 토끼, 스컹크, 청설모, 파섬, 로빈, 참새, 래쿤, 사슴까지 모두 금수저다. 생전 천적을 만날 날이 없다. 먹을 것 마실 물 풍성하고, 숨어서 데이트 할 장소 넉넉하고, 휘파람 몇 번 불면 데이트 대상도 흔하게 나타난다. 사람들을 만나도 걱정 없다. 돌멩이 던지는 개구쟁이 녀석은 둘째 치고, 솔방울 던지는 계집아이도 없다. 산책길을 가로 막고 서서 겁도 없이 너무 빤빤스럽게 사람을 쳐다보니, 어떤 때는 얄밉고도 괘씸하다. 미국에 사는 야생동물들은 사람이 소리 지르며 쫓아가도 도망가지 않는다. 손뼉을 치며 발을 구르고 바짝 쫓아가 겁을 주면, 빈정거리며 살짝 피한다.

"허엉 드응신, 난 또 좋아서 춤추는 줄 알았네. 너 지금 날 쫓아내는 거니? 꼭 엊저녁 네가 달밤에 연습했던 체조하는 것 같구나 야."

옥톤과 뎀스터 사이에 있는 워키간 동쪽 마이애미우드스라는 숲에는 1.5마일 정도의 산책길이 있다. 그 숲에는 사철 물이 흐르고 연한 풀과 산딸기가 풍성하다. 박주가리 열매가 사방에 깔려 있어도, 그런 따위 열매에는 입질하는 동물도 없으니, 사람인 내가 따먹고 싶어진다. 시당국에서는 새로운 먹이가 될 식용 열매나무를 매해 추가하여 심고, 묘목 보호용 철망도 쳐 놓아, 항상 미래의 야생동물 먹이를 계획 증강시킨다. 그 산책길을 걸을 때마다 느끼는 것이지만, 이곳에 사는 사슴들은 금수저라는 말로도 불충분하다. 아마 다이아몬드수저라고 해야 맞을 성싶다. 이곳의 사슴들은 생육하고 번성하는 일이 큰 자랑이다. 해마다 계절마다 새끼들이 새로 태어난다. 혹시 사슴이 산책로를 가로 건너려들면, 뛰던 사람도 자전거 타던 사람도, 정지해 주거나 천천히 길을 비켜 준다. 흡사 상감마마 행차할 때, 머리 조아리며 길 터주는 평민들 같다. 아기들을 데리고 나들이 나온 엄마사슴은 수많은 카메라 앞에서 빤히 쳐다보며, 자랑스럽게 서서 포즈를 취해준다. 사슴들은 사람들이 바로 옆까지 쫓아와도 도망가지 않으며, 말없이 풀만 뜯어먹는다. 왜냐하면 사슴에게 해코지하는 사람도, 사슴을 발로 차는 사람도 평생 본적이 없기 때문이다.

텍사스의 빅벤드(Big Bend)라는 국립공원에는 잭래빗(Jackrabbit)이라는 토끼가 서식하고 있다. 그 토끼는 귀 하나의 크기가 자기 몸뚱이만하다. 왜 이렇게 귀가 크게 진화했을까? 시카고에 살고 있는 토끼는 귀가 너무 작아서 쥐인지 토끼인지 구분하기도 곤란하다. 깡충깡충 뛰면 "조놈이 토끼였구나," 하고, 쌀쌀 기면 "으메 쥐네," 한다. 귀를 보고는 토끼인지 쥐인지도 모를 정도로 토끼 귀가 조그맣다.

뜨겁고 삭막한 사막지방 빅벤드에 사는 잭래빗은 무얼 먹고 사는 것일까? 뜨거운 자갈밭 위에 목말라 웅크린 가시투성이 나무들이나 삐쩍 말라 죽어가는 해묵은 선인장들뿐인 사막이다. 가시 요란한 청어 속살 발라먹듯, 선인장을 가시 없는 쪽으로 갉아먹으며 살까? 물이 귀하다 보니 가시가 철사처럼 억세고, 건드리면 그대로, 살에 박히든가 부러지든가 양단간이다. 선인장 가시 부러뜨렸다는 동물을 본 적은 없으니, 어떤 동물이건 피부에 닿으면 선인장 가시는 그대로 박히기 십상이다. 사막에 풀잎이 혹시 있다고 해도 누렇게 마른 검불 같은 건초뿐이다. 이 잭래빗들도 역시 사람들을 빤히 쳐다보기는 한다. 그러나 옆에도 못 오게 도망쳐 버린다. 사람이 얼씬만 해도 무섭다고 지그재그로 도망쳐 자취를 감춘다.

"가만히 좀 있어봐 제발? 옆에서 사진만 찍는단 말이야. 도망칠 필요 뭐 있니?"

얼마나 천적이 많으면, 저토록 한시도 마음 놓을 수가 없고, 저렇게 심하게 경계하며 살아야만 될까? 코요테, 여우, 밥캣, 족제비, 매, 독수리에 뱀까지 모든 사막동물이 토끼고기만 밝히니, 한 해에 몇 배씩 새끼생산을 해도, 잭래빗 서식인구는 늘 그 턱뿐이 안 된다. 토끼는 보통 앨투리시얼(altricial-눈 못 뜨는 빨간 아기)로 새끼를 낳는다. 그러나 아기 기르기도 얼마나 위험한 땅인지, 여기 사는 이 잭래빗은 프리코시얼(precocial-새끼가 탄생 직후 눈을 뜨며, 털도 난 상태이고 태어나면 즉시 뛰어다님)로 새끼를 낳는다.

"흙수저가 뭔가 했더니 쟤들이네. 너 같은 아들들 이 사막에 줄줄이 낳아놓지 말고 시카고로 이민 가서 금수저 은수저 낳아놓고 죽어라."

미국의 소라면 넓은 벌판에서 한가로이 풀 뜯어먹는 목장의 소들만 연상한다. 사실 미국에는 목장에서 사는 소보다 가축농장에 사는 소가 더 많다. 죽기위해 태어나 먹히기 위해 존재해 주는 소가 부지기수다. 네브래스카 가축농장에 가보면, 소들을 곰팡이 번식시키듯 강제로 임신시키고, 태어난 야외 외양간에서 평생 살다가 죽게 한다. 여기 소가 살다 죽는 곳을 목장이라 부르지 않고, 농장이라고 부르는 것을 보면 그들의 생애를 짐작할 수 있다. 태어난 자리에서 그럭저럭 몇 년 살다가, 먹은 사료와 살점 값을 대차대조 해 본 후, 가장 이득이 많이 나는 체중을 지닐 때 죽어줘야 한다. 이곳 소들의 생애는 너무 가혹해서 흙수저 물고 태어났다고 말할 수도 없고, 무수저라고 말해야 더 합당하다.

이런 동물의 세계나 환경에 비교해 보면 사람들이 물고 태어난 수저는 누구나 동등하다고 보아야 옳다. 그런데도 요즘 한국 젊은이들은 흙수저 물고 처참하게 태어났네, 금수저 물고 화려하게 태어났네, 말이 많다. 더욱이 한국은 옛날과 달라서 선진국이 되었다. 얼마든지 보람된 인생을 살아갈 수 있다. 이 세상엔 똑같이 사람으로 태어났어도 질병과 굶주림 속에서 자라야 하는 아이도 있고, 전장의 화염 속에서 겨우 살아 남겨지는 어린이도 있다. 인생을 한 발짝 떨어져서 보는 지혜가 필요하다. 줄 만큼 준 인간들로부터 불평을 들으면, 하나님도 "악하고 게으른 종"이라고 꾸지람하신다. 요즘 한국 사람들이 얼마나 좋은 조건을 안고 태어났는가는, 육이오를 겪은 세대를 바라보면 당장 빤히 보인다.

자기가 금수저임을 인식하고 감사할 줄 아는 것도 중요하다. 금수저를 흙수저로 잘못 인식하고 살아가는 것은 사람뿐 아니라, 어떤 때는 동물들도 가끔 그래서, 사람이 타산지석의 교훈을 얻는다. 콜로라도 라키마운튼 속에는 베어레이크라는 아름다운 산상호수가 있다. 오염 없는 청명한 공기와 수질 높은 깨끗한 물이 있고, 먹을 열매들이 지천이라 낙원 같다. 갈참나무마다 흔한 도토리들을 살찌워가고, 씨 맺는 나무들마다 익어가는 열매로 가을을 재촉한다. 여러 종류의 산딸기 산포도가 사방에 산재해 있다. 한국다람쥐보다는 약간 작은 칩멍크라는 놈들이 호수 주변에 퍼져 산다. 다리 뻗고 앉아 쉬는 사람들 정강이를 밟고 지나다니는 것은 이 칩멍크들에게 익숙해진 습관이다. 앉아 쉬는 사람 손에 들고 있는 쿠키를 낚아채가는 것은 버릇없는 행위지만 귀엽게 봐줄 수 있다. 그러나 이 칩멍크가 어떤 때는, 앉아 있는 사람 가슴 위까지 기습적으로 덤벼들어, 먹을 것을 내놓으라고 떼를 쓴다. 못 본 척하면, 이빨로 사람 손을 물었다 놓고 도망친다. 사람을 놀라게 하는 것은 둘째 치고, 이 칩멍크들은 금수저를 흙수저로 착각하는 놈들이다.

"야 인마, 값비싼 올개닉 자연음식이 호수 주변에 이렇게 지천으로 널려 있는데, 쿠키 안 준다고 내 손가락에 침 묻혀 놓고 이빨질까지 하고 가니?"

칩멍크들의 이런 공갈과 폭력행위는 엄연한 불법이다. 작고 예쁘게 생겼으니까 봐주지, 쥐 같은 비호감 색깔이면 턱도 없다. 자기들이 어떠한 복지에 살고 있는지 모르는 놈들이다. 이 수북수북 쌓인 양질의 무공해식품을 마다하고 왜 부득부득 해로운 가공식품을 강탈해 가려고 그렇게도 끈적대는가?

시카고 토끼를 텍사스 사막에 옮겨 놓으면 살 수 없듯이, 텍사스 잭래빗을 시카고에 옮겨 놓아도 역시 못 살고 죽는다. 뜨거운 여름철이라 해도 잭래빗은 결국 죽어버린다. 먹을 것이 너무 많아서 죽고, 긴장이 풀어져서 오히려 죽고, 너무 친절한 동료와 환경이 이상해서 스트레스로 죽는다. 수저 종류를 불평할 게 아니고, 사람은 누구나 지금의 현실이 내게 최적의 환경임을 알아야겠다. 자기가 상상할 수 있는 최고의 환경에 떨어뜨려 놓아도, 사람이나 동물이나 생경한 환경에서 행복을 구축하긴 쉽지 않다. 자기 천성에 맞지 않기 때문이다. 원래 자기가 태어난 환경을 되찾아가야 의욕과 창의력이 솟구치며 발전이 있게 마련이다. 흙수저로 태어난 사람은 흙수저를 금수저로 바꾸는 힘을 길러 인생을 개척해 나갈 수 있지만, 금수저로 태어난 사람은 그런 능력을 기르지 못한다. 이런 능력향상의 한계까지 고려하면, 흙수저가 더 낫다고까지는 말할 수 없지만, 사람은 누구나 태어날 때부터 벌써 공평하다. 야생동물들의 다이아몬드수저나 무수저와 비교해 보면, 흙수저라는 인간도 금수저라는 인간도 다 엇비슷하다는 결론이다.

후렌취 쿼터

너무 추워서 자동차 유리창만 내리려 해도, 한참 고민하다가 큰마음 먹어야 내릴 수 있다. 이 살벌한 추위에도 구걸하기 위해, 길가에 서 있는 거지가 있다니? 카마안~. 재 좀 보소. 잔돈 몇 푼 얻으려다 재 얼어 죽게 생겼네.

"얫끼 이 사람아, 돈 없으면 머리라도 굴려봐라. 저 남쪽지방 LA나 올랜도 같은데 가서 살면 최소한도, 잠자리 걱정, 목욕탕 걱정은 안 해도 되지 않겠니? 그러면 그저 창자만 채우면 될 낀데 말이야. 따뜻한 지방에서는 남의 사과를 따 먹어도 되고, 하다못해 농장에 가서 고구마를 캐 먹어도 될 것 아니니? 배고파서 먹는다면 못 먹게 할 사람은 없을 텐데. 어차피 거지인데 이 추운 시카고 땅에서 그 고생을 견디며 살게 뭐 있니? 차 없어서 못 간다고 말하지 마. 짐 트럭에 얹혀서 얻어 타고, 세인트루이스까지 만이라도 가서 살든가, 하다못해 스프링휠드까지라도 가서 살면 덜 고생될 게 아닌가?"

프랑스 사람들에 의해 형성 발전되어 왔다는 동네, 뉴올리언스의 후렌취 쿼터를 찾아갔다. 어두워지기 훨씬 전부터 행인들의 인파는 옛날 명동거리나 여름날 해운대 입구를 연상시킨다. 초저녁부터 거리의 악사들은 구석구석에서 낭만을 추구하는지 구걸을 즐기는지, 땀을 쭉 흘리며 선천적인 음악재능을 선보이고 있다. 악사가 없는 곳엔 거리거리마다 거지들이 진을 치고 있다. 미국이란 음식 흔한 나라, 얼어 죽을 필요 없는 따뜻하고 아늑한 남쪽 타운인데, 거리마다 골목마다 거지로 꽉 차 있다. 똑같은 미국 시민권자로서 거지라고 부르기는 내 얼굴이 뜨거워지니, 홈리스라고 불러야 될 것 같다. 그러나 숫자가 워낙 많으니, 거지란 소리가 절로 나온다. 멀쩡하게 생긴 사람이 어떻게 거지로 됐을까? 어떤 거지는 자기 자서전 요약한 내용을, 카드보드에 매직펜으로 써 가지고, 그 종이를 들고 있다. 약간은 창피한지 자기 인생 사연을 적은 그 종이로 제 얼굴을 2/3 정도 가리고 구걸을 한다. 덥고 습하고 바쁜 판국에 누가 네 자서전을 읽어보고, 너를 동정하며 돈을 주고 가겠니? 거지들은 종이로 된 커피 컵을 두세 개씩 앞에 놓고 앉아서 구걸하지만, 동전이건 1불짜리건 주고 가는 행인은 하나도 보이지 않는다.

두려워서일까 귀찮아서일까? 모든 사람이 못 본 척 바쁜 척, 그냥 지나간다. 나도 안 주고 그냥 지나간다. 거지에게 행인들이 이렇게 돈을 안 주면, 저 수많은 거지들은 어떻게 먹고 사나? 걱정하지 않겠다. 다 살아가는 방법이 있고, 수요와 공급이 균형을 이루니까 거지가 저토록 많을 것이다. 교회가 하나님 것이듯이, 세상도 하나님의 것이다. 교회 내에서 온갖 걱정 다하며, 차 치고 포 치다가 질식하는 사람을 하나님은 좋아하지 않으신단다. 온갖 세상일 독판치며 걱정하고 고민하다가, 스스로 스트레스 받아서 뇌출혈 돌연사 한다면 하나님이 기뻐하실까?

"니가 내 대신 하나님 할끼고?"

그렇게 죽어간 사람은 어쩌면, 월권행위를 했다고 하나님이 싫어하실 것이다. 이곳 거지들이 시카고 거지들보다 더욱 경제적 타격을 받게 생겼다. 여기 거지들에 비하면 인도 관광지의 거지들은 수입 사정이 아주 좋은 편이다. 왜냐하면 인도 관광지에서 인도 거지가 한국말 몇 마디 하면, 한국 사람들은 줄줄이 1불씩 주고 지나간다. 저렇게 비럭질 비즈니스가 안 되는데, 여기 거지들은 어떻게 생계를 유지해 나갈까?

팔뚝과 어깨에 타투를 가득이 새겨 넣은 젊은 거지들이 모여 있으면, 공연히 봉변당할까봐 걱정되어 서둘러 지나간다. 여름밤이라 너나 할 것 없이 복장들도 단순하다. 모두 러닝셔츠에 반바지 차림이라, 어떤 때는 놀러 나온 사람인지 구걸하러 나온 사람인지 헷갈린다. 어둑어둑한 코너에 거지 비슷한 사람들이 모여 있으면 부지런히 지나가 버린다. 길에 나앉은 거지들이 말 붙일까봐 두려워서 서둘러 지나가고, 돈 달라고 할까봐 못 본 척 잽싸게 지나간다. 놀랍게도 거지들끼리 정확하고 똑똑한 목소리로, 능숙하게 고급영어를 주고받는다.

"스티브야, 내 말이 정확하게 맞지? 어제 내가 그만두라고 했건만, 제리가 우겨서 갔던 것이니까 넌 책임 없다는 걸 너도 잘 알지?"

거지는 반벙어리 흉내를 내며 더듬더듬 부정확한 발음으로 웅얼웅얼 두어 마디만 말해야 될 성싶다. 입을 헤벌린 채 배고파 죽어가는 표정을 지어야 될 것 같다. 건강한 젊은이라 할지라도, 거지는 늙고 병든 척 해야 될 것만 같다. 그러나 이곳의 거지들은 젊은 피가 벌컥벌컥 순환할 것 같은 사람도 꽤 많다. 수염을 안 깎아서 얼굴은 좀 구질구질하게 보이지만, 남성 능력이 98% 충전되어 있을 것 같은 젊은이도 꽤 보인다. 사춘기를 거쳐 금방 성인남성 연습 몇 번 끝냈을 성싶은, 싱싱한 남자들이 거지들 틈에 끼어 킥킥대고 있다. 한심하다기보다 하늘이 무서워진다. 지금부터 거지로 살면 인생이 너무 아까워서 어떻거니? 너를 보면 네 아버지는 얼마나 기가 막히겠니? 청춘은 무한의 가능성을 내포하고 있는 법인데, 너는 네가 너무하다고 생각되지 않니?

꽉 끼는 조끼 러닝셔츠 밖으로 울퉁불퉁 튀어나온 다부진 어깨와 반바지 밑으로 전시된 튼튼하고 힘찬 근육이 탐스럽다. 전형적인 남창 같게도 보인다. 어쩌면 감추어진 살점은 저기 보이는 저 근육보다 더 보암직할 성싶다. 그러나 뒤돌아서 양재기 앞에 놓고 주저앉아 있으니 꼼짝없는 거지다. 틀림없는 거지인데 여자낚시 나온 남자처럼 보인다고 해서, 거지같은 행동을 안 하랴? 외모는 후리 미끈해도 분명히 거짓말과 야비한 짓과 도둑질로 뭉쳐진 인격체일 것 같다. 남자노릇은 잘할까? '천만의 말씀' 소리가 절로 나온다. 남자의 재산은 자신감이다. 자아존중감이 바닥을 치고 자신감이 텅 빈 몸뚱이인데, 겉보기 좋다고 어떻게 쓸만한 짓을 하랴? 거짓인간의 숨겨진 약점을 파헤치는 것 같아 입맛이 씁쓸하다.

가끔 여자 거지들도 보인다. 얼굴 생김새는 좀 부실하게 생겼지만 젊은 여자인데 어떻게 저 지경까지 됐을까? 저런 여자들은 왜 사창가를 버리고 홈리스를 자청했을까? 물론 사람들의 기호는 일률적으로 구분할 수 없을 만큼 여러 가지며 미묘하리라 믿는다. 거리에서 잠자고 잔돈 얻어 쓰는 재미가 사창가보다 더 좋을 수도 있다는 이야기가 된다. 사창가에서는 내가 남자를 선택할 수 없지만, 홈리스는 내가 남자를 골라잡을 수 있기 때문일까?

시카고 거지는 땀을 안 흘리지만, 이 고을 거지들은 가만히 앉아 있어도 땀이 줄줄 흐른다. 목욕이야 강물에서 공짜로 하겠지만, 그것도 부지런한 사람이라야 가능할 것 같다. 목욕하기도 물론 싫겠지만, 그 얼굴 그 몸뚱이를 누가 딱히 보아준다고 목욕재계하랴?

장사하는 가게마다 에어컨을 틀어놓고 대문은 활짝 열어놓았다. 손님들 들어오라고 열어놓은 대문들이다. 행인들도 한참씩 공짜로 땀을 식히고 지나가며, 거지들도 남의 가게 앞에서 떠들고 놀며 공짜 에어컨 바람을 실컷 쐬고 나서, 또 구걸하러 간다. 구걸사업으로 먹고 살면서 공짜 에어컨 바람까지 즐기는 뉴올리언스 거지들은 거지노릇 벗어나기가 더 힘들 것 같다.

시카고 거지는 제일 급한 것이 잠잘 장소이다. 얼음 위에 사는 시카고 거지들은 먹을 것만 필요한 것이 아니고, 마실 물도 꼭 필요하고 화장실도 필수적이다. 시카고 거지가 남의 쓰레기통 사이에서 대변보다가 건물매니저나 건물 주인에게 걸리면, 만날 때마다 미움 받고 욕먹으면서 삿대질 받게 마련이다. 그렇지만 뉴올리언스의 후렌취 쿼터 거지는 강물에서 배변을 해결하면 비데까지도 공짜다. 이곳의 거지들은 소유도 없고 욕심도 없고 내일을 걱정하지도 않는다. 법정스님도 좋아하고 우리 목사님도 칭찬하게 생겼다. 뭘 먹은들 목구멍 하나 만족시키지 못하랴? 쉬지 않고 기도하지는 않겠지만, 항상 기뻐하며 낄낄거리고, 범사에 감사하며 뱃속 편하게 산다. 이들은 정말 달랑 일용할 양식만을 구하고, 남에게 감사하다는 말만 하며 산다. 하나님만 전적으로 의지하며 사는 삶이 어떤 것인가, 충분히 알 수 있을 것 같다.

거지도 필요하니까 하나님이 이 땅에 그 존재를 허락하셨을 것이다. 좋은 일 한 번도 안 해보고 죽은 사람은 하나님께 할 말이 없게 된다. 그런 의미에서 거지는 죽어서 하나님께 칭찬 받으라고 뭇사람들에게 열어 보여주는 기회의 길이다. 거지에게 잔돈을 줌은 거지를 위한 것이 아니라, 나 스스로가 하나님께 칭찬받기 위한 절호의 기회가 된다.

"여보쇼, 내 너~를 위하여 이 컵을 내밀잖니~~? 보소, 어서 1불이라도 주고 가소. 기회 있을 때 적선하고, 죽으면 천국 가서 칭찬 받으쇼. 만약 당신을 지옥으로 보낸다면, 내가 나서서 당신 선행의 증인이 돼드리리다."

이상향의 아랫마을

하나님은 우리에게 정해진 시간동안 이 땅에서 살다가 오라고 하셨다. 우리는 모두가 시한부 인생이다. 그 시간을 고민하고 걱정하고 싸움질하다 갈 수도 있고, 즐겁게 웃고 사랑하다 갈 수도 있다. 또 일과 돈의 노예생활을 하다 가든지, 파란 하늘과 바다를 바라보며 속빈 공상하다 가든지, 그런 것들은 우리들의 몫이다. 어떻게 살든지 끝은 어차피 똑같이 죽음이다. 삶의 길이도 비슷하다. 나는 확실히 내 것인 오늘을 즐겁게 사용하련다.

올 시카고 겨울은 2월인데도 화씨 영하 22도까지 내려가는 혹한을 겪었다. 깜짝 놀란 우리 부부는 열대해변으로 도망쳐 벼락휴가를 지내야 했다. 온화한 날씨가 아내의 건강에 좋다고 했기 때문이다. 먹고 자고 햇볕 없는 아침저녁을 틈타 산보하는 것이 유일한 일과였다. 매일매일 휴가 장소에는 밤에 77도 미만으로 떨어진 적이 없었으며, 낮에는 83도보다 더 더웠던 적이 없었다. 매일 청명한 날씨에 시시때때로 흰구름이 고고춤을 추며 들썩들썩 하늘을 가로질러간다. 여름사랑쟁이인 내가 즐거움에 자지러질 날씨다. 손발은 물론 쉬고 머리도 놀고먹으며, 최상의 날씨에 순수의 자연 색깔 속으로 섞여 들어가니, 정말 휴가 닮은 휴가였다. 해야 할 일도 없고 할 수 있는 일도 없으니, 어떤 일을 계획할 필요도 없고 잘되길 바라며 고민할 필요는 더 없다. 질편한 평화가 나를 둘러싸니, 심장도 침착하게 '편히쉬어' 자세를 취한다.

드넓은 정원에 하이테크로 디자인된 수영장들이 적당하게 배열되어 있었다. 수영장 틈틈으로 가득히 심겨진 각종 팜추리들은 해풍에 장단 맞추며, 밤에도 출렁거린다.

"홀아비 자식과 바람은 해만 지면 잠든다던데, 저 바람은 무슨 숙제가 남았기에 아직도 때늦은 안달이냐?"

야자수를 힘껏 걷어차며 지나가는 사나운 바람 생김새에 겁먹고, 조마조마한 마음으로 살그머니 현관 밖으로 나가본다. 훈훈하면서도 파삭한 밤바람이 겨드랑 사이와 반바지 틈바구니를 잽싸게 말려주며 지나간다. 기특하고 충성스런 바람이다. 이런 바람은 강하게 불수록 사랑스럽다. 저 팜추리 몇 그루 부러뜨려 놓고 지나간다 해도, 나는 배심원 자격으로 바람을 무죄라고 편들어 주련다. 수영장 물도 바닷물도 서로 마주보며 출렁거려 사나운 체를 하려들지만, 종이로 만든 호랑이요 그림속의 코브라다. 바닷물 밑에는 하얀 모래가 히죽히죽 웃으며 만만한 존재임을 보여주고, 수영장 바닥은 옅은 옥색으로 야트막함을 나타낸다. 밤에도 낮에도 물은 따뜻하다. 그러한 물이 사나움 떤다고 누가 무서워하랴? 저체온증이나 익사의 위험이 전혀 없는 물들이 화를 내니, 쌀쌀맞은 척 새침 떠는 아랫집 동순이를 바라보는 것 같이 귀엽고도 흐뭇하다.

잠자다가 한밤중에 완전 무방비 상태로 베란다 문을 활짝 열었다. 방안보다 밖은 약간 더 더웠지만, 바다에서 오는 신선한 밤바람이 피부를 구석구석 애무하며 말려준다. 모기 없는 여름밤이 이렇게 좋은 줄 몰랐다. 기는 벌레도 없고, 나는 곤충도 없으며, 사람의 눈길도 없는 확 터진 공간이다. 불빛이라고는 하늘의 별빛과, 밑층 정원에서 고개 숙인 가로등뿐이다. 베란다로 나갈 때, 무슨 옷을 걸칠까 무엇까지 벗을까 남의 눈치 볼 필요가 전혀 없는 곳이다. 베란다가 어둑어둑할 뿐만 아니라, 보는이는 달랑 하나님뿐이기 때문이다. 아담의 열차티켓과 내 티켓이 실수로 서로 바뀌어, 내가 에덴동산으로 들어오게 된 것 같다. 아무런 날벌레도 만날 수 없는 곳에서, 거센 바닷바람이 전신 마사지를 해주고 있다. 먼지도 없는 개운한 밤공기가 요동을 치며, 구석구석의 살점을 흔들고 비벼주니, 특등 마사지사가 따로 없다.

차가우면서 공기가 맑은 장소는 세상에 많이 있다. 따뜻한 밤바람이 불지만 모기나 벌레가 극성인 곳도 세상에는 많다. 그러나 건조하고 훈훈한 공기가 흐르며, 날벌레가 전혀 없는 곳은 흔하지 않다. 꼭 크루스 배를 단독으로 빌려 탄 것 같다. 이렇게 좋은 날씨에는 혼자라도 싸돌아다녀야 될 성싶다.

푸근한 새벽바람이 정겨워 정원을 걷는 대신 바닷가로 나갔다. 바다에서 불어오는 바람이 고장 난 히팅장비에서 나오는 바람처럼, 덥다가 차다가 주기적으로 변덕이다. 겨울철 통풍구에서는 더운 바람만 나와야 안심이 되고, 새벽공기를 헤치고 다가오는 바람은 온난해야 정겹다. 바닷가 모래톱을 밟다 보니, 잔모래가 얼굴을 때리며 심술궂게 어깃장을 놓는다.

"바닷물에 들어갈 사람도 아니면서, 왜 접근하니? 요 정도의 모래는 신경 쓰지 말아야 바다에 올 자격이 되는 거 아니니?"

아직 밤이라 그런지 바다가 제법 깔깔하게 놀려고 든다. 너 같은 바다 아니어도 난 갈 데 많고, 나 좋다는 사람도 꽤 있다는 걸 넌 모르니? 바다를 뒤로 하고, 정원으로 올라서니까 훨씬 조용해진다. 정원을 지키는 미지근한 가로등이 바람을 눌러, 이미 온순하게 길들여 놓았기 때문이다. 정원 앞턱에는 기가 죽어 약화된 바람이 섬세한 손길로 뺨을 간질인다. 시카고에 있었으면 딱 새벽예배 나갈 시간이다. 턱을 부술 듯이 덤벼드는 시카고 찬바람과 맞서 싸우며, 분초 다투어 교회로 달려가야 할 살벌하고 숨 가쁜 새벽시간이다. 기도하며 엎드려 있어야 될 것 같은 부담 때문에, 별안간 위축을 느낀다. 고개 푹 숙이고 터덜

터덜 정원을 거닐어본다. 눈물이 나서려고 들먹인다. 즐겁지 않은 마음은 다 잡념이다. 즐겁게 사는 것은 내 의무이고, 내게 주어진 시간을 기쁨으로 살아줌은 조물주에 대한 인간의 예의이다. 확실하지 않은 내일 때문에 걱정하지 않으며, 불편했던 어제 일로 마음 상하지 않겠다. 예배 안 드리고 빤빤히 놀아도 된다고 생각하니, 기분이 되게 좋아진다. 일꾼들이 수영장을 마지막으로 손봐 놓고 떠난다. 수영장 물이 따뜻하진 않아도 차갑진 않을 성싶다. 새벽 미명인지라 정원을 아직도 어두움이 지배하고 있으니, 별안간 미친 짓을 하고 싶어진다. 오늘 이 수영장에 개시수영하고 싶은 생각이 든다. 재미있겠다. 물속으로 뛰어들려고 하는 찰라, 언제 어디로부터 나타났는지, 옆에서 촐랑이 소년이 먼저 수영장으로 첨벙 뛰어든다.

"요 녀석, 공부나 하지 말이야. 어른 앞지르는 버르장머리 하곤."

소년은 오래 동안 수영을 하는 것도 아니고, 첫 깃발만 꽂고 곧장 되튀어 나온다. 꼭 내가 하고 싶었던 짓만 앞서서 하고 가버린다.

나는 아내를 깨워 아침 산책을 나갔다. 아침공기는 아주 산뜻하다. 가지런히 빗어 뒤로 묶은 머리의 처녀아이가 방긋 웃으며 아침인사를 한다. 일하러 가는지 공부하러 가는지, 참 부지런한 여자아이이다. 해가 뜨니, 땡볕은 아침부터 따가웠지만 야자나무 그늘은 시원했다. 바람은 자기가 고기압 속의 건조한 존재임을 확인시키며 지나간다.

비치의자에 누워서 온종일 책을 읽어도, 눈이 빡빡해지거나 피곤하지 않다. 커피를 먹다가 온종일 옆에 두어도 파리 한 마리 덤비지 않고, 칵테일을 마시다 찔끔 엎질러도 설탕 냄새 맡고 흥분하는 벌이나 나비가 전혀 없다. 양로원 늙은이에게 아들 녀석 방문하듯, 아주 가끔 길 잃은 개미 한두 마리가 어슬렁거린다. 날개 달린 해충도 없고 날개 떨어진 익충도 없는 동네에서 태어난 개미에게는 벌레이지만 귀빈대우가 제공된다. 개미를 밟는 사람도 없고, 개미굴에 살균제 치는 일꾼 녀석도 없다. 여기 개미들에게는 충분한 신체의 자유와 주거의 자유가 보장되는 셈이다. 목 뒤에 베개도 안 베고, 배꼽 위에 타월도 안 덮었건만, 파라솔 밑에 누우니, 잠은 쉽게 오고 깊게 든다. 이 단잠을 깨우는 요소라고는 달랑 허전해진 위장밖에는 없다.

"위장은 무쇠로 만들어졌는지 알아요? 늘 작업만 시키지 말고 쉴 시간도 좀 주세요, 작작 좀 드시고."

많이 먹어댄다고 늘 불평하던 위장한테서 배고프다는 전갈이 오니까, 입에 침이 저절로 고인다. 뷔페 음식이지만 오늘은 소식을 취하여, 위장에게 아첨을 좀 해야겠다.

먼 하늘에서 추억 한 토막이 걸려나오면, 지나온 인생 발자국들이 줄줄이 꼬리를 문다. 꽃게 미끼에 꽃게 떼 매달려 나오듯, 하나의 추억에 여러 가닥의 사연들이 덩이덩이 물고 좇아 나온다. 한 사람이 등장하면 죽은 사람 산 사람 온 동네 사람들이 줄줄이 따라 나온다. 역시 분위기가 맞아야 글 쓸 맛이 난다. 오랜만에 기발한 시상이 떠오를 것 같다. 그 시상을 마중하기 위해 눈 감고 고개를 젖힌다. 아름다운 자연 속에 묻혀 행복하다고 느껴진다.

흐뭇한 마음으로 오늘을 주님께 감사하려는 순간, 의사가 아내에게 엄히 경고하던 목소리가 가슴으로 파고든다.

"명심하세요. 소홀히 여기면 큰일 납니다. 손으로 칼질 하지 말고, 음식은 만들지도 마세요. 차가운 것도 나쁘지만 뜨거운 것은 더 위험합니다. 땡볕에도 나가지 말 것이며, 뜨거운 물은 만지지도 말고 먹지도 마세요."

걱정은 선택이라 한다. 내가 걱정하고 싶으면 끌어다 걱정하고, 걱정하기 싫으면 버리면 된다는 말이다. 쫓겨 도망간 줄 알았던 걱정이 문 뒤에 숨었다가, 별안간 나를 덮친다. 삼차원 세상에 사는 우리는 모두가 우산장사 큰아들과 짚신장사 작은아들을 둔 엄마인 모양이다. 걱정아, 이득 없는 넌 왜 덤비니? 나는 백해무익인 걱정을 박대하며 매몰차게 뇌 밖으로 밀어낸다. 장사 잘되는 아들의 사업에 감사만 하면 되는 거야.

산 위엔 호수들이

옛날 사람들은 산상호수에 신이 살고 있다고 믿었다. 인적 없는 산상호수에서 절대자의 음성을 듣던 사람도 있었고, 아름다운 산상호수의 운치에 취하여 호수로 뛰어내린 감상적인 사람도 있었다. 이렇게 시적인 삶을 살다가 한 토막의 시가 되어 죽은자를 보면서, 남은자들은 뭐라고 했을까? 산상호수는 사람을 잡아끌어 당기는 마력을 가졌기 때문에, 호수로 끌려 들어갔다고 말하며 산상호수에 신비를 추가했다. 장마철에도 가뭄에도 물 높이가 똑같다고 말하면서 신비를 합리화시키기도 했다.

콜로라도 Rocky 마운튼 속에는 산상호수가 150여개나 있다. 가까이에 있으며 또 유서 깊은 산상호수는 아니더라도, 특히 인상 깊었던 산상호수들은 두고두고 가슴속에 그리움을 남긴다. 아침 일찍 목젖시린 새벽 산소를 마시며, 내 차는 숨 가쁘게 산비탈 가파른 길을 오르고 있었다. 숨어 있다가 내 눈앞으로 벌컥 덤벼드는 드넓은 호수의 전경에 나는 탄성을 지르고 말았다. 그랜비 호수였다. 때마침 태양이 넓적하고도 빼얼건 꽃 모자를 동편 하늘가로 너풀거리며 부스럭부스럭 눈을 뜨고 있었다.

산상호수 수면에서 하얀 증기가 가득히 피어오르고, 호수 건너편 하늘에서도 햇솜구름이 두둥실 떠오른다. 차가운 새벽기운에 주눅 들어 옴츠러들었던 호수물이, 고개 드는 태양을 보고 이제야 미소 지으며,

크게 안도의 한숨을 내뿜는다. 호수의 날숨이 수증기로 되어, 수면 위로 한꺼번에 가득히 올라오니, 호수 건너편 전나무 숲은 희끄무레하게 지워진다. 수평선 너머에서 늦잠 자던 흰구름들은, 해님의 기지개에 깜짝 놀라, 풀썩 튀어 오르며 태양을 내려다본다. 땅의 것과 하늘의 것이 아침햇살을 받아, 발그스름하고 뽀유스름하게 어우러져 뒤섞이니, 구름인지 수증기인지 경계를 그을 수가 없다. 어디까지가 뭉게구름인지 어디서부터가 증발하는 증기뭉텅이인지, 한참을 바라봐도 경계를 지을 수가 없고 계속 헷갈린다. 견우와 직녀가 상봉하듯, 구름과 증기는 얼싸안고 아래 위에서 한 몸뚱이로 뒤섞이며 어우러진다. 구름과 증기의 포옹이 깊어질수록 뒤쪽 전나무 숲은 점점 형체를 잃고, 그들의 뿌우연 사랑 뒤로 숨어버린다.

뒤를 돌아다보았다. 만화처럼 비현실적이고, 상상화처럼 아름다운 집이, 이마와 가슴에 밝은 아침햇살을 정통으로 받으며 절벽 위에 오뚝 서 있다. 전나무 숲과 천연바위로, 단발머리 소녀의 얼굴처럼 분장하고, 건방질 만큼 대담하게 서 있는 집이다. 저 가파른 바위산 중턱에, 어떤 별에서 내려온 신선들이 저토록 되똑한 집을 지어 놓았을까? 어느 하늘나라의 선녀를 위하여 지어놓은 집일까? 매일 아침마다 저렇게 아침햇살을 홀로 흡수하니까, 다른 사람들은 아침 해에서 온기를 느낄 수가 없나 보다. 뜨는 해의 첫인사를 받으며, 빛과 열을 독차지하는 저 집에는, 현재 누가 살고 있을까? 억만장자의 막내아들이 놀러오는 별장일까, 그림 그려서 성공한 여류화가가 사는 집일까?

산을 통과하고 물을 지나 겹겹의 산을 넘으니, 깊은 산속에 넓디넓은 평원이 펼쳐진다. 정말로 양의 목축지로서 최적지인 산중평원인데, 평원 중간에 호수가 하나 있다. 깊은 산속에 평화롭게 앉아서 예쁜 동화를 쓰고 있는 이 자그마한 산상호수는, 쉽호수(Sheep Lake)라는 이름으로 신상명세서를 들이민다. 양은 체구가 작으니까 조그만 호수에서 물을 마시라고, 이 호수를 쉽호수라고 이름 지었나보다.

"너도 가~고 또 나도 가야지~"

옛날에 여기서 양을 치며 목동들이 구성진 목소리로 노래 불렀었는지, 잔잔한 여운이 수면에서 아직도 남실댄다. 호수의 크기나 모양새는 초라하지만, 목마른 야생 산양들과 제멋대로 살아가는 꽃사슴들의 샘물 노릇하기에는 충분할 것 같다. 새벽기도 시간이 되면, 산토끼들도 목마른 척, 호숫가로 내려와 하품하면서 서성댔을 것이다. 물 마신답시고 아기토끼가 차가운 호수 물속으로 고개 콕 박았다가, 두 앞발로 물을 톡톡 털어내며 세수하는 흉내를 냈을 성싶다.

산속으로 더 깊숙하게 들어가니, 베어호수(Bear Lake)라는 산상호수가 있었다. 〈베어호수 주변에는 주차장이 부족하니, 이곳에 주차하고 공짜 셔틀버스를 타고 들어가 주세요.〉 경고 표지판과 함께 대형 주차장이 나타나며, 호수와 주차장을 수시로 왕복하는 셔틀버스까지 운행되고 있었다. 빼먹고 지나갈 수 없을 만큼, 꽤 운치 좋은 호수라는 느낌이 덮쳐온다. 곰은 덩치가 크니까 큰 호수에서 물마시라고, 이 호수는 '베어호수'라고 명명했나보다.

억지 행운을 바라면서 부득부득 호수로 직행하면, 주차할 데가 없어서 엉기고 헤맬 것 같다. 주차 때문에 멀쩡한 시간을 생으로 잘라먹느니, 아예 그 대형 주차장에다 주차하고, 셔틀버스를 타고 들어가기로 결정했다.

베어호수는 산상호수들 중의 공주였다. 공주가 등장할 때는 칠보단장 후에 무조건 사뿐사뿐 걸어 나오는 것이 아니다. 가려 뽑혀 예쁘게 생긴 시녀들이 우선 분홍색 드레스를 입고 한사람씩 무대로 등장하는 것이 예비 작업이다. 생글생글 웃는 시녀들이 만인의 감탄과 환호를 받으며 등장하여 분위기를 한껏 고조시켜 놓는다. 사람들의 흥분이 거의 정점에 달했을 때, 새하얀 드레스를 입고 공주는 여유 가득한 몸짓으로, 우아하게 걸어 나오게 마련이다. 시녀들의 등장에 흥분하던 구경꾼들은, 공주의 출현으로 혼이 홀랑 빠져나가, 멍청해지는 게 순서이다. 시녀들은 미소 띠고 나오는 것이 의무지만, 공주는 새침한 표정으로 나오게 마련이다.

여기 있는 베어호수의 출현이 공주의 그런 등장순서를 연상시킨다. 다른 호수들이 시녀들이라면, 이 베어호수는 사람들의 흥분을 덤화운디드로 만들며 걸어 나오는 공주다.

뺑 둘러 주위에는 높은 산봉우리들과 손때 묻지 않은 전나무들을 빽빽이 거느리고 우아하게 앉아있는 모습이다. 불순물을 품었던 적이 결코 없었다는 듯, 깊은 바닥 속까지 솔직 담백하게 내보이는 호수의 맑고 찬 물은, 평화롭고 여유 있게 웃고 있다. 산에 둘러싸여 있어서 그럴까, 외계인이 목욕하러 오는 호수라 그럴까? 물표면도 닦아놓은 유리면 같이 빤지르르하고 깨끗하다. 천국에 있다는 수정천의 수면이 이렇게 매끈할 것 같다. 곰들이 물먹고 가는 호수라고 부르기엔 너무 아까워, 이름을 '베어호수'보다 좀 더 고상한 것으로 바꾸었으면 좋겠다.

하늘도 새파란 색이고 호수의 물 색깔도 새파랗다. 하늘은 쪽빛을 뒤에 깐 파란색이고 호수는 코발트빛을 밑에 숨긴 파란색이다. 언덕 위에서 내려다보면 호수의 전체적인 물색깔이 짙푸른 가을하늘 색이다. 하늘을 반사하는 물색인지, 베어호수의 물색을 12,800 dpi로 선명하게 카피하여 하늘에 올려붙여 놓은 것인지, 분간하기 힘들 지경이다. 높다란 산들로 오염방지 벽을 둘러쳐 놓고, 근위대 같은 진초록 전나무들로 천상계와 지상계 사이에 보초를 세워 놓았다. 짙고 깊은 파랑색 가을하늘과 맑고 차분한 진파랑 호수가 아래 위에서 은근한 시선으로 눈맞춤하며, 성분과 신분을 서로 섞는다. 거기에 더하여 덤으로 하얀 구름 몇 조각이 두둥실 뜨고 비취니, 하늘과 호수는 정확하게 일란성쌍둥이 같다.

원래 아름다운 것은 숨겨져 있다가 발견되는 것인가 보다. 어찌 이렇게 아름다움의 절정을 이루는 자태의 호수가 깊은 산속에 숨어 살고 있었을까? 호수 주위를 산보하는 관광객들도 야단스럽게 웃거나 큰소리로 애인의 이름을 부르지도 않는다. 잠자는 아기 옆에서 엄마 아빠가 대화하듯, 친구들끼리도 도란도란 정답게 이야기한다. 호수에 물결이 일까봐 조심스러운지, 애인들끼리도 작은 목소리로 소곤소곤 속삭이기만 한다. 조용하고 맑고 깊고 아늑한 분위기다. 데이트하는 칩멍크 한 쌍이 가끔씩 소란스럽게 후닥닥거리며 고요를 깨나, 곧 적요로 원상복귀가 되고 만다. 30분이면 한 바퀴를 돌 수 있는 호수니, 몸집도 내 마음에 푹 안길 만큼 아담한 사이즈다. 이태백처럼 뛰어 내리고 싶진 않지만, 내 인생도 이렇게 예쁜 그림과 절정의 감격 위에서, 화끈하게 마감했으면 좋겠다. 산상호수는 역시 어느 것이나, 사람을 물속 깊이 끌어당기기 위해, 우선 사람의 마음을 사로잡는 모양이다.

오늘이 내일의 그때

소톨 선인장의 꽃들이 산마루와 기슭에 흥건히 깔려 있다. 소톨의 꽃대는 하늘을 찌르며 대나무처럼 힘차고도 높게 솟아 있다. 꽃대 꼭대기는 기다란 방망수수처럼 생겼는데, 모양이 남성의 심벌을 연상시키기 때문에, 볼 때마다 얼굴이 빨개진다. 미루나무 같이 여기저기 치솟은 하바드아가베 선인장 꽃들도 한창이다. 하버드아가베의 꽃대도 파란 하늘에 유채화를 그려 넣은 듯, 아슬아슬하고 높다랗게 펼쳐져 있다. 이 선인장은 노란 국화꽃이 가득 담긴 대여섯 개의 접시를, 깃대 꼭대기에서 한꺼번에 돌리고 있는 중국곡예사 모양을 하고 있다. 야생동물들도 여기에는 신기한 것들뿐이다. 귀 하나가 제 몸뚱이만한 사막토끼 잭래빗들은, 저 선인장 숲에서 이 가시덤불로 뛰어다니며 할낏거린다. 해는 길고 날씨는 더운데 뭘 뛸 필요까지 있느냐며 태연하게 양반걸음 걷는 거북이는, 교통사고도 무섭지 않다며 차도를 유유만보 한다. 경찰단속 신경 안 쓰고 과속티켓 받을 걱정 안하는 들새 로드러너들은, 달리는 자동차보다 더 빠르게 걸어가며 깝죽거린다. 이름 지어져 있는 계곡마다 예쁘다고 화살표 해놓은 경치마다, 구석구석 찾아다녀도 신나는 일뿐이고, 시간이 모자라니 아쉬움만 더 쌓인다. 원색만으로 섞어서 치장한 산뜻한 색깔의 새들과 특이한 모습의 들짐승들이 숙소 옆 산책 코스를 통과하여, 침실의 창문 아래까지 와서 인간들을 불러낸다. 여명과 낙조의 시간까지 신비와 낯설음과 넘치는 들뜸으로 빈틈없이 채워진다. 남녀의 분위기는 이미 터질 듯 무르익어 있으니, 잠자리에서 아내와의 정담은 불필요한 잡담으로 전락한다.

빅벤드 국립공원에 가서 이리 뛰고 저리 치닫던 때가 엊그제 같은데, 벌써 10여년이 지났다. 복막암 진단을 받고 난소는 물론이고 자궁까지 수술해낸 아내는 그 시절이 너무 그립다고 그곳을 한 번 더 가보자고 했다. 그래서 다시 찾아온 빅벤드 공원은 모든 것이 옛날 같지 않았다. 기후 탓인지 세월 탓인지 선인장 꽃들도 부실했고, 우리들의 컨디션도 고조되진 않는다. 바람도 없이 따가운 땡볕과 선인장 가시만 가득 찬 벌판은 쉽게 흥미를 강탈해 간다. 그냥 길 따라 공원을 드라이브만 하니, 지금 우리가 터널을 지나고 있는 건지 스카이웨이를 달리고 있는 건지, 기분도 똑같고 시간도 똑같이 흐른다. 아내가 그립다고 해서 먼 길 거쳐 다시 찾아온 휴가 장소건만, 아내도 흥미를 보이지 않는다.

"그게 그거구만 그까짓 걸 보러 뭘 오후에 또 나가?"

육체적 컨디션이 받혀주질 못해서, 곧 지쳐버리는 아내가 이해는 되지만, 낚았던 월척을 놓친 것처럼 속이 아리다. 아내는 맥 놓고 허송세월만 하려든다. 오고 싶었던 곳에 왔건만 왜 이렇게 즐겁지가 않을까? 젊었던 그때가 얼마나 좋았던가는 지금 되돌아보니 뚜렷이 알 수 있다. 여기는 TV도 없으니 방에서 영화를 볼 수도 없다. 긴장한 아내의 컨디션을 지켜보기만 하면서 맹숭맹숭 내일을 맞아야 되니, 가슴 한 구석이 슴벅슴벅 곪는다. 공허를 메우기 위해 식당 포치에 앉아, 아이스크림도 먹어보고 맥주도 마셔봤지만 변화는 없다. 바위들 관상을 보거나 하늘의 구름을 맥 놓고 내다보는 게 고작이니, 의기소침에 빠진다. 지금도 계곡마다 색다름은 속속들이 꿈틀거릴 테지만, 아내 옆에서 허공만 내려다보자니 은근히 속이 끓는다.

"더운 데 일찍 저녁이나 먹고 그럭저럭 쉬자 여보."

"쉬긴 쥐뿔이나 뭘 하면서 쉬니? 할 거 있어?"

속으로 쌓이던 신경질이 한꺼번에 솟구쳐, 큰소리로 울화통을 터뜨린다. 허약해진 몸으로 간신히 앉아있는 아내에게 내가 너무했나? 돈 들이고 며칠씩 운전하며 찾아와서, 이게 무슨 맹랑한 짓인가? 목적지에 도착은 했는데 도대체 뭘 하면서 쉰단 말인가? 밤새도록 혼자 샤워나 할까? 옛날의 그때가 좋았다는 말은 지금은 나쁘다는 말일까?

"오~, 워~취! 제가 뭘 좀 도와드릴까요, 선생님?"

어떤 할아버지가 술 한 잔을 사들고, 내 옆 의자에 앉으려고 쓰러질 듯 비틀댄다. 나는 잽싸게 의자를 빼주며 도와주는 척했다. 에헤에잇, 늙어 가지고 무슨 술까지 마시려고 그러셔? 나는 그때 사방을 휘둘러 보았다. 식당에서 음식만 축낸 후 돌아다닐 기운이 없어서, 포치와 베란다에 앉아 의자만 차지하고 있는 노인들이 그들먹하다. 만지면 부서질 것 같은 몸뚱이로, 저 노인들은 어떻게 여기까지 운전해 왔을까?

"야~ 이 낡아빠진 자들아? 왜 이 산속까지 올라와서 멍때리고 있니? 집에서 볼 게 여간 많니? 애기, TV, 꽃밭, 강아지, 상추밭에 토끼까지, 집에서 볼 것도 많고 할 일도 말도 못하게 많을 텐데? 왜 여기까지 올라와서 호텔비 버리고 우두커니 죽치니?"

나도 모르게 웃음이 터져 나온다. 언뜻 스치는 생각 하나 있어, 마른 입에 미소를 실어본다. 나도 곧 저 지경으로 되겠지? 저 경우라도 아픈 데나 없으면 그런대로 축복이겠지만, 여기저기 살금살금 아프기 시작하면 얼마나 서러울까? 더구나 늙으면 나는 아내도 없이 홀로 고통을 참아야 될 확률이 높다. 그렇다. 뭔지 통째로 놓칠 뻔했다. 오늘 이런 별 볼일 없는 여행이 내일이면 "그리운 그때"가 된다는 사실이다. 지금 하고 있는 지루하고 재미없는 짓들은 내일 생각해 볼 때 끔찍이 좋았던 시절이 될 것이다. 별안간 아내를 안아주고 싶다.

그래, 오늘 이 시간을 즐기자. 식당에서 멕시칸 요리 먹고 시원한 의자에 기대서 콜라를 마시니, 평화는 완전히 내 것이다. 먹고 싶은 것 맘

대로 먹고 소화 잘 시키니, 음식 가려 먹어야 할 부담도 없다. 주위엔 모두가 모르는 미국사람들뿐이니, 이웃 눈치 볼 필요 없고 체면 차릴 이유 없다. 목사님도 안 계시고 장로님도 없으니, 칵테일을 시켜 마시건 와인을 주문해 먹건 모든 것이 자유롭다. 식당이 너무 추우면 포치에 나가서 마시면 된다. 밖이 너무 더우면 식당 뒷문으로 들락날락 하며 몸을 식히든지 덥히든지, 내 마음대로 해도 눈치 주는 사람은 없다. 내가 짜증을 내면 몸이 약해진 아내는 슬플 것이다. 아내가 옆에 있으니, 아직도 나는 행복하다.

늙은이 흉내 내는 아내를 살살 꼬드겨, 이 언덕 저 물줄기 따라 차를 몰아 질주해 본다. 아무데서나 서성거려도 찬바람 몰아치는 시카고 땅보다는 훨씬 좋다. 각종 선인장들을 발로 직신거리며 시비를 걸어본다.

"알로에? 왜 뿌리 채 뽑혔니 넌? 너 뿌리가 워낙 약했었구나, 쯧쯧. 야 인마! 동물이건 식물이건 뿌리가 우선 튼튼해야지?"

"요 요거 지질한 아가베 놈들 보래잇! 잎이 이래 풍성한데, 넌 올해 왜 꽃도 못 피웠니?"

"허허, 허울은 멀끔해 가지고 이 캑터스 뭐하는가 보소. 꽃 못 피우면, 하다못해 옆에 새끼라도 낳아라. 땅에 붙어서 살거든, 예의상 땅을 위해 뭣인가 좀 해야 되는 게 아니니?"

솔개 한 마리가 하늘에서 뜨거운 공기를 가르며 땅으로 내리꽂힌다. 무엇인지 한 마리 잡았나보다. 점심인지 새참인지 먹으려는 모양이다. 건조하고 열악한 땅에서도 코요테 여우 밥캣 족제비 뱀 독수리들이 얽히고설켜 먹고 먹히니까, 사막은 여전히 살아서 눈을 반짝인다. 항아리선인장의 꽃 색깔이 시집가는 삼숙이 치마색깔이다. 참 푸짐하고 예쁘다. 사진 찍기 싫다고 꾸물대는 아내를 차 밖으로 이끌어내어 사진모델을 세울 수 있으니, 그래도 그게 어디냐? 고마워 여보! 내 여행 파트너가 되어 줘서 고마워. 샌들을 신고 절절매는 아내를 부축하여 선인장 옆에 억지로 세운다. 아직 우리는 좋은 시절을 살고 있다.

"샌들 벗겨지면, 발바닥이 선인장으로 되는 거 알지? 발 아파도 내일은 운동활 신으셔."

사진 찍어줄 대상이 있다는 것은 얼마나 다행이냐?

"여보쇼 내 사랑하는 그대여! 빨리 가서 후닥닥 좀 서! 사진 찍다 더위 먹어, 신랑이 팩 쓰러지면 이 사막에서 어쩔껴?"

내 허풍에 아내가 깔깔대니 행복하다. 사소한 일에도 아내가 배를 잡고 웃어주니 감사하다. 운전할 때 졸지 말라며 거미베어 입속으로 넣어주는 아내가 옆자리를 지켜주니 얼마나 젊은 시절이냐? 먹어도 되는 음식인지 안 먹어야 좋을 채소인지, 식사 때마다 신경 바짝 써야 되는 아내도 있다. 그런데 아직은 아무거나 막 먹고 실컷 먹어도 되는 나는 얼마나 행운아냐? 내가 노력해서 안 아픈 게 아니다. 부모로부터 그런 유전인자를 받아서 아직까지 건강하다니, 얼마나 축복이냐? 이 건강이 아버지가 공짜로 남겨준 거라니, 아버지에게 반항하던 시절이 부끄러워진다. 시카고의 집에 있었으면 찬바람 쐬며 매일 새벽기도 예배에 나가야 됐었을 텐데....... 훌쩍 떠나 일상을 탈출할 수 있었으니, 얼마나 좋은 오늘의 젊음이냐? 휴가라는 당당한 명분 가지고 새벽기도를 떳떳하게 빼먹는 것만 해도 얼마나 신나는 일인가? 아무 때나 아무 일이나 할 수 있는 힘이 있고 의욕 있으니 얼마나 감사한 오늘이냐?

"어멋, 저쪽 옆에 좀 봐 여보! 당신, 점핑선인장 건드릴 뻔했어."

으악, 정말이다. 점핑선인장이 양말에 박혔으면, 놀지도 못하고 큰 고생을 했을 텐데, 얼결에 미리 피할 수 있었으니 얼마나 다행이냐? 내가 호들갑을 떠니 아내가 다시 한바탕 까르르 웃는다.

휴가 짐짝을 차 위에 꾸려 묶고, 외진 사막길을 혼자 여행하는 남자가 지나가고 있다. 어허, 저 남자는 얼마나 여행하고 싶었으면 혼자 여행길에 올랐을까? 그런데 너는 밤에는 물론이고 낮에도 별 재미는 없겠다야! 저 남잔 엄마 품에서 도망치는 길인가, 아내에게 쫓겨나는 길인가? 나는 참 행복하구나. 아내가 차 속에 앉아 노래를 불러주니, 젊었던 날의 추억이 마구 몰려온다. 내일이 오면 오늘이 바로 "즐거웠던 그때"로 바뀔 것이다. 나는 내일 부러워할 '그때'를 장식하기 위해, 충분히 젊은 시절인 오늘을 기쁨과 웃음으로 채우련다.

도우미

올드 퀘벡은 세인트로렌스 강변의 가파른 언덕들 위에 기발한 모습으로 지어진 빌딩들과 색다른 문화들이 모여 있는 도시이다. 광장도 높은 언덕위에 있고, 상점들도 비탈길에 서 있다. '목 부러지는 계단'이란 별명이 붙은 가파른 길까지 있어서, 한국에서도 드라마 스텝 진들이 '도깨비'란 연속극을 찍으러 일부러 왔었나 보다.

"이 문이 바로 유명한 코리언 드라마 '가블린'을 찍었던 매직도어입니다."

서양사람 관광객들을 끌고 다니며 영어로 설명하는 백인 가이드가 가리키는 그 문짝은 별 볼일 없는 창고문짝이다. 한국이 드라마 최강국이라도 되는 것처럼, 한국 드라마 제작진들이 찍었던 그 문짝을 굉장한 소장품이라는 듯 장황하게 소개한다. 어이없어 우습기도 하지만, 모두가 한국이 잘 살게 돼서 일어나는 진풍경이라 싫지는 않다.

요즘 관광지에 돌아다니다 보면 놀랄 만큼 아름다운 사람들도 보이고, 존경스러울 만큼 괜찮은 사람들도 많이 눈에 띈다. 퀘벡이란 그 험난한 관광지를 구경하려고, 월체어를 타고 돌아다니는 사람이 있어서 놀랐다. 혼자 걸어 다니기도 고달픈 이 비탈길로 월체어를 타고 구경하러 오다니 너무 놀랍다. 쌀랑한 날씨에 월체어를 밀면서 땀을 뻘뻘 흘리는 남자는 백발이 성성한 노인이었다. 아내가 앉아있는 월체어를 잡고 비탈길 내려가다가, 두 노인부부가 함께 구르게 생겼다. 함께 죽으면 본인들이야 천국으로 동행하니 위로가 되겠지만, 쌍초상 당한 자손들은 얼마나 힘들까? 다행하게도 옆에 가던 젊은이가 미끄러지지 않도록 휠체어를 함께 잡아준다. 휠체어 잡고 밀던 노인도 훌륭해 보이고, 옆에서 얼른 도와주는 젊은이도 귀여워 보인다.

저 백발노인이 밀고 있는 휠체어에 앉은 할머니는 어떻게 살아온 여인일까? 얼마나 이곳에 오고 싶었으면 남편이 저토록 힘들 줄 알면서도 여기로 가자고 했을까? 얼마나 사랑했으며 또 얼마나 귀한 여인이기에, 저런 고생을 감수하면서도, 이 험산험로로 휴가여행을 왔을까? 할머니를 힘껏 돕고 있는 할아버지가 사랑스러워 보인다. 여기저기 높게 솟은 봉우리 꼭대기마다 거창한 빌딩들을 지어 놓았는데, 어설픈 젊음 가지고는 올라갈 엄두도 못 내게 생겼다. 개인 땅이라 금지된 구역도 많지만, 너무 높아서 올라와서 구경하고 가라 해도 싫을 지경이다. 도대체 저렇게 늙고 불편한 몸으로 뭘 구경하겠다고, 또는 어떤 이색적 추억이 서려 있기에, 이 고달픈 도시로 놀러 가자고 했을까? 바람 쏘이려 나가려면, 돌아다니기 편하고 경치 훌륭한 장소도 수없이 많다. 반듯한 평지에는 맛있는 음식 먹을 고급식당이 더 많다. 왜 부득부득 이 비탈길 투성이인 올드 퀘벡을 찾아왔을까? 아름다운 단풍이 줄지어 깔린 관광지가 다른 지방에는 더 많다. 어떻게 저 노인부부는 위험을 무릅쓰고, 하필 이 힘든 비탈길을 돌아다니고 싶었을까? 그것이 알고 싶고 저들을 알고 싶다. 휠체어를 미는 남자는 후덕한 마음씨의 침착한 할아버지이고, 휠체어에 앉은 여자는 단순한 일생을 살아온 할머니 같다.

"저 아래에 큰 물음표 하나 그려져 있는 빌딩이 있습니다. 그곳이 안내소인데, 화장실은 거기를 이용하면 됩니다. 우리가 서 있는 이 높은 광장이 오늘 오후에 다시 모일 장소니까, 항상 저 물음표만 보고 찾아오면 쉬울 겁니다."

달랑 물음표 하나를 건물 벽에 붙여놓은 안내소 건물이 비탈길 밑의 동네에 서 있었다. 화가의 거리는 더 낮게 내려가는 골목이고, 쁘띠샹플렝 거리는 한참 더 낮은 데로 내려가야 되는 곳이다. 도시 자체가 평지는 별로 없고, 오르거나 내려가야 되는 비탈면이다. 피곤하고 다리 아팠기 때문에 쉬기 위한 예비 작업으로, 화장실을 찾아 안내소로 다가갔다. 물음표 하나가 버티고 서서, 인파를 공중 화장실로 인도하고 있었다. 안내소 건물 입구로 들어가려면 대여섯 개의 돌계단을 올라가야만 되었다. 안내소 내부로 들어가니, 사람들이 로비와 선물가게를 빈틈없이 가득 채우고 있었으며, 모든 사람들은 바쁘게 오고갔다. 화장실은 지하층에 있었기 때문에, 바글바글 들끓는 사람들을 헤치고 십여 개의 계단을 다시 내려가야만 되었다. 나는 지하층의 화장실을 사용한 후, 계단을 밟고 지면층으로 올라왔다. 사람으로 가득 찬 홀 중간에서, 화장실로 향하는 또 하나의 휠체어 탄 할머니를 발견했다. 이 할머니는 휠체어를 탔을 뿐만 아니라, 휠체어에 산소통까지 매달고, 호흡용 호스를 양쪽 콧구멍에 꽂았다. 병원에 있었어도 중환자로 취급당할 이 할머니는, 안내소 빌딩 입구에 있는 대여섯 개의 계단을 어떻게 올라왔을까? 더욱이 화장실을 가려면 지하층으로 내려가야만 되기 때문에, 십여 개의 계단을 또 밟고 내려가야 된다. 저 계단들을 어떻게 내려가서 오줌을 누워야 할까? 휠체어도 모자라 산소통까지 매달고 이 쌀랑한 날씨와 비탈길을 헤치고 놀러 나오다니? 도대체 저건 삶에 대한 악착스러운 도전일까, 참아야할 극성일까? 저 할머니의 휠체어를 밀고 옮겨주는 도우미는 누가 낳아놓은 어떤 효녀일까?

우리 인생 중에 여행은 얼마만큼의 비중을 차지하며, 어떤 의미를 가질까? 내일이면 삼수갑산에 가더라도, 오늘 나는 여행할 여건을 만들어, 돌아다니면서 살겠노라고 할머니는 앙칼지게 외치고 있다. 여행 다니다가 산소통이 뚝 떨어져 구르면, 내 인생도 그 자리서 끝내겠노라고 다부지게 눈동자를 굴린다. 정말 놀라운 의지이고 강인한 삶의 태도다. 시당국에서는 건물 주인에게 당장 엘리베이터를 설치하든가, 휠체어 전용 보도를 만들라고 강권적 지시를 해야 될 성싶다.

극성맞은 할머니에게 따라붙어, 비지땀 흘리며 휠체어를 밀고 있는, 저 도우미는 어떤 사람일까? 돈을 넉넉히 받으면서 일하는 노동자라고 해도 아주 괜찮은 사람이고, 돈 안 받는 친딸이라면 만인에게 칭찬 받아야 마땅한 사람이다.

얼굴 빨갛게 상기된 채, 숨 가쁘게 휠체어를 밀고 있는 저 도우미 여인을 위하여 내가 뭔가를 해주고 싶어진다. 저 도우미는 아무리 봐도 예쁜 하나님의 자녀요, 존경해야 마땅할 인간상이다. 갑자기 나도 누군가를 위하여 땀을 흘려야 될 것 같은 부담이 덮쳐온다. 휠체어를 밀며 어떻게 저 계단들을 내려가 화장실로 가나? 궁금하고 안타까워 사람들 틈바구니로 사라지는 휠체어를 나는 자꾸 쳐다보았다. 그러나 별 볼일 없으면 나가지 왜 중간에서 우물쭈물 하느냐고, 오가는 관광객들이 나를 사뭇 못마땅한 눈으로 흘끔거린다. 밀물 같이 화장실로 몰려가는 사람들의 짜증 밴 눈총이 너무 따가워서, 나는 안내소에서 떠밀려 밖으로 나와야만 되었다. 휠체어 탄 할머니가 계단을 오르내릴 땐, 옆에서 누군가가 도와주었으리라 믿는다.

결국 나는 도와주고 싶은 마음만 있었지, 실제로 그들을 도와줄 기회는 없었다. 미국이나 캐나다에서는 위급상황이라 해도, 본인 허락 없이 돕거나 잡아주면 소송을 당할 수 있단다. 도와준답시고 계단에서, 일면식도 없는 노파와 함께 구르는 사고는 없었으니, 어쩌면 다행이다. 우리는 한 평생 사는 동안 누구를 얼마만큼 도와주었던 적이 있는가? 그 도움은 누구에게 얼마만큼의 가치가 있는 것이었을까? 도움을 받는 사람은 고마워했는가?

인생이 끝날 때 남을 도와주었던 일을 기억하며 흐뭇한 미소를 떠올릴 수 있었으면 좋겠다. 올드 퀘벡은 옛날 장터나 비탈길 구경보다, 각 구경꾼들의 뱃속 머릿속 구경이 더 재미있던 곳이다.

먹자거리에 빼먹은 번지수

성경에는 '무엇을 먹을까 무엇을 마실까 걱정하지 말라'고 했다. 더구나 '어떻게 먹을까'까지 걱정한다는 것은 어쩌면 사치를 넘어 큰 죄악일 수도 있다.

미국사람들이 한국 식당에 앉아 점심 먹는 것을 지켜보았다. 내기를 하는지 그들 중 한 사람이 매운 음식을 너끈히 먹을 수 있다고 친구들에게 큰소리치며 먹고 있었다. 그 식당에서는 우선 바쁘지 않을 때 배분하느라고, 반찬을 먼저 갖다 차려주었다. 미국식당의 샐러드이거나 애피타이저로 알았던지, 그는 김치를 마구 먹어댔다. 그런 후에 무장아찌 마늘종장아찌 게장까지 먹는데, 괴로움을 참으며 억지로 먹었다. 옆에서 친구들은 그가 먹기를 포기할 때를 기다리며, 그가 먹는 것을 지켜보고 있었다. 얼마나 진저리 치도록 맵고 짰을까? 그는 밥이 나왔을 때, 맨밥을 그냥 먹으면서 '되게 맛이 없는 밥이네'했을 것이다. 메인메뉴로 비빔밥이나 냉면이 나왔다면 그나마 다행이었겠지만, 순두부나 꽁치구이와 함께 밥이 나왔다면 그는 뭐라고 했을까?

"코리언 꽁치는 테러블리 쏠티고 코리언 밥은 볶지도 섞지도 않았는데, 전혀 아무 맛도 없는 완전 맹짜야."

멕시칸 버페이(Buffet)식당을 갔다. 먹을 마땅한 음식을 찾지 못하던 나는 오징어구이를 발견했다. 멕시코인들도 오징어를 먹는구나. 너무 반가워서 넉넉하게 담아 왔다. 먹으려고 보니, 불에 익히기만 했을 뿐,

아무런 양념이나 간을 하지 않은 야생요리였다. 음식이 맵든지 짜든지 그렇지 않다면 쓰든지, 하다못해 시든가 떫기라도 해야 음식을 먹을 것이 아닌가? 맛있지 않다(unpalatable)는 뜻이 아니라, 정말 아무 맛(taste)도 느낄 수 없었다.

"멕시코 스테이크는 그 지경으로 짜게 만들고, 여기는 왜 그 흔해빠진 소금 한 톨 못 뿌리니? 타코에 넣는 독한 소스나, 칠리에 들어가는 할라삐뇨는 다 어쨌냐?"

분명히 무엇인가와 겸해서 먹는 요리인데 내가 놓쳤던 것 같다. 나중에 생각하니, 하다못해 살사와 함께라도 먹을 건데 후회막심이다. 살사 속에 섞인 실란트로 맛은 질색이지만, 그냥 익히기만 한 민짜오징어 요리보다야 훨씬 낫지 않았을까?

아들은 어렸을 때, 내가 후라이드 치킨을 사오면, 껍데기가 맛있다고 치킨 껍데기를 잘 먹었다. 껍질은 안 먹는 것이라고 설명해도 자기는 껍데기가 더 좋단다. 알맹이 살점은 내가 다 먹으면 되니까, 나 좋고 너 좋은 턱이 되긴 했다. 언젠가는 자기가 알아서 살점을 선호하게 될 테니까, 억지로 못 먹게 할 필요가 없었다.

생일 케이크를 자르면, 손자 손녀는 케이크의 껍질과 꽃 장식만 먹고 속에 든 진짜 알맹이 빵은 안 먹는다. 케이크 껍데기는 예쁜 모양과 색깔로 물들여 놓은 설탕덩어리임을, 그들도 곧 알게 될 것이다. 알고 나면 그들은 케이크 껍질은 먹으려 들지도 않을 것이다.

내가 어렸을 적에 어른들이 먹는 음식 중에 이해할 수 없는 것이 있었다. 막걸리였다. 아무리 먹어봐도 맛이 없고 시고 떫은 음식이었다. 그러나 어른들은 아주 즐겨 먹고, 귀한 손님에게는 항상 막걸리로 대접을 한다. 왜 저렇게 맛없는 음식을 좋아하고 귀하게 취급할까? 한 발짝 더 나아가서 소주라는 것이 있었다. 막걸리는 집에서 간단히 만든 공짜 술이지만, 소주는 복잡한 여러 공정을 더 거쳐서 정성들여 만든 고급술이었다. 그렇지 않으면 귀한 돈을 주고 시장에 나가서 일부러 사와야 되는 고품격의 술이었다. 호기심 많은 애들이 그 귀한 술인 소주를 맛보지 않을 리가 없었다. 소주라는 것을 먹어보니, 이건 정말 '아니올시다'였다. 소름이 끼치도록 쓰고 독했다. 왜 어른들은 이렇게 맛없는 것을 신주단지 다음으로 귀하게 여기는 걸가? 조금 더 자란 후에는 더욱 신기한 음식도 맛보게 되었다. 읍내 어른들은 커피라는 것을 마신다는 사실을 알게 되었다. 어떤 방법으로 어떻게 훔쳐 먹었는지 어찌어찌 얻어먹었는지 모르지만, 나는 생전 처음 커피를 먹어보았다.

"흐이그~. 미쳤지 미쳤어. 어른들은 왜 이렇게 맛없고 이상한 음료를 돈까지 비싸게 주고 사서 먹을까?"

살다보니까 사람마다 기호식품도 다르지만, 먹는 방법도 제멋대로이다. 몸에 좋다고 쓴 맛의 정수인 소태를 삶아 그대로 마시는 이도 있다. 밥을 술에 말아 먹는 사람도 있고, 미역국에 식초를 쳐서 먹는 사람도 있다. 매운 고추를 고추장에 찍어 먹는 것은 평범한 정도다. 식성이 호랑이와 비슷해서 육회만 먹는 사람도 있고, 잔인성을 키우려고 산 낙지를 그대로 씹어 먹는 사람도 많다. 맛을 보기도 전에 재채기가 나올 정도로 지독하게 매운 짬뽕에, 후춧가루 고춧가루를 듬뿍 첨가하여 먹는 이도 있다.

이것은 우리 한국인들의 이야기지, 외국 사람들의 음식이나 먹는 방법은 더 신기한 것이 많다. 캄보디아 사람들은 독거미를 튀겨서 맛있게 먹는데, 이것은 아주 고급요리에 속한다. 에콰도르나 페루 사람들은 기니피그라는 쥐를 잡아서 참새구이처럼 구워 먹는다. 일본 사람들은 말벌을 생으로 밀가루와 반죽해서, 크래커를 만들어 먹기도 한다. 아프리카 사람들은 쥐 도마뱀 코브라는 물론이고 손바닥만 한 송충이도 먹는다. 그래도 그들은 이런 동물들을 먹을 때, 익혀서 먹으니까 봐줄 만하다. 일본인들이 먹는 사시미는, 날로 먹는 음식이긴 하지만,

생선의 살점을 손질하고 잘라서 와사비에 찍어먹으니까 이해가 간다.

먹는 것은 자기 식성대로 먹는 것이지만, 어떤 경우에는 정말로 못 말린다. 중국인들이 먹는 음식 중에는 "음양생선"이란 요리가 있다. 이것은 생선을 죽지 않을 만큼, 끓는 기름으로 몸통 화상을 입혀, 움직이는 눈과 꿈틀대는 아가미를 보면서 먹는다니 끔찍하다. 그래도 이것 역시 물고기니까 봐줄 만하다. 중국에는 또 산쯔얼이라는 요리가 있다. 산쯔얼은 한국말로 "세 번 찌익"이란 뜻이란다. 털이 아직 안 나고 눈을 아직 못 뜬 새끼 쥐들을 생으로 접시에 담아서 먹는 것이다. 새끼 쥐도 살려고 생겨났으니, 신진대사를 위해 내장은 쉴 새 없이 움직인다. 털이 없으므로 내장 꼬물거리는 모양새가, 반투명한 아기 뱃가죽 속으로 빤히 들여다보인다. 살고 싶어 버둥대는 포유동물의 생명체가 그대로 느껴진다. 꼼지락꼼지락 기어가는 새끼 쥐를, 먹으려고 젓가락으로 집어 든다. 그때 새끼 쥐는 살고 싶어서 "찌익" 하고 첫 번째 소리를 내며 엄살을 떤단다. 소스에 찍으면 맵고 짠 소스가 새끼 쥐의 입과 코로 들어가기 때문에, 괴로워서 몸부림치며 "찌익" 하고 두 번째로 소리를 지른단다. 사람이 입에 넣고 어금니로 씹을 때 마지막으로 "찌익" 소리를 내며 죽어간단다. 이 산쯔얼 요리에 비하면 필리핀의 발롯(부화 직전에 삶아 빨간색으로 표시한 달걀)은 그나마 먹을 만한 경지의 요리인 턱이다. 중국인들은 뱀 불가사리 해마 누에나방 이구아나 염소허파 개간 딱정벌레를 위시해, 살아있는 원숭이의 해골까지 먹는단다. 예부터 중국인들은 네발 달린 것은 밥상만 빼놓고 다 먹으며, 물속에서 헤엄치는 것은 잠수함만 빼고 다 먹는다고 했다.

지금 생각하면 끔찍하지만, 한국 사람들도 몇 십 년 전에는 개구리를 잡아서 몸뚱이는 길에 버리고, 뒷다리를 훑어서 구워먹었다. 누에 번데기를 서울 시내 한복판 대로에서 공공연히 삶아서 팔았다. 누가 무엇을 어떻게 먹든 간에, 세상은 별 상관없이 무난히 돌아간다. 베드로는 관례상 부정한 음식은 안 먹겠다고 했지만, 주님은 하나님이 깨끗하게 하신 것을 속되다 하지 말라 하셨다. 먹자거리에서 내가 못 찾은 먹을거리는 타인이 버젓이 또 골고루 찾아서 즐기니, 먹자거리 번지수를 숫자순으로 정연하게 매길 필요는 없다. 정말 자기 좋은 대로 자기 좋은 것을 먹으며 살아가는 인간세상이다.

제5부

된장 익어가는 길목

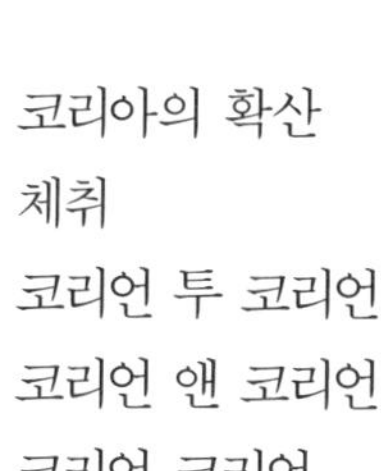

코리아의 확산

체취

코리언 투 코리언

코리언 앤 코리언

코리언 코리언

코리아의 확산

외국여행을 다니다보면, 현지인들이 한국말을 배워 가지고 한국말로 가이드를 하는 나라가 많다. 한국인 교포들이 많이 살고 있는 나라는 물론이고, 한국인 주민이 거의 없는 외진 유럽 국가나 중동, 혹은 구석진 동양나라에서도 한국말로 안내를 한다. 파란 눈의 백인여성인 오스트리아 안내자는 꽤 고급 한국어를 말하여 나를 놀라게 했다.

"거기는 위험할 뿐만 아니라, 그곳에서는 아무것도 보이지 않잖아요?"

나도 정신 바짝 차려야 이해가 가는 한국말을 현지인 안내자가 나에게 하다니? 인도의 안내자는 박정희 김대중의 정치소신에서부터, 광개토대왕 계백장군까지 훤히 꿰고 있어서, 나를 쭈그러뜨렸고 기를 못 펴게 했다.

미국은 세계를 줄여놓은 축소판이다. 미국의 모양새로 세계의 경향을 감 잡을 수 있다. 덴버 공항에 내렸을 때였다. 자동차를 빌리려고 렌트카 원하는 사람들의 줄에 서 있었다. 순서가 되어 파란 눈을 가진 미국 아가씨 앞으로 다가갔다. 스트레스 받으며 서류를 검토하고 있는데, 그 백인 아가씨는 우리에게 정확한 발음의 한국말로 말을 건다.

"한국분들이세요?"

자연스러운 발음과 어투에 너무 놀란 우리 부부는 반갑고 신기하여, 한국말로 받으며 깔깔 웃었다. 대부분 한국말을 한다고 하는 사람들도, 인사정도를 하든가 '아리랑'이나 '나의 살던 고향'을 몇 구절 외우는 것이 고작이다. 그런데 이 아가씨는 달랐다. 엄마가 한국인이라는 그녀는, 한국어를 완전무결하게 구성할 뿐만 아니라, 인천공항에서 교포들을 도와주는 한국 아가씨보다 더 친절했다. 엄마가 정신 차리고 적극적으로 한국어를 가르치지 않았다면, 이 정도로 한국어 실력을 소유하기란 쉽지 않다. 대도시로 나오면 훨씬 기회가 많을 아까운 아가씨였다.

이번 여행에서는 한국인으로서 큰 자부심을 느꼈다. 콜로라도 메사베르데 공원의 '화 뷰 에리어'에는 꽤 고급 숙소가 자리 잡고 있었다. 깨끗한 현대식 호텔 주변은 태고의 험산과 대도시의 번영이 한데 섞여있었다.

이곳은 사람의 손을 타지 않은 야생 숲과 절벽이 섬뜩한 공포를 부르는 산속이다. 환상적 일출 일몰은 물론이고, 밤하늘 별들과 은하수의 무도회 분위기가 꿈속 같은 동네다. 깜깜한 언덕 위로 밤이슬이 떨어진다. 잔디에 털썩 주저앉아 유성이 소멸하면서 그리는 별똥별을 바라보니, 대하소설의 주인공으로 된 기분이다. 형들에게도 무시당하고, 아버지도 별 볼일 없는 아들로 취급했던 소년 다윗이 바라보던 밤하늘도 저랬을까? 이렇게 고요하고 캄캄한 밤에, 다윗도 역시 홀로 저 밤하늘을 쳐다보며 양떼를 지켰을 것이다. 놀랄만한 도약과, 엄청난 비극과, 믿기 힘든 영화가 앞에 기다리고 있는 줄도 몰랐던 촌뜨기 다윗소년이었다. 그때 다윗은 무슨 생각을 했을까? 그 다윗이 맞고 떨던 이슬이 내 머리 위로도 내린다. 내게도 창대한 앞날이 펼쳐질 것 같이, 하나님의 그윽한 시선과 따뜻한 미소가 느껴진다. 이 은혜의 이슬을 밤새도록 받고 싶다.

이렇게 아름다운 산동네에 호텔이 자리 잡고 있다. 그 동네의 메타티(Metate Room)라는 고급식당은 사업이 번창하며, 예약 안 하면 저녁을 먹을 수도 없는 곳이다. 호텔 체크인하는 모든 손님들에게, '예약은 필수'라는 카멘트와 함께, 메타티 식당 메뉴를 한 장씩 나누어 준다. 제일 특급으로 눈에 번쩍 띄는 메뉴가 "Korean BBQ New York Strip"이다. 설명에는 "Gochujang BBQ 양념에 Sesame Garlic Green Beans 추가" 라고 써 놓았다. 메인메뉴 가격만도 30불이 넘어서 메뉴 중 제일 비싸다. 뉴욕 스테이크에 고추장 양념을 가지고 한국식으로 요리해서 맛도 꽤 좋았다. 고기에 순창 고추장인지 해찬들 고추장인지 매콤하고 짭짤한 맛이 배어 있으니 신기했다. 미국사람들 입에도 잘 맞았으면 좋겠다. 서양인들의 기호에도 잘 맞으니까, 제일 앞자리 상단에 올려놓고, 가장 비싼 가격을 붙여놓았을 것이다. 한국식 스테이크를 선두에 세워놓고도 식당사업이 번창하는 것은 한국의 국력을 보여준다. 두 사람이 저녁 먹고 칵테일이라도 한잔 하면 100불은 기본적으로 훌떡 넘는다. 깊고 깊은 산중 유적지에 미국식당을 차려놓고, 한국식 요리를 하여 사업을 번창시키다니? 식당 주인이 한국사람인가를 여기저기에 물어보았지만, 주인에 대해 아는 사람은 아무도 없었다. 한국사람이 거대한 사업체 주인으로 되어, 뒤에서 경영을 조정하면서 사는 시절이 되었다.

이 '한국 고추장 BBQ 스테이크'의 맛이 미국인들 입에 착 달라붙지 않아도 상관없다. '한국'이나 '고추장'이란 글자를 붙였다는 이유로, 값을 제일 비싸게 책정하고, 최고급 음식으로 취급되는 세상이 왔다. 상전벽해가 따로 없다. 미국사람들은 아마 고추장이 무엇인지도 모르고 한국음식인 줄만 어렴풋이 알 것이다. 고추장이 마늘로 다져 만든 양념 떡인지, 감자를 졸여 볶은 누룽지인지, 도통 알지도 못하고 감 잡을 수도 없을 것이다. 파란 덩어리인지 노란 국수가닥인지도 모르는 고추장이란 음식을, 달랑 한국음식이라니까 무조건 비싸게 사 먹는다. 무엇이 되었든 간에, 미국사회에서 한국 음식이 높이 평가 받는다는 자체만으로도 흐뭇하다.

언젠가 애틀랜타로 진입하는 입구의 숙소 Wingate 호텔에 들어갔다. 호텔에서는 대개의 다른 호텔들처럼, 감사조반을 제공했다. 늘 먹던 대로 와플도 굽고 머핀도 먹었다. 전기 꽂아져 있는 전기밥솥에 한국식 밥이 담겨져 있어서 깜짝 놀랐다. 옆에 보니 백자 안에 백김치가 단정한 모양새로 차곡차곡 쟁여져 있었다. 환호하며 김치와 밥을 실컷 먹고 있는데, 지배인이라는 필리핀 여자가 다가와서 환한 얼굴로 인사를 한다. 그 지배인은 호텔 주인이 한국인 처녀라고 귀띔해주었다. 바야흐로 많은 한국인들이 젊은 나이에 국제적인 대사업가로 대거 등장하는 시절이 왔다. 이 정도의 재력을 갖춘 처녀라면 나이도 꽤 들었을 것이라는 생각이다. 30살이 훌떡 넘었다 해도, 요즘은 시집 늦게 가는 사람 투성이인 세상이니, 새파란 소녀라고 불러줄 수 있을 판이다.

물론 처음 세계로 발짝을 떼어놓아 한국을 알린 것은 현대와 삼성이었으며, 우리는 그 기업가들에게 영원히 감사한다. 중남미 큼직한 나라들은 물론이고 캐리비안 작은 섬에까지도 한국 자동차가 판을 치고 돌아다닌다. 삼성 휴대전화와 LG 냉장고는 물론이고, 한국산 TV들이 세계 부유층 가정의 대표적 소유물로 되어 버린 지 오래다. 각종 한국산 전자제품들이 여러 고급 호텔에서 자기 위치를 확보해 나가고 있다.

미국 이민 시작할 때, 한국산이 외국산 제품보다 비싸던 항목은 달랑 피아노 중에서도 영창피아노 뿐이었다. 미국인들이 한국산은 모두 싸구려 쓰레기인 줄로 인식하던 시절에서 이 만큼 발전했으니 엄청난 축복이다. 개인적으로는 박찬호 김연아가 테이프 끊어, 박세리 싸이가 한국을 세계에 알렸다. 이제는 한국 파우어는 물론이고, 한국의 요리나 한국식 양념까지 미국을 주름잡게 생겼다. 한국을 거지나라로 취급하던 옛날의 미국사람들을 생각하니 이제야 안도의 한숨이 나오며, 가슴 후련한 미소가 떠오른다.

"아휴~, 김치냄새."

조심스러워서 김치도 안 먹고, 이빨도 다시 한 번 닦고 나갔으니까, 김치냄새가 날 턱이 없다. 그런데도 단지 한국사람이라는 이유만으로 김치냄새 난다고 야유하던 미국사람들이었다. 그러던 미국사람들이었지만, 한국이 잘 살게 되니까, 건강식품 운운하며 김치나 불고기에 바짝 호감을 갖게 되었다. 오래잖아 미국사람들은 한국제품이나 한국음식이라면 무조건 좋다고 아첨하게 생겼다.

옛날 미국사람들은 동양인을 만나면 한결같이 똑같은 문장으로 질문했다.

"당신은 중국인입니까, 일본인입니까?"

동양에는 중국과 일본밖에 없는 줄 아냐? 일본이나 한국이나 땅 덩어리도 비슷하고 위치도 거기거긴데, 너는 한국도 모르냐? '한국전쟁'이란 말도 못 들어봤냐? 한국을 모르는 것이 큰 자랑이냐? 나는 은근히 속이 상해서 멀뚱히 바라보다 한 마디 던지고 돌아서곤 했다.

"Neither! (둘 다 아냐!)"

이런 내 대답은 대화거절이나 상대방의 무식발췌에 초점이 맞춰졌었다. 가끔 어깃장 놓기 좋아하는 놈들은 한수 더 뜬다.

"그럼 어디서 왔어? 월남이니? 에티오피아?"

꼴에 맞는 답만 빼놓고 세계지도를 다 뒤적이며 가난한 나라를 골고루 들먹인다. 왜 콩고 소말리아는 빼놓고 지껄이니? 그런 대화에 속상하던 시절은 지나갔다. 그렇게 취급을 당하던 시절도 겪었는데, 그들이 요즘은 한국을 제일 앞에 내세우다니, 너무 행복하다.

나는 이번 여행에서 또 한 가지 새로운 것을 발견했다. 미국에 사는 동양 사람들의 분포가 바뀌지도 않았거니와, 요즘 미국 내에 한국인이 부쩍 늘었다는 말도 들어본 적이 없다. 설사 미국 내의 동양인 대다수가 한국사람으로 바뀌었다 해도, 사람들이 사용하던 말솜씨(Diction)는 평생 바뀌기 힘들게 마련이다. 가난한 나라 가난한 민족이라는 선

입견도 바뀌기 어렵겠지만, 사람들은 그저 쓰던 말투를 그대로 사용하려는 경향이 있다. 그러나 근래 미국인들의 질문 솜씨가 확실히 달라졌다는 사실을 파악했다. 어떤 미국청년이 내게 환한 미소를 섞어서 물었다.

"Are you a Korean or a Chinese?(한국인이야 중국인이야?)"

"Yeah, Korean.(그래 맞아, 한국인.)"

나는 네가 맞았다고 엄지손가락을 높이 들어보였다. 내가 놀란 사실은 이 우연한 질문 하나 때문이 아니었다. 또 한 사람의 아주머니가 내게 인사를 했는데, 그 분의 말투도 신식이었다.

"You must be a Korean.(한국인이 틀림없어.) You are not a Chinese.(중국인은 아냐.)"

바뀌는 세상풍조에 나는 다시 한 번 감탄했다. 이 아주머니는 언제 한국인의 표정이나 성격을 중국인의 것과 구분할 수 있는 능력까지 길렀을까? 미국사람들은 우리 동양인들에게 더 이상 "중국사람입니까, 일본사람입니까?" 라고 묻지 않는다. 이젠 한국인으로서, 가슴 쭉 펴고 자랑스럽게 걸어야겠다.

체취

선조들은 개미장이 서는 것은 장마가 질 징조라고 판단했다. 동물들이 사람보다 수원이나 날씨에 예민하며, 미물일수록 일기예보에 정확하게 반응한다. 산책하는 길바닥에 까만색 마커로 굵직하게 줄을 그려놓은 듯, 개미들이 가득 차 있다. 비가 올 조짐이 보이니까, 장마 지기 전에 서둘러서 먹을 것을 마련해 두느라고, 개미들은 저렇게도 몸 달게 일을 해야 되나보다. 개미장터를 가만히 들여다보았다. 바쁘긴 바쁜데 놀랍게도 먹이를 옮기느라 바쁜 게 아니라, 서로 엉겨 붙어서 물고 뜯느라고 바쁘다. 개미장이 아니라 개미전쟁이다. 먹이를 서로 빼앗기 위한 생존경쟁이니 개미세계에서도 전쟁은 필수 불가결일 성싶다. 히야~ 요놈들 봐라. 요놈들은 요렇게 똑같이 생겼는데 누가 적인지 누가 아군인지 어떻게 알고 누구는 물고 누구는 편을 들까? 전쟁하다가 개미들은 자기편 친형제 물어 죽이게 생겼다.

6.25때 야간 백병전이 붙으면 어떻게 싸웠을까? 밤이라 누구인지 보이지도 않지만, 별빛에 얼핏 보인다 해도, 한국인끼리라 눈코입의 생김새는 거의 똑같다. 똑같이 한국말 쓰고 고만고만한 체구가 다 똑같은데, 어떻게 알고 누군 찌르고 누군 도와주었을까? 이 사실을 미국군인들이 생각할 때는 더욱 신기했을 것이다. 이북출신 국방군도 많았고 남한출신 빨갱이도 많았으니, "이 썅간나"나 "칵 디지삐라 문디" 란 말투 가지고도 적과 편을 구분할 수는 없다. 인민군 빵모자나 국군의 철

모도 달아난 사생결단의 육박전이다. 그들은 머리를 잡아봐서 머리칼이 잡히면 아군이라 도와주고, 빡빡머리면 적군이라 죽였다고 한다.

인간들은 군복을 입고도 이렇게 헷갈리는데, 팬티까지 홀딱 벗은 개미들은 얼마나 혼란스러우랴? 우리가 보기엔 똑같이 생겼지만 개미세계에서 개미들끼리 보면, 용모가 빼어난 개미도 있고 못 봐줄 정도로 밉상인 개미도 있을 것이다.

"햐~, 코는 반짝 들렸어도 꽤 괜찮게 생겼네, 요 계집애개미."

더듬이가 유달리 길어서 애늙은이 같은 개미도 있고, 이빨이 옥니라 왠지 비호감형인 개미도 있을 것이다. 그러나 뒤섞여 전쟁하는 수천마리의 개미들은 누가 적군인지 누가 아군인지 어떻게 구분해야 좋을까? 일개미는 모두 여자라 한다. 한 가족이라고 해도 평생 얼굴 한번 못 본 아줌마개미도 많을 것이다. 본 적이 있다고 해도 뭣 하러 얼굴을 자세히 보며 기억까지 하랴?

아무리 몸집은 작아도 개미가 알, 애벌레, 번데기, 성충, 4단계를 거치면서 완전 탈바꿈하는 곤충인데 어리석진 않을 것이다. 개미들은 소리 촉감 시각 후각으로 의사소통을 한다니, 곤충 치고는 꽤 하이클래스 사회생활을 하고 있을 것이다. 개미는 페로몬(Pheromone)이라는 화학물질을 만들고 저장하는 분비샘을 가지고 있단다. 인간세계에서도 남자를 유혹할 때, 이런 냄새를 풍기는 여자가 있다. 페로몬을 분비하여 냄새를 살짝살짝 풍기는 여성이, 그 냄새라면 깜빡 죽는 남성을 만나, 세계역사를 뒤집어놓는 경우도 종종 있다. 어쩌면 다윗이 그 냄새라면 사족을 못 쓰는 남성이었고, 밧세바나 아비가일은 페로몬 냄새를 솔솔 풍기던 여인들이었기 쉽다. 모르긴 몰라도 클레오파트라도 그런 냄새를 풍기던 여인이었을 가능성이 있다. 그렇지 않고서야 지상최고의 권세를 가졌고, 백인이었던 시저가 이집트 출신 흑인여성에게 그렇게 푹 빠졌을까? 더욱이 클레오파트라는 돈 밝히던 여성킬러 안토

니우스까지 녹여 놓았다. 안토니우스는 억만장자 아내 풀비아와 최고 권세자 옥타비아누스의 누나인 옥타비아까지 내동댕이치면서, 클레오파트라와 살았다. 그녀에겐 외모 이외에 분명히 뭔가가 있었음이 분명한 것 같다.

수개미나 공주개미가 아니고, 동성연애 하는 일개미도 아닌 이상, 일반개미들의 페로몬 분비는 이성교제와는 상관이 없다. 개미는 이 페로몬 분비로 위험신호를 보낸다든가 먹이의 장소를 알리는 데도 이용한단다. 그래도 문제는 남는다. 개미라고 생긴 놈은 모두 페로몬을 분비할 수 있고 그 냄새나 맛도 똑같을 텐데, 크기 색깔 종류가 똑같은 저 작은 곤충들이 어떻게 적을 구분할까?

이빨 냄새, 화장품 냄새, 땀내, 발가락 냄새들이 뒤섞이고 숙성돼 체취를 이룬다. 현대인에게서는 아무런 냄새도 안 나야 좋다. 체취의 위력을 빌어 매력을 창출해보려는 의도로, 혹자는 독한 향수를 뿌려 비위 약한 사람의 속을 뒤집어 놓기도 한다. 요즘은 목욕 빨래를 자주하기 때문에 체취라는 것이 거의 없어졌다. 이 친구 몸에서는 올레이 비누냄새가 나고, 저 남자 모가지에서는 다이얼 비누냄새가 날 뿐이다. 같이 영어 배우던 여자 머리칼에서는 헤드앤숄더 냄새가 나는데, 함께 전철 탔던 여자는 판테네 샴푸냄새를 풍긴다. 담배 안 피우고 이빨도 잘 닦는 뒷집 총각한테서는 다우니 냄새만 나고, 옆집 아저씨 남방셔츠에서는 메이어스 클린데이 냄새가 난다. 엄격히 따지면 이런 것들은 체취가 아니고, 몸 덜 닦은 냄새와 빨래 덜 헹군 냄새다.

옛날 시골사람들도 여름에는 냇물에서 자주자주 목욕을 하므로 맨살 냄새는 거의 없다. 그러나 겨울에는 목욕들도 안 하고, 된장찌개 김치찌개 끓여 먹은 후, 방 식을까봐 방문을 꼭 닫아놓고 산다. 그런 음식냄새에 메주 뜨는 냄새와 누룩 곰팡내, 애기 똥이나 젖 토한 냄새가 섞여, 그 가정 특유의 냄새로 자리매김을 한다. 이런 가족냄새들은 옷에 뿐만 아니라 몸에 낀 때에까지 배어 있기 때문에, 식구 특유의 냄새를 풍긴다. 동네 사랑방 문밖에 눈 감고 서서, 냄새만으로 동네사람들의 신상증명 작업을 해낼 수도 있다.

"아까 나간 건 방앗간 집 영숙 아버지, 그 뒤에 뛰어 나간 분은 양돈하는 성규 아버지, 지금 다가오고 있는 여자는 뒷집 길자 엄마."

목욕을 자주 안 하고 환기를 안 시키면, 사람들도 이렇게 가정 고유의 냄새를 지닌다. 끓여먹는 된장찌개 냄새도 집집마다 다르고, 그 찌개가 청국장냄새와 어울리느냐 군고구마냄새와 섞이느냐에 따라 냄새는 더욱 독특해진다. 어떤 때는 밀주 익는 냄새나 외양간 퇴비 썩는 냄새까지 뒤섞인다. 그러니 평생 목욕 안하고 페로몬을 뿜어내기만 하면서 사는 개미는 어떠랴? 여러 종류의 페로몬을 이래저래 분비만 하면서 한 굴에서 수년 동안 사는 개미들은 분명히 식구들 고유의 냄새가 있을 것이다. 그 냄새는 굴속의 개흙냄새 약초뿌리냄새 혹은 먹이 곰삭은 냄새와 어울려, 자기가족을 즉시 인식할 수 있는 특정한 냄새로 정착된다. 가족을 떠나 오래 지체하면, 이런 군체냄새를 잃고, 가족과의 재결합이 불가능하게 된단다.

"모호한 냄새 풍기며 지나가는 저기 저 일개미, 박씨 집안 작은마님 딸이니, 쫓겨난 조씨 집안 둘째 며느리니? 우리 김씨네 개미굴로는 절대 못 들어오게 해라."

수개미는 몇 주일 동안 살다가 볼일 보고 나면, 곧 죽거나 살해된다니, 이런 군체냄새에 신경 쓸 필요 없다. 그러나 일개미는 3년이나 살고 여왕개미는 30년 이상도 산다니, 자기가족의 고유한 냄새가 몸과 코에 흠씬 젖은 채, 살아갈 것이다. 개미의 체취는 가족 ID인 셈이다. 전쟁터에서 개미는 무조건 제집냄새가 안 나는 자의 목을 물면 되니, 전쟁할 때 고민할 필요 없다.

코리언 투 코리언

영어 한 줄 정확하게 말할 줄 모르고, 쓸 줄은 더 모르지만, 분명히 박사학위 증명서는 갖고 있다. 단어 한 마디 읽으려 해도 왜정시대의 일본식 발음이라, 본인 스스로도 제대로 발음한 건지 얼토당토않은 음향인지 구분이 안 된다. 소경 코끼리 뒷다리 만지기여서 전혀 감이 안 잡힌다. 본인 스스로도 자기가 무슨 말을 하고 있는 건지 이해 못하는 형편이다. 그러나 박사는 틀림없이 박사이니, 누가 박사가 아니라고 할 수 있으랴? 공부는 40시간도 안 했지만, 돈은 푹석 들여 밀고 딴 박사이니, 누구인가에게는 박사라는 소문을 내야한다. 한번 소문 낸 후에는 전혀 박사가 아닌 척, 겸손해서 박사라는 소문을 숨기는 척하며 살아간다. 그 박사가 어떻게 딴 박사인지, 속사정을 빤히 아는 사람들에게는, 박사라는 사실이 알려질까 봐 노심초사다.

공부해야 할 책이 성경뿐이라면 어폐가 있겠지만, 비교적 범위가 좁고, 내용의 해석이 다양할 수밖에 없는 목회자 세계에서는 이런 신기한 박사가 더 많았었다. 미국 한인사회 목사로서 행세를 하려면 으레 박사학위 취득이 필수였던 시절도 있었다. 다행히 요즘은 실용성을 앞세우는 새 젊은이들 세대로 바뀌고 있으니, 이런 박사가 사라지는 추세지만, 아직 뒷북치는 사람도 있나보다.

히야~, 저런 박사학위를 왜 받을까? 모르시는 말씀이다. 박사는 박사로서의 가치가 있으니까 받는다. 네임카드에 영어로 Doctor of

Philosophy, 혹은 Doctor of Psychology라 새겨 넣고, 한국에 갔을 때 친지들에게 그 명함을 돌린다. 박사라는 단어가 빠진 네임카드를 주는 것과 박사가 삽입된 네임카드를 내미는 것과는 주목받는 강도에서 비교도 안 된다. 한국 사람들 눈에는 "어, 저 사람 미국 갔다더니 성공했구나,"라는 말과 "뻔하지. 그저 창고에서 스탁맨 노릇을 하든가 드랍 오프 세탁소 운영하겠지 뭐,"로 갈린다. 말만 들었지, 미국엔 와 본 적도 없는 한국인일수록 판결은 더욱 칼날 같다. 소문의 서까래 위에, 상상의 이영을 두툼하게 씌워, 미국을 다 아는 것처럼 잘난체하는 한국 사람들은 부지기수다. 똑똑한 분들이 엉터리 박사나 돈 내고 구입한 박사를 전혀 눈치 채지 못한다는 사실은 약삭빠른 고양이가 밤눈 못 보는 꼴이다. 박사 명함과 함께, 못 들어 보던 이태리 말 한두 문장이나, 그리스 철학자가 말했던 명언을 헬라어로 추가하면, 그들의 고개는 자동적으로 끄덕여진다. 박사 당사자에게 생기는 Confidence(자신감)도 똑같다. 공부는 해 본 적도 별로 없지만, 여러 면으로 희생과 노력을 기울여 획득한 박사학위다. 사정 모르는 한국 친척친우들에게 왜 위축될 필요가 있으랴?

"학위를 받고 나니, 인생에는 겸손이 중요함을 알게 되더라구."

가슴 쭉 펴고 이렇게 말하며 목소리 내리깔 만하다. 오래 전 이야기다. 목사라면 공연히 존경해야 할 대상으로 생각된다. 유교사상에 뿌리가 젖어 학자들을 존경해왔었기 때문에, 한국 사람들에게는 특히 그런 성향이 더 짙게 나타난다. 더구나 목사가 여성분이라면, 박식과 덕망에 희소가치까지 추가되어, 더욱 올려다 보인다.

문학 활동과 함께 타 도시에서 우연한 기회에 알게 된 핸썸 워먼인 목사님이 계시다. 그녀는 하얀 얼굴에 외모도 꽤 잘 생겨서, 수려한 이목구비에 품위와 무게를 갖춘 인격자였다. 바쁜 생활 속에서 일하다가, 나는 낯선 번호에서 발신한 장거리 전화를 받았다. 요즘은 장거리

전화의 개념이 없어졌지만, 10년 전만 해도 다른 주로 거는 전화는 요금도 달랐었다. 몇 차례 만난 적도 있던 타주에 사시는 여자목사님이 전화를 하신 것이다. 나는 너무 황송하고 기뻐서 큰 소리로 인사를 했다. 나처럼 별 볼일 없는 사람에게, 아주 괜찮게 보이는 목사님이 긴 통화를 해 주시니, 기분이 제법 우쭐해졌다. 나 같이 투지와 능력을 갖춘 사람은 공부를 더 하여, 박사학위를 획득해야 합당하다는 것이 목사님의 통화요지였다. 타주에 사실 뿐만 아니라 잘 모르는 고명하신 목사님으로부터 뜻밖의 칭찬을 들으니, 나는 흥분하여 정신이 육체에서 튕겨져 나갈 지경이었다. 학비도 겁먹을 만큼 많이 드는 것이 아니란다. 컴퓨터로 공부하는 시절이니, 학교가 타주에 있는 것은 내게 문제가 되지 않는다.

"목사님, 감사합니다. 우선 돈은 문제가 아닙니다. 칭찬은 고맙지만 그건 좀 쉽지 않아요 목사님. 미국에서 언더를 다시 한 번 하는데도 아주 힘들었어요. 공부도 젊었을 때 해야 써먹을 수 있는 것 같아요. 죽도록 배운 것 외운 것을 단어까지, 일 년 안에 다 잊어버리게 되고, 또 다시 빈 머리만 남더라고요. 그 완전망각에 대한 실망과 허탈감을 소화시키기는 공부하기만큼이나 힘들었어요. 더 이상 공부할 정렬이 제게는 남아있지 않고, 박사학위가 필요한 나이도 아닌 것 같아요. 배운 것을 가까운 시일 내에 잊어버릴 공포도 부담이고요."

여기까지는 희망적인 대화였고 진취적인 착상이었다. 그 다음에 하시는 목사님 말씀에, 나는 M1 소총 개머리판으로 머리통을 힘껏 얻어맞은 사람처럼, 정신이 팽 돌았다.

"공부는 할 필요가 없어요. 저를 믿고 제 의견에 따라서 코스를 마치시면 됩니다. 박사학위 취득하기까지 제가 책임지고 길을 안내합니다."

전화를 끊고 마음을 가다듬었지만 분노를 가라앉힐 수가 없었다. 되게 기분이 나쁘다. 같은 시간 같은 자리에 앉아 있어도 누가 더 열심히 하느냐에 따라 승패가 결정된다고 굳게 믿어온 나의 생애였다. 돈만 내고 가만히 앉아 있다가 박사학위를 받으러 오라는 말은, 내 인생에 대한 너무 큰 모욕으로 덮쳐왔다. 누군가를 붙잡고 허수아비 취급당한 이 억울함을 떠들어 대야 속이 풀릴 것 같다. 내가 박사 이름이나 갈구하는 허영덩어리로 보였다는 사실에 소름이 끼쳤다. 기산 영수에 가서 귀를 닦고 싶다.

기산에서 은둔생활을 하던 허유에게 요임금이 찾아가서 천하를 통치해 달라고 부탁했다. 허유는 더러운 소리를 들었다고 영수라는 강가에 가서 귀를 닦았다. 송아지에게 물을 먹이러 왔던 소부는 더러운 귀 닦은 물을 송아지에게 먹일 수 없다며, 상류로 끌고 올라가서 물을 먹였다. 그리고 소부는 허유에게 한마디 쏘아붙였다.

"네놈이 은둔한답시고 세상에 너를 알리고 잘난 체를 했응께 그딴 소릴 듣지."

어떤 학설에 의하면, 기산 영수에서 문답하던 소부와 허유가 동일인이라는 말이 있다. 질의자도 응답자도 한국인이다. 대한사람 대한으로 길이 보전할 사람들은 아닐는지 모르지만, 언급자도 피언급자도 대한민국을 영원히 사랑하며 죽어갈 한국인들이다. 조금 살다 죽을 사람들인데, 한국인의 자존심까지 다쳐 놓고 싶지는 않다.

코리언 앤 코리언

미국에서 자라는 한국 어린이들의 대부분은 싸움을 연습하지 않는다. 어렸을 때부터 타협과 협력을 배운다. 아이들은 격전지세로부터 일단 피하여 물러났다가, 평화가 왔을 때 다가서는 테크닉을 몸에 익힌다. 살벌한 경쟁사회 한국에서 자라난 사람들이 갖지 못하는 우월성이다. 한국에 사는 한국아이들은 "내가 대성이를 때려줘서 이겼다"는 사실이 중요하지만, 미국에 사는 한국아이들은 "폴은 나와 함께 숙제를 완성했던 아이다"가 중요하다. 한국태생은 아산이 깨지나 평택이 무너지나 마구 들이밀어, 별 이득 없는 일에 머리 깨고 코피 쏟는 경향이 있다. 미국태생은 급할수록 오줌 누고 침 삼키고 나서, 방향설정을 한다. 승리에 과잉흥분하지도 않고, 패배에 심히 부끄러워 쥐구멍을 찾지도 않는다. 기쁠 때 긴장하고 슬플 때 또 다른 출구를 모색하는 여유를 갖는다. 대개의 미국태생 한국아이들은 교활하거나 음흉한 면도 없다. 유약할지라도 선악을 구분하며 솔직한 성격을 갖는다. 알게 모르게 미국 물감이 들어있기 때문이다.

미국태생인 아들이 집에 들어오면서 불쾌하다고 투덜거렸다. 이유를 물으니, 한국 아이가 급히 컷인을 해서 항의했단다. 그 한국 아이는 화를 내며 자기 차로 아들 차 앞을 가로막은 후, 차에서 껑충 뛰어내렸다. 나와서 한바탕 주먹대결을 하자고 소리 지르며, 아들의 자동차를 발길로 마구 찼다. 아들은 한국 사람으로서는 거인에 속하는 체구이기 때문에, 웬만한 동양소년은 풍채로 누를 수 있는 형편이었다.

"커다란 놈이었었니?"

"아주 숏 앤 스몰인데 영어도 서툴고, 소리 빽빽 지르며 욕을 하더라구."

영어가 서툴지만 헛뺑이 잔뜩 들어, 능숙한 욕지거리를 하니, 위험할 수도 있는 소년이었다. 조그만 소년이 당차게 덤비니까, 태권도, 유도에 합기도까지 하는 강자인 줄 알고, 바짝 얼었을 아들을 생각하니 웃음이 나왔다. 진짜 태권도를 배운 한국 소년은 싸움을 안 하든가, 빠른 템퍼를 보이지 않는다는 사실을 아들은 모른다. 어떤 방법을 써서라도 꼭 이기고 말겠다는 한국인의 유전적 오기도, 미국태생인 아들에겐 나타나지 않는다. 자라날 때 친구들이나 주위환경의 영향을 받았기 때문인 듯싶다.

고놈이 누구인가 쫓아가서 때려주자고 나는 아들을 부추기지 않았다. 아들의 인내심을 칭찬하며 낄낄 웃고 마는 나도, 미국생활 속에서 한국인 고유의 오기가 약화됐기 때문이라 생각된다.

정규적 운동을 하도 강조하기에, 나도 헬스클럽에 다니기 시작했다. 교회에 나가도 많고 많은 좌석 중에 자기 앉는 자리가 대충 정해지듯이, 헬스클럽의 라커도 대개는 늘 사용하던 것을 사용하고 싶어진다. 자기가 늘 쓰던 라커를 혹시 타인이 이미 차지했으면, 그 근처의 다른 라커를 사용하게 마련이다.

어느 날 아침이었다. 전날 저녁에 사용했던 사람이 내가 늘 쓰던 라커 속에, 알록달록한 티셔츠 하나를 걸어두고 갔다. 그 라커는 다른 라커에 비해 옷걸이 후크를 좀 낮게 고쳐달아 놓았기 때문에, 키 작은 한국 사람이 쓰기에는 오히려 편리했다. 누군가가 차지한 라커인지 아닌지 잘 몰라서, 나는 그날 옆에 있는 다른 라커를 사용했다. 다음날 그 라커를 열어보니, 똑같은 셔츠가 똑같이 걸려 있었다. 나는 그 셔츠를 다른 라커로 옮겨 걸어놓은 후, 그 라커를 사용했다. 이튿날 셔츠 임자는 같은 셔츠를 다시 그 라커로 옮겨다가 걸어두고, 이번에는 더러운 양말 한 켤레까지 바닥에 두었다. 티셔츠는 새것이었지만, 양말은 남이 신었던 것이라 불결하게 느껴졌다. 고의로 남긴 싸구려 티셔츠 같아서, 나는 티셔츠와 냄새나는 양말을 쓰레기통에 버리고 나서, 그 라커를 사용했다.

또 그 다음날 라커를 열어보니, 이번에는 사용했던 큐팁 두 개가 떨어져 있었다. 샤워한 다음 귓속의 물기 닦느라고 귀 후빈 큐팁이니, 특별히 더러운 것은 아니리라 믿는다. 그러나 큐팁이라는 것이 고름이나 귀지 묻혀내는 면봉이라고 생각하니 되게 불결하게 느껴졌다. 즐겁지는 않았지만 내가 늘 사용하던 정든 라커였었기 때문에, 큐팁의 중간 부분을 집어서 쓰레기통에 넣은 후, 나는 그 라커를 사용했다. 그러나 그는 이튿날도 또 그 다음 날도 계속 사용한 큐팁 두세 개씩을 라커에 남기고 갔다. 남이 사용했던 큐팁을 매번 집어낸 후, 그 라커를 사용하려니까 신경질이 났다. 어떤 날은 사용했던 휴지조각까지 함께 남겼으며, 더러운 흙발자국까지 찍혀 있었다. 그래도 조심스럽게 청소해 낸 뒤, 내가 좋아하는 라커를 사용했다. 그는 자기 혼자 그 라커를 사용하고 싶어서인지, 나를 신경 쓰게 만들어 쫓아내려는 심산인지, 계속 더러운 것을 남겼다. 어딘가에 그 사람의 코가 묻어있을 것도 같았고, 가래침을 뱉어 놓았을 것도 같아서, 나는 불안해지기 시작했다. 괘씸한 생각이 들어서, 나도 떠날 때, 더럽고 젖은 휴지뭉치를 잔뜩 남겨놓고 갔다. 이튿날 와 보니까 라커는 깨끗이 청소되어 있었고, 누렇게 젖고 오염된 큐팁 두 개만 다시 남겨 있었다.

"정말 웃기는 놈이네."

오기가 생긴 나는 또 젖은 휴지 몇 장을 일부러 더 남기고 왔다. 그 다음 날은 내가 남긴 휴지와 그가 남긴 휴지가 뒤섞여서 그 라커는 아주 오물로 가득 차 있었다. 왠지 즉시 나는 그가 한국사람 같다는 느낌을 받았다. 미국사람들은 화를 발칵발칵 내지도 않지만, 공연한 것에 집착하지도 않고, 사소한 일에 신경전을 벌임으로써 정력소모를 하지 않는다. 더러운 라커 때문에 매일 기분 나쁘게 하루를 시작하자니, 나 자신이 유치하게 느껴지고 우스꽝스러웠다. 다른 라커를 사용하면 깨끗할 텐데, 왜 꼭 이 라커를 쓰려고 발버둥 치는가? 할 수 없이 내가 져주었다. 그 근처의 다른 라커를 정해서 쓰기 시작했다. 옛날 내가 쓰던 라커에 애착이 갔기 때문에, 항상 그 라커를 열어보고 나서, 다른 라커를 썼다. 더러운 것은 아니었지만 여전히 사용했던 큐팁이 그 라커 바닥에 정확하게 두세 개씩 매번 떨어져 있었다.

헬스클럽에 가는 시간이 자꾸 바뀌기도 했다. 그 라커에 신경을 쓰며 살던 나는 어느 날, 그 라커를 사용하고 있는 한국 사람을 발견하고 깊은 호기심과 심한 적의를 느꼈다. 안면이 있는 분이었는데, 사려 깊고 점잖은 분이었다. 그가 떠나는 모습을 지켜보기 위해, 나는 분수대에서 물도 마시고, 화장실도 다녀왔다. 이윽고 그가 귀 후비는 모습을 보고 긴장하며, 나는 나의 코리언 식별 예감을 칭찬했다. 그가 떠나자마자 나는 잽싸게 그 라커를 열어보았다. 귀 후볐던 젖은 큐팁 두 개가 "뻔할 뻔"자를 그리며 누워있었다.

"필요할 때 몇 시간 동안만 사용하고 떠나갈 우리들인데, 그 라커를 혼자 써서 좋을 게 뭐 있을까?"

보기 싫은 그 한국 사람과 뚝 떨어진 곳의 라커를 사용해야 되겠다고 마음먹었지만, 아직 실행에 옮기진 못했을 때였다. 언제부터인가 아침 일찍 와 봐도, 그 라커에 동일한 자물쇠가 동일한 모습으로 잠겨 있음을 발견했다. 나는 사무실에 연락하여 24시간 잠겨 있는 그 자물쇠를 절단해야 된다고 항의했다.

"매년 한 번씩 30일간 공고를 한 후, 자물쇠를 자르게 되어 있어요.

라커를 혼자 쓰기 위해 잠가놓고 다니는 집착광도 있지만, 그의 인간성을 당신이 고칠 순 없죠."

미국인 사무원의 침착한 대답에 내가 오히려 설득 당했다. 나는 멀리 떨어진 곳으로 옮겨, 새 이웃과 어울려 새 라커를 사용하기 시작했다.

"그래, 그 라커 마르고 닳도록 니 혼자 실컷 써먹그라 요놈아."

한국인의 보편적인 캐릭터는 아닐 수도 있다. 나라가 잘 살게 되면서 한국인의 캐릭터도 물론 바뀌고 있다. 후천적인 것은 물론이고, 출생할 때부터 우리가 저절로 소유하게 되는 캐릭터 중에서도, 유지해야 좋을 것도 있고 아니다 싶은 것도 있다.

코리언 코리언

나는 오래 전부터 로렌스가에 아파트와 상가 혼합건물을 가지고 있다. 한인사회에 한약방이 한참 인기가 있었던 시절이 있었다. 우리 빈 가게에 한약방을 내겠다고 점잖은 한국사람 부부가 찾아왔다. 나이도 듬직하여 믿음이 갔다. 새로 딴 License도 보여주고, LA에서 한의사 조수로서 일했던 경험도 있다고 밝혔다. 후한 점수를 주기 위해, 내가 그의 얼굴을 아무리 뜯어봐도, 그는 신성일과 비슷한 구석도 없었다. 그렇지만 보는 여자들마다 그 한의사가 미남이라고 감탄하며 살랑댔다. 아무튼 많은 여자들이 잘생긴 남자라고 입을 헤벌리고 쳐다보니, 저런 한의사는 사업도 잘할 것 같아서 임대를 주려고 했다. 나의 아내가 적극 반대했다.

"미남이라더니 자기 마음 빼앗길까봐 걱정인가 왜 안 준대?"

임대신청용지의 "Spouse Occupation"란에 그 한의사는 "Deeler"라고 썼었다. 뭔지 그런 직업이 있겠지 여자 직업이 뭘 중요하랴? 그러나 아내는 꼬치꼬치 물었다.

"여기 오시기 전에 사모님께서는 어떤 일을 하셨어요?"

"제가 한의학을 공부하는 동안, 제 처는 라스베이거스 카지노에서 딜러로서 잡을 잡아 일을 했죠."

그때 나는 내 아내의 반대로 그 한의사를 거절하고, 결국 다른 한의사에게 임대를 주었다. 한의사도 의사인데, Dealer도 못 쓰는 실력으로 사업을 성공시키기는 힘들겠다는 내 아내의 의견이었다. 그 미남 한의사는 내 건물에서 좀 떨어진 곳의 로렌스 가에 한약방을 내고, 2년 정도 헤매었다. 그러나 어느 날 갑자기 문을 닫았다.

한국 사람들이 대거 애틀랜타로 모여든다는 소문과 함께, 시카고 한인들도 한동안 애틀랜타 행 보따리 싸는 사람들이 많이 생겼다. 애틀랜타엔 한국식당도 많고 음식 값도 엄청 싸다는 소문이 시카고에까지 올라왔다. 우리 부부도 한번 놀러가 봤더니, 한인 타운이 거창했다. 그러나 자기 식당 찾아오는 길도 못 가르쳐 주는 뜨내기 식당 주인이 많음에 어리둥절했다. 한국동포 신문에 크게 난 광고를 보았다. 익숙한 한약방 이름에 눈이 번쩍 뜨였다. 그 미남 한의사는 시카고에서 쓰던 것과 동일한 성명과 상호명을 가지고 애틀랜타에서 한약방을 개업했는데, 선전문구가 요란했다.

"시카고에서 개업경력 30년의 신뢰할만한 한의사."

나를 위해 건물관리 해주던 외국 출생 지배인이 별안간 죽었다. 한국 사람 지배인을 두려고 찾아보았다.

"특별한 기술은 없어도 됩니다. 목욕탕 막힌 하수도나 대충 뚫을 줄 알고, 드라이월(drywall)이나 좀 붙일 줄 아는 사람을 원합니다."

외모도 준수하고 음성도 굵직한 한국 사람이 인터뷰 장소로 나왔다. TV 탤런트를 뽑는 것이 아니니, 매끈한 외모가 오히려 감점이다.

"벽 조금 망가진 데에 드라이월 조각을 적당히 메워 붙일 줄은 아시죠?"

영어는 못해도 된다고 분명히 말했는데, 영어실력에만 신경을 쓴다. 일꾼이 영어한답시고 조잘대면 잔소리하기에 바빠서 시간만 소모하고, 물정 모르는 불필요한 말로 오히려 실수를 저지르게 마련이다. 영어 못하는 사람이 더 낫다고 말할 수는 없지만, 한국 사람이 영어를 하면 얼마나 하고, 영어를 못하면 얼마나 못하랴? 내 물음에 정확한 대답

대신, 그는 깨끗한 얼굴에 품위 있는 미소로 고가견적을 유지한다. 시원찮은 급료 가지고는 일 시킬 마음도 먹지 말라는 뜻인가 보다.

"드라이월이라고 들어보셨죠?"

"물론이죠. 그렇잖아도 전화 받고 나서, 내가 인터넷을 찾아 봤죠. 그건 '벽지 붙인 양회 벽 재료'이지요. 그 정도야 아주 쉬운 거죠. 전 원래 그런 건물재료 종류를 좀 잘 아는 편입니다. 젖거나 휘면 안 되니까, 마른 장소에 눕혀서 보관해야 되는 건물재료지요. 인터넷에 자세히 설명되어 있으니 어려울 게 전혀 없죠."

나는 그 한국 사람의 다문박식함에 맥을 놓고 멍청해졌다. 드라이월이면 그냥 드라이월인 줄만 알았지, 그것이 '벽지 붙인 양회벽 재료'라는 정확하고 유식한 말로 대치할 수도 있다는 생각은 못했었다. 필요한 양만큼만 사다 쓰던 나였기 때문에, 드라이월을 사다 보관하는 방법까지 알고 있는 그에게 내가 오히려 주눅이 들었다.

구멍 난 벽을 패칭 좀 해 달라고 하면 그는 뭐라고 할까?

"두라반 17온스에 물 1.35 리터를 섞어야 되는데, 두 가지 눈금 함께 새겨진 저울 좀 사오세요. 두라반 갤 함지도 찾아다 주시고, 코너용 흙손, 평흙손, 롸운드 흙손, 수평 수직 측정하는 레블까지 사 오셔야 일을 시작할 수 있습니다."

이 사람에게 못 빼낸 자리 몇 군데 메워달라고 일 시켰다가, 꼼짝없이 아파트 리마들링하는 값 들어가게 생겼다. 그래도 내가 못하는 일이니, 원하는 것 다 사다 주는 수밖에 더 있으랴? 그러나 모든 걸 준비해 주었을 때, 흙손이 자기가 한국에서 써보던 것과 약간 다르게 생겼기 때문에, 일을 못하겠다고 후퇴하면 나는 그냥 낭패다.

나도 한국인이며 같은 캐릭터를 갖는다. 좋을 것도 없지만 나쁠 것도 없고, 그저 특이성이 있을 뿐이다. 여러 동양 사람들 틈에서 한국 사람을 어떻게 구별해 낼까? 우선 영어발음으로 구별하지만, 경우에 따라서는 성격이나 언행만 봐도 쉽게 한국인을 구분해 낼 수 있다. 집착, 허세, 오기, 우격돌진, 확인사살과 승리확증 등은 좋은 기질도 아닌데, 유독 한국인들에게 더 많이 나타난다. 한국을 떠나 외국에서 오래 머문 사람일수록 이런 기질이 점점 더 희석되기는 한다.

허점을 요란한 포장으로 감추려는 상대방의 속셈이 너무 뚜렷하게 보이면, 나는 죄지은 것도 없건만 다리가 후들후들 떨린다. 여자의 화려한 겉옷이 훤히 비쳐 해어진 속옷이 넘실넘실 보이면, 괜히 목소리가 덜덜 떨려나오는 것과 비슷하다. 거창하게 포장하는 공작새기질도 좋겠지만, 떳떳이 속을 까 보이는 투명메기(창자가 몽땅 세세히 들여다보이는 물고기)기질도 중요하다. 부족한 것을 부족하다고 말하고, 모르는 것을 모른다고 말하는 것은 발전과 성공의 기초공사다. 전인적 인격체 형성에 큰 도움을 끼치기 때문이다.

히스패닉은 히스패닉의 얼굴을 보기만 해도, 그 사람 됨됨이를 잘 알듯이, 흑인은 흑인의 얼굴만 봐도, 도둑놈인지 목사님인지 금방 안다. 한국인들은 또 한국인을 비교적 잘 안다. 그래서 히스패닉 테넌트가 많이 입주해 있는 아파트 관리자는 히스패닉 매니저를 쓰고, 흑인 지역에서 장사하는 사람은 흑인 종업원을 쓰는 모양이다.

투명메기처럼 속을 활딱 내보이고 시작하면, 인간관계가 따뜻하고 오래 간다. 그 이야기는 감추는 것이 많고 허세를 부리면, 미래가 평탄하지 못하다는 뜻도 된다. 이런 면에서는 미국인들이 한국인들보다 우월성을 보인다. 인간지사 시간문제라 전혀 감 잡을 수 없는 노릇이라지만, 여러 요소들이 복합적으로 얽혀 있을 때의 이야기다. 어떤 때는 거울 속을 들여다보듯, 앞으로 전개될 인간관계나 닥칠 미래가 아주 빤히 보이는 경우도 있다. 거지 어린이가 험한 길을 극복하고 대통령으로 될 수는 있지만, 거지 할아범이 주름살 제거수술과 성전환 수술을 받고 세자비로 될 수는 없는 것과 같다.

제6부

하늘가는 길동무들

노아의 발자국

노아가 600살 되던 해 2월 17일 노아네 식구들은 방주로 들어갔으나, 다른 사람들은 하나님이 말씀하셨던 대로 다 죽었다. 방주 짓는 동안 조선공들과 목수와 일반일꾼들은 노아네 방주를 만들어주며 돈을 벌었을 것이다.

"일감을 주니까 일은 한다만, 참 맹랑한 등신짓도 한다."

"누가 아니래? 노 젓는 구멍들만 내놓는다 해도, 내가 최소한도 웃지는 않겠어. 이건 완전히 테바야. 어딜 갈 수도 없고, 노도 방향타도 창문도 앞뒤도 없고, 어느 쪽으로 얼마큼 흘러가는지, 도대체 알 수도 없는 먹통을, 왜 이 많은 돈을 들여 만든다냐? 홰까닥도 유분수지."

그런 비웃음도 참아내며, 돈 들여 120년 동안 방주를 만든 노아는 살아 마땅하다. 살아남을 동물들도 영특한 놈들이라, 달력 보고 날짜 딱 맞춰 노아에게 찾아와서 방주로 들어갔다. 두 수놈이 찾아와서 서로 들어가려고 싸운 경우도 없다. 정결한 동물은 수놈 한 마리와 암놈 6마리씩(a male and its mate), 부정한 동물은 암수 한 마리씩 넣었다. 물속에 사는 동물들인 고래, 상어, 말미잘, 소라, 송사리, 미꾸라지는 신경 쓸 필요도 없었다. 어른 공룡이나 코끼리는 자격상실임을 자기들이 먼저 감 잡고, 방주에 들어가겠다고 우기지도 못했고, 갓 젖 뗀 암수 한 쌍이 찾아들었다. 자기 덩치를 알아보고 새끼들에게 방주 입주를 양보하니, 참 똑똑한 놈들이다.

방주 안에서 소 말은 여물을 먹었겠으나 사자 호랑이는 뭘 먹었을까? 송곳니로 여물을 먹을 수는 없다. 부정한 동물들은 달랑 암수 한 마리씩이니, 부정한 동물을 잡아먹을 수는 없었다. 정결한 동물을 발견한 후, 가만히 들여다보면서 우선 수놈인지 암놈인지 신체 정밀검사를 해야만 했다. 정결한 동물 중 암놈만 골라서 5마리씩 잡아먹었다고 해도, 육식동물의 먹이는 턱없이 모자란다. 썰렁하고 어둑어둑하니까, 일 년 동안 동면을 했다고 볼 수도 있다. 벼랑에서 떨어져도 안 아플 만큼 오동통하게 살찐 곰도 6개월 동안 동면하고 나면, 뼈와 가죽만 남아서, 눈에 먹을 것 밖에 안 보인다. 일 년도 넘게 잠자고, 이듬해 2월 27일 방주에서 나온 사자는 토끼에게 뭐라 했으며, 토끼는 어떻게 대꾸했을까?

"야 요놈아, 빨리빨리 새끼 좀 낳아라. 배고파 미치겠다."

"쪼다 시키! 니나 내나 하나님의 보호대상이긴 마찬가지야. 얼룩말도 있는데 네 눈깔엔 토끼새끼만 보이니? 벼룩의 간을 빼 먹어라 요 착살맞은 놈아."

토끼가 이렇게 당당하게 사자에게 대들 수 있는 이유는 단한가지, 하나님을 굳게 믿기 때문이다.

"하나 남은 수토끼인데, 네가 나를 먹어치우면, 너는 무사할 것 같니?"

그 당시는 호주도 대륙에 붙어있던 때니, 캥거루는 잡혀 먹히기 전에 호주로 줄행랑을 놓았을 것이다. 토끼에게 욕먹고 모욕을 느낀 사자는, 홧김에 덩치 큰 코끼리를 뒤쫓다가 할 수 없이 아프리카까지 가서 살게 됐다.

다행히 새 종류는 암수 7마리씩(male and female)을 방주에 넣었다. 새는 암수를 가리기 힘드니까, 무조건 7마리씩 넣었나 보다. 하나님의 뜻을 눈치 챈 새들도 8마리가 와서 자리다툼하며 싸우지는 않았고, 정확하게 7마리씩만 노아에게 찾아왔다. 요즘이나 머리 나쁘면 새대가리라 부르지, 당시엔 새들도 IQ가 꽤 높아, 센스가 있고 머리도 잘 돌아갔다. 들어가지 못할 방주는 쳐다보지도 말라니까, 기웃기웃 기회 보며 뭉그적거리는 새는 한 마리도 없었다.

홍수가 끝난 후, 가만히 있었으면 하나님이 나오라고 할 텐데, 참을성 없었던 노아는 11월 10일경 까마귀를 척후병으로 내보냈다. 갈 데 올 데 없고, 아첨기질도 없었던, 가엾은 까마귀는 당황하여 그저 오락가락만 했다. 얼마 후 노아는 또 비둘기를 정찰병으로 내보냈는데, 발붙일 데가 없으니 약삭빠른 비둘기는 주인에게 되돌아왔다. 노아는 손 내밀어 붙임성 있는 비둘기를 방주로 되받아 들였다. 7일 후 또 비둘기를 내보내봤더니, 물 위로 삐죽 올라온 올리브 나무 잎을 뜯어왔다. 또 7일 후 내보냈더니, 비둘기는 겨우 설 땅을 찾아서 방주로 되돌아올 필요가 없었다. 버림받아 땅이 마를 때까지 몇 개월 동안 날기만 해야 됐던 까마귀는 어떻게 됐을까? 그가 유일한 수까마귀였으면, 배고파 굶어죽지도 않았고 물에 빠져 죽지도 않았으니까, 오늘날까지 까마귀가 멸종되지 않았을 것이다. 날개가 너무 아프면, 방주 위에서 쉬기도 했을 것이다. 그 까마귀가 익사나 아사를 겨우 면했는지는 몰라도, 무진장 피곤하고 졸도할 만큼 허기졌을 것이다. 비둘기는 번제로 쓸 수도 있는 정한 새니, 노아가 손 내밀어 받아주고, 까마귀는 별 볼일 없는 부정한 새니까 팔도 안 내밀고 구경만 했나보다. 120년은 참았어도 1년은 정녕코 못 참겠다고 나대던 노아의 호도깝스런 방정 때문에, 애먼 까마귀만 골탕 먹었다.

방주에서 나온 노아는 제단을 쌓고 모든 정결한 동물과 새를 가지고 번제를 드렸다. 암놈으로 번제를 드렸을 리는 없다. 정결한 동물 중, 수놈으로 드렸을 텐데, 달랑 하나뿐인 수놈으로 어떻게 번제를 드렸을까? 방주에서도 몰래 엉큼한 짓을 해서 잽싸게 아들을 낳았거나 임신시킨 정결한 놈들로 번제를 드렸음에 틀림없다.

하나님은 방주에서 나온 노아에게 약속하셨다. 사람에게 채소를 먹이로 주었듯이, 이제부터는 살아 움직이는 모든 것을 인간의 먹이로 주신다고 했다. 그러나 생명의 근원이 되는 피가 아직 있으면 먹지 말라고 하셨다. 만약 먹으면 그 피를 반드시 찾아가신다는 무시무시한 말씀을 하셨다. 무교동에서 산 낙지를 으적으적 씹는 젊은이들은 괜찮겠지만, 붕어를 산채로 고추장 찍어 회로 먹는 아저씨나 피 섞인 육회를 먹는 할아버지는 조심해야 한다.

평화롭게 사는가 싶던 노아는 한 번 더 템퍼인지 주책인지를 발휘한다. 안 해도 될 짓이고 안 했으면 딱 좋았을 언행을 저지른다. 하기야 금방 죽은 것도 아니고, 홍수 후 350년이나 더 살아야 했으니, 선천적 튀는 색깔을 들통 내지 않고 어떻게 숨기고 살랴?

무심코 존경하던 분들의 생애도 눈여겨 들춰보니, 지나간 자리가 예쁘지만은 않다. 우리는 누구나 오래잖아 죽어, 이 세상에서 없어질 사람들임을 잊지 말아야겠다. 속상하다고 아무 말이나 아들들에게 하면 두고두고 후회하며, 그 손실은 결국 자기에게 되돌아오게 마련이다. 속 썩어도 스스로 순화시키며 삭이고 견디는 것이 현명하다. 어차피 죽으면 속이 제일 먼저 썩지 않을까? 백년 천년 살 것도 아닌데, 속상하다고 함부로 말하지 말고, 입조심 하여 후세에 치명타를 끼치진 말았으면 좋겠다.

방주에서 살아남은 노아의 세 아들들, 셈, 함, 야벳은 얼마나 귀한 목숨들인가? 사실은 야벳이 장자, 셈(Shem, whose older brother was Japheth)이 차자, 그리고 함(the youngest son)이 막내아들이다. 노아가 포도주를 마시고 텐트 속에서 나체로 잠잔 것까지는 좋았다. 함이 노아의 육체를 보고 가서, 형들에게 떠벌리며 킥킥거렸다. 별 볼품없었던 하체를 아들에게 들킨 것이 창피했었던지, 노아는 과잉 흥분했다. 속이 상했던 노아는 귀여운 막내아들을 저주하고 말았다. 방주에서 역경을 딛고 나온 3형제가 축복을 누리며 잘 살 수도 있었건만, 노아의 성깔 때문에, 한 아들이 저주를 안고 살아간다.

그 길을 따라

중동 땅에 생김새도 고약하고, 닥치는 대로 남들에게 칼질하고 죽이고, 사람이건 재물이건 마구 강탈해가는 지독한 악인이 살았었다. 정말 열 번 죽여 마땅할 악인이었다. 다행스럽게도 그 악인이 관군에게 잡혔다. 그토록 무자비하고 제 멋대로 굴던 악독한 강도가 그날 주님과 함께 낙원으로 갈는지 누가 짐작이나 했을까?

"어떻게 이럴 수가 있어요 하나님? 재는 아닙니다. 저 자와 같은 천국에 살라고 저에게 말씀하시지 마세요."

그 강도가 천국으로 갈 때, 바리새인들은 물론이고 여러 크리스천들이 하나님께 항의했을 것이다. 그렇지만 주님은 그 강도에게 천국에 갈 충분한 자격을 갖추었다고 하셨고, 당장 낙원을 허락하셨다.

하나님의 가치기준과 우리의 가치기준이 다름을 우리는 항상 기억해야 한다. 우리가 걸어가는 인생길에서 생기는 온갖 과정을 하나님은 이미 알고 계시며, 결과도 우리가 태어나기 전부터 아신다. 우리가 성스러워지려고 발버둥 치다가 결국 인간의 한계에서 더듬거리며 살게 될 것임도 알고 계신다. 사람들은 금수만도 못하게 살다가 죽는 인간도 있다고 속단한다. 그러나 우리가 그렇게 느낄 뿐이다. 그 사람도 금수의 한계까지 가지는 못하고, 결국 인간의 한계에서 머뭇거리며 살다 죽는 것이다. 우리가 금수만도 못하다고 단정 지은 바로 그 사람에게 어쩌면 주님은 말씀하실는지 모른다.

"너는 나와 함께 천국의 주인이 될 것이다."

아무리 성스러워도 아무리 저속해도, 인간의 한계에서 인간 행세 밖에 못하며 살다 죽는 것이 인생이다. 예수님의 열두 제자가 둘 씩 짝지어 세상에 나가 돌아다니며 전도하던 때도 있었다. 그 당시에는, 그 제자들 중 하나가 지옥으로 가리라는 것을 그 누구도 짐작하지 못했을 것이다. 주님이 시키는 대로 해보니까 귀신도 쫓겨나가고, 병자에게 안수하니 병이 낫는데, 자기가 지옥으로 가게 될는지 유다 자신인들 짐작이나 했을까? 주님께 특히 신용 받고 재정까지 담당하던 유다가 지옥행이라니, 베드로도 요한도 경악할 노릇이다.

유다가 주님을 판 짓도 자기가 사람이기 때문에 사람 수준에서 한 짓이고, 베드로가 주님을 세 번이나 부인한 짓도 사람 수준에서 행한 사람의 짓이다. 심히 괴로워하던 유다는 스스로 제 목숨을 끊고 지옥으로 갔다. 왜일까? 자기는 괜찮게 살아야만 되는 특별한 사람인데, 짐승만도 못한 짓을 했다는 자책이 너무 심했기 때문이다. 못난이 짓도 할 수 있는 것이 인간이란 것을 유다는 몰랐기 쉽다. 베드로는 비굴했던 자신을 죽이고 싶었지만 용기가 없어서 스스로 죽지는 못하고 울기만 했다. 자기를 미워하며 제 머리를 쥐어박았다. 쉽게 말하면 베드로는 덜 똑똑했기 때문에 자살하지 못했고, 그럭저럭 못난이로서 뒤에 숨어 우물쭈물했다. 베드로는 밥맛도 없었을 뿐만 아니라, 먹을 것도 없어서 굶다시피 기죽어 지냈다.

"어, 못 참겠네. 제기랄! 배는 또 되게 고프네. 쓰레기인간!"

지질했던 자신을 한없이 미워했지만, 그래도 또 목구멍을 채우기 위해 고기를 잡으러 바다로 나갈 때, 베드로는 얼마나 스스로가 비참했을까? 그런데 베드로는 뜻밖에 부활한 주님을 만났고, 주님께 사랑도 받고 임무도 부여받았다. 앞으로 주님 없이 어떻게 살아가야 되는가도 배웠고, 나중에는 주님으로부터 천국 열쇠까지 받게 되었다.

하나님은 심혈을 기울여 사람을 만드셨고, 좋은 환경에서 멋지게 살다오라고 이 세상으로 보내주셨다. 사람을 만들어 놓고 보니, 아담과 이브가 뛰어다니며 깔깔대는 모습이 너무 좋아서, 보기에 좋았다고까지 하셨다. 사람이 살다보면 죄 짓는 것이 필연적임을 하나님께서 더 잘 아신다. 마음속에 죄성이 들어있지 않았던 아담과 이브도 눈 밝아지려고 욕심내며 죄를 지었다. 아담과 이브 이후에는 어차피 원죄를 육체에 안고 살아갈 수밖에 없는 우리 인간들이다. 죄성을 몸에 지니지 않던 아담도 죄를 지었는데 죄성이 항상 몸속에 도사리고 있는 우리가 어떻게 죄 안 짓고 살랴? 자기는 좀 타인들보다 의롭다는 착각 속에 묻히면, 자기 죄를 인식하지 못하고 타인을 정죄하는 더 큰 올무에 걸리게 된다.

이런 사람들이 죄를 덜 지으면서 사느냐 하면, 그렇지가 않다. 똑같이 죄를 지으면서 살아갈 수밖에 없는 것이다. 유다와 베드로는 근본적으로 완전히 딴판인 인간들이라, 서로 견제하며 살았을 가능성이 있다. 어쩌면 서로 못마땅했지만 그런대로 어울리며 살았기 쉽다. 그러나 두 사람 똑같이 인간들이라, 별수 없이 모두 말도 못할 큰 죄들을 지었던 것이다. 그들은 둘 다 사람이기 때문에 사람 노릇 밖에 할 수 없었기 때문이다.

하나님은 우리가 사는가 싶게 한바탕 살다 오기를 바랄 것 같다. 길지 않은 생애 동안 살다 죽는 인생이다. 평범한 일이건만 세상이 쪼개지는 것처럼 대골대골 구르며 기도해야만 마음이 안정되는 사람도 있다. 그 사람은 하나님을 그러하신 하나님으로 믿기 때문이 아닌가 생각된다. 이런 사람들은 그런 일이 자기에게 만 있거나, 자기에겐 절대로 생기면 안 되는 것으로 착각한다. 세상을 살다보면 그 정도의 일은 누구에게나 닥칠 수 있다는 엄연한 사실임을 부인하는 사람들이다. 그것이 원래 자기가 걸어가기로 정해진 숙명의 길, 즉 주님이 정해 주신 길일 수 있음도 참조해야 한다. 여기서 주님이 주신 길이라고 하니까, 주님이 그렇게 되도록 조정해 놓으셨다고 생각하면 오산이다. 그 사람 본인이 그렇게 되도록 선택하고 만들 것임을 이미 주님이 알고 계셨다는 이야기다. 본인에게는 엄청난 일이겠지만 한 발짝 뒤로 물러서서 보면, 그런 정도는 평범한 일일 수도 있다.

하스피스에서 일하는 간호사에게는 사람 죽어나가는 일이 숟갈질하는 것처럼 일상 일과다. 별것도 아닌 일에 죽을 것처럼 철야기도와 통곡만을 반복하면서 몸부림치는 사람도 있다. 기도한답시고 계속되는 금식으로 몸을 혹사시키면 사람이 죽을 수밖에 더 있겠는가? 실제로 열심히 기도하던 어떤 여인은, 예배당 안에서 기도하는 자세로 죽어 있었다는 기사를 신문에서 읽었다. 그렇게 기도하다가 죽어서 그런 슬픈 모습으로 하나님 앞에 서면, 하나님은 기뻐하실까? 물론 하나님이 그녀에게서 눈물을 닦아주며 천국으로 인도하고 위로해 주시리라 믿는다. 그러나 한편으로는 하나님도 씁쓸하실 성싶다.

"너를 위해 내가 이렇게 많은 것들을 마련해 두고 수많은 길들을 다 열어 놓았잖니? 그랬건만 넌 겨우 거기에만 집착하다가, 네 인생을 슬픔으로 마감하고 마니? 툭툭 털어버리고 한바탕 흐드러지게 살다 오면 좀 좋니? 그저 그 일에만 얽매여 울고 숨고 참고, 허무하게 세월 보내다가, 결국 그 상태대로 되돌아오고 마니?"

불완전한 것투성이인 사람이기 때문에, 아무리 발버둥 쳐도 성스러울 수가 없다. 하나님의 숨결이 녹아 있는 인간이기 때문에, 사람은 아무리 막 굴러도 짐승과 같을 수도 역시 없다.

어린이가 너무 어른스러우면 호감이 안 간다.

"이 사탕은 가난한 소말리아 어린이에게 주어야 돼. 우리는 안 먹어도 죽진 않아. 가난한 자를 돕고 남을 배려하는 것은 하나님의 뜻이야."

다섯 살 먹은 아이가 이렇게 말하며 심하게 절제하면 어떨까? 귀여워

야 할 아이가 무서워질 것이다. 강아지가 사람 눈치 살살 보며, 착하게 보이려고 시치미 뚝 따고, 주인을 속이려 들면 어떨까? 강아지가 너무 영악하게 굴면 밉살맞다. 어린이는 어린이 같이 놀아야 예쁘고 도와주고 싶다. 강아지는 좀 미련한 행동을 해야, 킥킥 웃으며 쥐어박기도 하고, 쓰다듬어 주고 싶다.

성스러운 경지에 도달하지 못했다고, 죄의식으로 쓰라린 가슴을 안고 살아갈 필요도 없다. 그저 더도 덜도 말고, 그냥 사람 흉내 내면서 살았으면 좋겠다. 사람이 사람 짓을 하며 사람 수준에 맞게 살 때, 사람으로서 가치가 있을 성싶다. 죄 짓고 싸우고 물고 뜯고 치고받다가 제 뜻대로 안되니, 피곤한 몸을 가지고 고개 푹 숙이고 하나님 앞에 서면 하나님은 뭐라고 하실까?

"에이구 녀석! 말 안 듣고 설치더니? 울긴 뭘 우니? 그 길이 네 길이야."

결국 내가 지나온 그 길이 사람으로 태어난 내 인격 가지고 걸어올 수 있었던 최선의 길이었다고 알려주실 것이다. 모든 허물을 덮어주시고, 그럴 줄 알았다는 듯 웃어주실 주님을 믿는다. 죄송하고 염치없지만 주님 앞으로 뻔뻔스럽게 다가가련다. 지금 걷고 있는 이 길이 주님이 내게 기대하시는 최상의 길임을 믿고, 나는 오늘도 기쁨과 만족으로 살아가련다.

조둥이

인간 모두가 죄인임을 앎은 기독교인이 되는 첫 발짝이다. 죄인이 죄인을 정죄할 수 없으니, 인간은 타인에게 돌을 던질 수 없다. 또 인간의 생각은 불완전하여 실제와 다르게 판단 규정짓는 과오를 저지를 수도 있다. 간음한 여자는 죄인이고, 간음한 남자는 괜찮다는 오류도 있을 수 있다. 간음한 여인을 향하여 주님은 정죄하지 않겠다며 편안히 가고, 앞으로 죄짓지 말라고 하셨다. 그 후 여인은 죄짓지 않으려고 노력했을 것이다. 그러나 모르면 몰라도 또 죄지었을 것이다. 아담은 죄지을 자유도 있고, 죄 안 지을 자유도 있었건만 죄지음을 선택하였다. 원죄가 핏속에 흐르고 있어서, 죄 지을 수밖에 없는 우리가 어떻게 죄를 피하고 살랴? 우리 모두에게 있는 도둑놈 심보를 검토해 보고, 죄악성을 타진해 보아야, 우리도 회개의 여지를 가질 수 있게 된다.

기분이 별로일 때, 경상도 사람들은 입을 '조둥이' 혹은 '조둥패기'라고 부른다. 기독교인이 이 말을 사용하기는 얼굴 빨개지지만 해학의 여유가 있어 좋다. 답답하던 속이 시원해지며 숨통이 좀 뚫린다면, 그런 말을 써먹어도 궁극적 목표인 영혼구원에는 지장이 없을 성싶다.

나는 교회를 몇 차례 옮겼던 적이 있는 신앙인이다. 그 당시 나는 집사 시절이었다. 새로운 교회로 입적하여 새 마음 새 각오로 신앙생활을 시작한지 두어 달이 지났다. 익숙하지 않은 C장로가 소그룹 예배에서 나에게 놀랄만한 말을 했다.

"나는 원래부터 J 집사님 같은 분과 함께 신앙생활하고 싶던 사람입니다."

야, 이게 무슨 말이냐? 내가 집사로서 늙어오긴 했어도, 진솔한 기독교인 냄새를 풍기는, 모범적인 신앙인이란 뜻인 모양이다. 심장으로부터 자신감과 보람이 스멀스멀 솟아나오며, 부끄러우면서도 하나님께 감사하고 싶어졌다.

"나 같은 사람이라면 어떤 사람을 말합니까?"

너무 궁금하여 거부감이 들지 않을 만큼 최대한으로 묻고 또 물었으나, C장로는 나를 향한 호감 근거를 적나라하게 설명하진 않았다. 어떤 사람은 왠지 모르게 좋고, 어떤 사람은 주는 것 없이 미운 게 인지상정이니, 내가 순하고 착하게 생겼기 때문이겠지? 아무튼 모르는 장로로부터 뜻밖에 과분한 칭찬을 들으니, 기도도 잘 나오고 봉사할 때 힘도 덜 들었다.

나는 시골에서 태어났고 시골에서 자라났다. 얼핏 보아도 시골 냄새가 몸의 구석구석에 배어있는 사람이다. 쉽게 말하면 촌놈 흔적이 태도와 말솜씨에서 졸졸 흐르는 사람이다. 부담이 안 가는 스타일이라는 이유로, 젊었던 시절에도 많은 사람들이 내게는 부끄럽고 사사로운 비밀 이야기까지 들려주곤 했다. 아마 그 속성이 나를 소설가의 길로 유도했는지도 모른다.

어느 날 신앙심 돈독한 K권사로부터 새로운 말을 들었다. 내 어수룩함을 단순성과 순수성이라 호평하며, K권사는 나에게 속을 털어놓았다.

"교회 올 때마다 맘이 무겁고 통 즐겁지가 않아."

"에구 권사님, 무슨 그런 끔찍한 말씀을 하셔?"

"교회에 꼴도 보기 싫은 사람이 있어서 미치게 괴로워. 더구나 그가 신앙의 지도자인 장로라고 생각하면 못 참겠어. 그 사람이 기도할 때마다 속이 부글부글 끓어 죽을 지경이야. 어쩜 그런 인간의 뱃속에서 그렇게 거침없이 매끈한 기도가 술술 나올 수 있어?"

나는 속으로 크게 놀랐지만 침착하게 K권사의 말을 경청했다. 연장자 아파트에서 혼자 살면서 남의 가게에서 캐쉬어 일을 보는 K권사에게, C장로는 한밤중에 전화를 했다. 급해서 전화했단다. 2주 후에 틀림없이 갚을 테니, 현금이 있으면 만 불만 꾸어 달라는 전화였다.

"얼마나 다급했으면 교회 장로가 나 같이 늙은 사람에게까지 전화를 했을까?"

K권사는 C장로의 다급한 사정을 이모저모로 상상해보니, 자기만 편하게 잠을 잘 수가 없었다. 이웃을 사랑합네 하면서 혼자 편하게 잠을 자면, 하나님이 '너는 권사지만 못 쓰겠다'라고 평가하실 성싶었다. 성령님을 근심하게 만들면서 누워있는 것보다는, 무엇인가 해야 될 것 같아서, K권사는 벌떡 일어났다. K권사는 감추어 둔 7천 불 중에 5천 불을 그날 밤에 꾸어 주었다. 그러나 다급한 C장로의 사정을 최대한 봐주지 않고, 2천불을 베개 밑에 따로 감춘 사실이 무척 걸렸다. 아나니아 삽비라도 가진 돈의 일부를 감추었다가 하나님께 얻어맞았던 것이 아닐까? 그 장로가 나머지 5천 불을 더 꾸기 위해 더 비참한 사람에게까지 전화를 하며 허둥댈 것이라고 생각하니, K권사는 잠을 잘 수가 없었다. 이튿날 아침 K권사는 친구로부터 모자라는 돈을 꾸고, 은행 돈을 모두 찾아와 3천불을 만들었다. 비상금으로 베개 밑에 감추어 둔 2천 불과 긁어모은 돈 3천 불을 합하여 결국 5천 불을 마련하였다. 그날 K권사는 C장로에게 5천 불을 직접 갖다 주었다. 그제야 K권사는 하나님께 떳떳하게 기도할 수 있었다.

"오~ 주여, 시험에 들게 하지 마옵시고 다만 악에서 구하옵소서."

C장로는 K권사에게 고맙다고 백배 사례했지만, 2주 후 돈 만 불을 갚지는 않았다. 2주라는 말은 돈을 꾸기 위해 조작한 날짜 수였지, 원래

부터 갚을 능력도 없고, 돈 나올 구멍도 없던 터였다. 경기가 좋아져서 여기저기 벌여놓은 사업체들이 번성해야만 돈이 생길 판이다. C장로에게 돈을 물린 K권사는 지칠 대로 지쳤다. C장로는 K권사로부터 점점 미움을 받다가, 종당에는 원수로서 저주까지 받기 시작했다. 더 이상 빠져나갈 구멍이 없음을 감지한 C장로는 그 무렵 매주 백 불씩 갚아 나가겠다고 K권사에게 약속할 수밖에 없었다. 돈도 못 받고 남을 욕하면서 신앙생활 하는 것보다는, 매주 백 불씩이라도 받는 것이, 여러 사람에게 이득일 성싶었다. C장로가 조금이라도 갚는다고 말할 때 받는 것이, 하나님을 편하게 해드리는 길이고, K권사가 질식하지 않는 길이었기 때문이다. K권사는 매주 백 불씩 받기로 타협을 보았으나, C장로가 다시 좋아지거나 존경스러워지진 않았다. 매주 백 불씩만 갚아 나가도, 언젠가는 만 불을 다 갚을 수 있게 될 것이다.

C장로의 기도는 언제나 유창했다.

"신앙인들 간에 상처 주는 일이 없게 하옵시며, 원수도 은혜로 갚아 축복의 씨가 되게 하옵시며, 아픈 마음 감싸주어……."

C장로는 곧 경기가 풀리고 돈이 잘 벌려, 여러 군데 벌여놓은 자기의 사업체들을 정리하지 않아도 버티게 해 달라고 기도했을 것이다. K권사에게 꾼 돈의 Paid-up이 이루어졌는지는 모르겠다. 그 무렵 C장로는 또 다른 먹이로서 나를 지목했던 모양이다. C장로가 나에게 돈을 꾸어 달라고 은근히 말했을 때, 나는 친구 친척에게 돈 꾸어주지 않음은 내 생활신조라고 매몰차게 거절했다. 먹던 사탕 빼앗긴 계집애처럼, 그 순간 후로 C장로의 태도는 180도 바뀌었다. 돈 꾸어주는 일에 몇 번 데었을 뿐만 아니라, K권사의 일도 자세히 알고 있는 내가 어떻게 돈을 꾸어 주겠는가? 나는 왜 C장로가 나 같은 사람과 신앙생활을 함께 하고 싶었다고 말했는지, 감 잡을 수 있었다. 내가 어리삥삥하며 쉽고 만만해 보였기 때문이다.

장로로서 C는 공중기도를 안 할 수도 없다. 기도할 때마다 C장로도 역시 약간은 불편했을 것이다. 기도시간에는 마음가짐이 경건해야 은혜를 받게 마련이다. C장로가 기도할 때마다 웃음을 참을 수가 없으니, 이번에는 내가 고역이었다. 예배 중 C장로가 공중기도를 시작하면, K권사가 했던 말이 내 뇌리와 웃음보로 왕복하며 급히 뛰어다닌다.

"아유~ 요요 사구일색, 조조 조둥패기. 으깨 놓을까, 짓이겨 놓을까?"

천국과 지옥 사이

기온이 싱글디짓만 돼도 살 만하다고 엄살 부리게 만들던 시카고 혹한은 연속 2주일 이상을 주로 영하에서 머뭇거렸다. 저녁 잠자리 들 때도 -2도였던 살벌한 날씨가 자고 일어나니, 새벽 3시인데도 33도로 뛰어올랐다. 이럴 수가? 비행기 타고 잠깐 눈 붙인 사이, 남쪽 여행지로 뚝 떨어진 기분이다. 언제 추웠던 적이 있었느냐는 듯, 온천지는 감쪽같이 봄 날씨로 바뀌었다. 몇 시간 만에 기온이 35도나 높아졌다. 지옥에서 꽉 감았던 눈을 번쩍 뜨니 천국에 도착한 기분이다.

지옥과 천국 사이는 얼마나 될까? 지옥과 천국 사이는 어쩌면 한 끗 차이기 쉽다. 아브라함 품에 안겨 있는 나사로가 지옥에 있는 부자를 빤히 바라볼 수는 있었지만, 물 한 모금 전해줄 수는 없었다.

어떤 분은 천국으로 가는 길을 엄청 험하고 어려운 길로 치부한다. 주님만을 위해 평생을 희생해도 갈동말동한 곳으로 책정한다. 천국은 시원찮은 신앙심으로 우물쭈물해 가지고는 들어갈 엄두도 못 내는 까마득한 곳으로 알고 있다. 더욱이 조금 무식한 사람은 천국행이 낙타가 바늘귀로 들어가는 것보다 더 힘든 걸로 착각한다. 신자들끼리 조금만 맘에 안 들어도 '천국은 아무나 가냐'며 남을 비난하기에 바쁘다. 이렇게 정죄를 즐기며 사는 율법학자 비슷한 사람은 그런 험산을 넘어 천국에 갈 것이다.

"당장 이 교회 안에도 천국에 못 갈 사람 많습니다, 난 딱 보면 압니다."

비웃음 섞인 교활한 표정으로 강단에서 이런 말을 하여, 모든 신도들을 불안하게 만드는 교역자는 정말로 마음에 안 든다. 그 말은 '내가 딱 보니까 저 집사 몇 명과 그 몇몇 권사는 천국 못 갈 게 뻔하니까 고소하다'라는 말로 들린다. 그런 심보로 신앙생활 하다가 천국 가서 하나님께 칭찬받으려 든단 말인가? 그런 말을 하면서도, 교회 돈 축내며 선교는 하러 외국으로 돌아다니니 한심하고도 신기하다. '하나님은 어느 누구라도 포기하지 않으신다,'라고 추운 겨울날 거리에서 외치는 노방전도자도 있다. 그런데 따뜻한 사무실에 앉아서 지옥 갈 교인들 물색해 뒀다가, 맘에 안 들게 놀면, 기나 팍팍 죽이려고 계획하는 목회자가 있다니 통탄스럽다. 하나님이 어떤 누구도 포기하지 않는다는 뜻은 무엇일까? 그 말은 하나님과 연관이 있었던 사람, 즉 하나님에 관하여 들어본 적이 있던 사람은, 하나님이 어떻게든지 천국으로 끌어들인다는 뜻이다. 강제로 끌어들일 수는 없겠지만, 하나님은 천국에 가기까지 그 사람을 놓치지 않고 인도하시게 된다는 의미로 해석된다.

"선생님은 확실하게 천국 가실 분 같이 생겼어요."

처음 믿는 초신자가 목사로부터 이런 말을 듣는다면 어떨까? 신앙심을 기르고 싶고, 돈독한 신앙을 보이며 살고 싶고, 기도도 더 잘 나올 것이다. 우리 신앙인들에게는 이렇게 용기를 주는 신앙동료나 지도자가 필요하지, 믿음 없는 이웃을 맹렬히 비난하는 큰 믿음의 선배가 필요한 것이 아니다.

죽음은 어떤 모습을 하고 있을까? 죽도록 아프면서 죽기도 하겠지만, 요즘은 모르핀의 영향으로 무의식 상태서 죽는 경우도 많다. 컴퓨터에서 Delete를 누른 듯, 죽음과 동시에 아프던 사람은 아픔이, 두렵던 사람은 두려움이, 싸악 없어질 것이다. 어느 순간 눈을 떠보니, 병원침대나 미해결 인간관계, 또는 여러 가지 골치 아픈 세상문제가 감쪽같이 나와는 상관없는 것들로 돼버릴 것 같다.

"여기가 어디기에 심신이 이토록 가볍지요?"

"알면서 왜 물어? 천국대기소 파라다이스지."

죽음도 인생의 한 부분이다. 죽을 때 힘들까 봐 너무 걱정할 것도 없다. 어떻게 죽어도 죽음은 한 순간인데, 왜 긴 시간 투자하며 걱정하랴? 죽음도 그 순간만 넘기면 또 기다리는 세계가 있다. 낯선 환경의 세상이니 두렵겠지만, 또 적응하게 될 것이다. 더욱이 그곳엔 나의 주인 되신 주님이 내게 줄 영생복락을 가지고 기다린다는데 왜 불안하랴? 시골사람이 서울 와서 도시생활도 했고, 한국사람이 미국으로 이민 와서 살기도 했다. 얼마간의 긴장이 뒤따라 붙기도 하겠지만, 새 환경은 기대와 흥분도 함께 오도록 되어 있다. 몰라서 좀 불안할 수도 있지만, 죽음은 분명히 좋은 점도 있다고 믿는다. 만약 늙어도 죽지 못한다면 얼마나 끔찍하랴?

믿으면 가고 안 믿으면 못 가는 곳이 천국이다. 주위를 둘러볼 때 도대체 안 믿을 수가 없는 노릇임은 자명하다. 고달프게 믿는 자는 고달픈 길을 거쳐 천국 가고, 단순하게 믿는 자는 단순한 길로 직접 들어간다. 쌍갈래 갈림길에서 천국행으로 들어서느냐 지옥행으로 들어서느냐 하는 결정은 본인 스스로 하게 되어 있다. 물론 믿어지느냐 안 믿어지느냐는 은혜이기도 하다. 믿는 자마다 천국자리는 이미 확정되어 있음을 기억할 필요가 있다. 한번 천국행으로 들어선 사람은 동행하는 무리들 틈에 끼어 밀리고 어울려 움직이기 때문에, 반대 방향으로 되돌아서기는 쉽지 않다. 출애굽한 이스라엘 백성들이 모세에게 불평을 하면서도 실제 애굽으로 종살이 하러 되돌아간 사람은 한 사람도 없는 것과 같다. 돌아서려면 뒤에서 좇아오던 사람들이 걸리고 눈치 보여 다시 가던 길로 흘러갈 수밖에 없게 되어 있다. 갈림길에서 멀어질수록 그 여정을 전면삭제하고 지옥행으로 되돌아가기는 점점 불가능에 가까워진다. 역행이 어려운 이유 중 하나로는 지나오던 여정 중에 많은 증거들을 자꾸 목격하고 확인하게 되기 때문이기도 하다. 광야를 지나다가 불기둥 구름기둥도 보고, 놋뱀의 치료도 목격하고, 만나 메추라기도 먹어보고, 반석에서 쏟아지는 샘물도 마셨다. 당장 힘드니까 모세에게 삿대질하며 싸우려 덤비기는 했겠지만, 이 많은 증거 앞에서 애굽으로 종살이 하러 역행할 사람이 있었겠는가? 기독교인도 마찬가지다. 신앙생활 하는 동안 경험한 많은 증거를 제치고, 지옥으로 가겠다고 나설 사람은 없게 마련이다.

예수님 옆에서 구원 받은 강도는 어땠을까? 어쩌면 그의 영혼은 영하의 혹한에서 잠간 눈감았다가 얼결에 눈뜨니, 77도의 기온이 대기하고 있던 기분을 느꼈을 것 같다. 죄수를 십자가에 못 박아 사형시키는 날은 그 당시 주민들의 축제일이었다고 한다. 강도들이 죽어가면서 뱉어내는 악담을 듣는 재미와 그들이 2~3일 동안 서서히 죽어가는 모습은 주민들에게 큰 구경거리였다고 한다. 사형수들을 팬츠까지 벗겨서 매달기 때문에, 죄수들은 온갖 수치를 당하며 죽을 때까지 매달려 있어야 했단다. 자기를 사형집행하면서 낄낄 웃는 인간들이나 자기 강도행각을 고소한 자들을 향해, 십자가 위의 죄수들은 온갖 욕을 하며 죽어갔다.

구원받은 강도도 더러운 세상, 몹쓸 사회, 인정머리 없는 탐관오리들에게 되는대로 악담을 했을 것이다. 천국, 하나님의 아들, 어쩌고 떠든다는 옆 십자가에 매달린 예수도, 악에 받친 그 강도에게는 욕먹을 대상이었음은 물론이다.

"아버지여 저들을 용서하여 주시옵소서. 자기들이 하는 짓이 뭔지 몰라서 그래요."

사람이라고 생긴 모두에게 욕을 하며 죽어가던 강도는 예수님의 기도를 듣고, 정신이 번쩍 들었을 것이다.

"아, 놀랍다. 이 분은 하나님의 아들이 아닐 수가 없구나."

한 순간 덮쳐오는 확신 때문에, 강도는 예수를 즉시 주님으로 받아들였다. 그것이 성령감화일 수도 있다. 같은 장소에서도 마음을 여기 두느냐 저기 두느냐에 따라 천국과 지옥이 갈린다. 발짝을 이쪽으로 짚은 강도는 구원으로, 저쪽으로 떼어놓은 강도는 형벌로 가니, 첫 발짝에 따라 목적지는 서로 정반대다. 한번 천국 쪽으로 내 디디면 되돌리기는 쉽지 않고, 실수하여 지옥 쪽으로 내디딘 자는 하시라도 천국 쪽으로 돌아설 수 있다. 이것은 조물주가 인간을 만들 때부터 인간을 배려하여 만든 원웨이 체크밸브일 성싶다. 부득부득 거꾸로 가려고 발버둥치지만 않으면, 별 어려움 없이 순리대로 가는 곳이 천국 아닐까? 혹시 역행하려고 발버둥 쳐도, 성령의 간섭이나 주위 신앙동료들의 영향 때문에, 결국은 천국 쪽으로 밀려가기 십상인 것이다. 산을 옮길 만한 믿음이 있어야만 가는 것도 아니며, 갈고 닦은 믿음으로 득도하여 무아경에 든 자만 가는 곳도 아니다. 생애를 몽땅 바쳐 특별히 괜찮게 사는 사람이나 가지, 웬만해선 꿈도 못 꾸는 곳이라고 착각하지 말았으면 좋겠다. 사람을 만드신 분이 왜 될수록 사람을 천국으로 보내지 않겠는가? 99마리의 양을 남겨두고 한 마리의 잃은 양을 찾아 나서는 성품을 가지신 하나님이 나를 소홀히 여길 리가 없다. "I have summoned you by name; you are mine."라고 야곱에게 말했듯이, 나에게도 "너는 내꺼야" 하시는 주님을 믿는다. 혹한에서 봄 날씨로 뛰어오르듯, 어느 날 감았던 눈을 번쩍 떠보면 천국에 가 있기를 바라고 믿는다. 천국은 우리 모두가 갈 곳이라고 생각하고, 너도나도 다 다시 만나서 살 곳임을 알고 준비하며 살았으면 좋겠다.

인생의 궤도

처음 신앙생활 시작하기가 어렵지, 궤도에 들면 미처 알지 못했던 이득이 점점 많아지게 마련이다. 신앙생활 하기 전에는 일이 안 풀리면 끝없이 고달프다. 고민하고, 불면의 밤과 싸우고, 자학하고, 친구를 원수 삼으며, 계속 자기 힘으로 해결하려 든다. 그러한 노력이나 발버둥이 일을 해결하는데 얼마나 도움을 주었을까? 세월이 흐른 뒤에 뒤돌아보면, 심신을 완전 고갈시키던 이런 몸부림들이 거의 다 헛노력 헛고생들이었음을 발견하게 된다. 왜 그럴까? 인생이란 원래부터 인간의 계획대로 되어나가는 것이 아니라, 조물주가 만들어 정해놓은 궤도대로 굴러가게 되어있기 때문이다.

바하마의 랜드마크인 애틀랜티스 휴양지에는 대형 호텔만도 네 개나 들어 있다. 이 휴양지에는 가지각색 워터 슬라이드를 만들어 놓았다. 워터 슬라이드라고 말하면, 얼핏 어린이들을 위한 놀이기구로 생각이 되지만, 이곳에는 어른만 탈 수 있는 워터 슬라이드가 많다.

높은 산꼭대기 탑 위에서 천야만야한 낭떠러지로 워터 슬라이드를 만들어 놓았다. 아마 자유낙하와 슬라이드를 병행하여 경험할 수 있는 놀이기구라면 맞을 성싶다. 떨어질 때는 엉덩이가 물 미끄럼틀에 닿아 있는지, 붕 떠 있는지 감이 안 잡힌다. 앞 경치를 구경할 여유도 없다. 그저 "저 밑에 있는 구멍으로 정확하게 떨어져야 해저터널로 빨려 들어가게 될 텐데" 걱정하다가, 그냥 모든 것을 포기하고 "어떻게 되겠지"로 바뀐다. 그러는 동안 몸뚱이는 터널 입구로 정확하게 떨어진다. 내려올 때는 누구나 물 미끄럼틀에서 튕겨져 나가 엉뚱한 데로 떨어질까 봐, 등을 딱 붙이려고 기를 쓰고 뒤로 눕는다. 그러나 완전히 정신을 놔버리고 신경을 안 쓰는 사람이거나, 등을 뒤로 붙이려고 노력하며 발버둥 치는 사람이거나, 결과는 정확하게 똑같다. 등을 미끄럼틀에 딱 붙이려 든다고 더 붙는 것도 아니고, 맥 놓고 있다고 더 밖으로 튕겨지는 것도 아니다. 미끄럼판의 경사 때문에, 똑같은 각도, 똑같은 속도, 똑같은 모양으로 떨어진다. 아찔하고 겁에 질려 절절매는 순간 어느덧 엉덩이가 바닥에 닿으며, 바다 속 터널로 곤두박질쳐 미끄러지기 시작한다. 얼결에 바다 속 터널로 벼락 같이 미끄러져, 익숙한 물과 함께 바다 속을 고속주행 하게 되는데, 옆에서 노닐던 상어 떼들이 흘끔흘끔 쳐다보며 투덜댄다.

"미친 인간들! 천천히 지나가지, 뭐가 바쁘다고 그 난리니? 악을 쓰고 소리만 크게 지르지, 깎아 놓은 내 엄지발톱만큼씩 한 미물들!"

결국 바다 한 가운데를 거쳐, 바다 건너편 풀장으로 풍덩 소리 내며 떨어지고 나서야, 산꼭대기를 올려다보게 된다. 그리고는 경험자로서 자랑스러운 한숨을 돌리게 된다.

"아~, 내가 저 절벽 위에서 떨어져, 요 바다 밑을 통과하여, 이 터널출구로 물과 함께 쏟아져 나왔구나."

여러 가지 물 미끄럼 코스 중에서도 내가 특히 좋아하는 슬라이드가 있었다. 나는 튜브를 타고 어둠속을 헤매다가 바다 속 터널로 떨어져, 천천히 물속을 여행하는 슬라이드 코스를 특히 좋아했다. 심청이가 연꽃 덩을 타고 떠돌 듯, 바다 속 터널로 두둥실 흘러가면서 유영할 때, 상어 떼들과 희희낙락하며 지나가는 재미가 쏠쏠하다.

이것 역시 산꼭대기에서 시작되는 워터 슬라이드인데, 처음부터 깜깜한 굴속으로 들어간다. 튜브를 타고 암흑의 굴속을 통과하는 시간은 1분은 넘고 2분은 좀 못 될 성싶다. 왼쪽으로 돌게 될 것이라고 기대하고 있으면, 갑자기 오른쪽으로 낚아챈다. 오른쪽으로 길게 돌아갈 것 같았지만 갑자기 왼쪽으로 뾰족하게 돌려 제치다가 곧 이어 다른 쪽으로 심하게 꺾여 미끄러진다. 미끄러지는 속도도 빠르지만 깜깜한 터널에서 예상을 뒤엎고 이리저리 잡아 돌리며 정신을 빼어놓는다. 그리고 바다 속 터널로 첨벙 떨어지기 직전에, 갑자기 햇빛과 함께 온몸에 물벼락을 한바탕 끼얹어준다. 암흑의 터널이 끝나나보다 하고 안심할 때, 숨이 막힐 지경까지 물벼락을 맞으며 낮은 층의 물 위로 떨어지게 된다. 물벼락을 뒤집어쓰고 떨어져 가쁜 숨을 간신히 고르고 나면, 그때부터 튜브는 터널로 한가로이 떠내려가며 심해견학이 시작된다. 머리 위의 터널 천장에는 상어들이 나체로 낮잠을 자고 있다.

"야, 인마! 빤쓰 좀 입고 자라. 네 똥꼬가 빤히 보인다."

벽을 만져보니 옆에서 거대한 연어인지 삼치인지가 놀자며 입으로 내 손바닥을 꾹꾹 찌른다. 옆으로 스쳐가는 상어들이 너무 매끄럽게 보여, 터널 벽을 툭툭 치니, 들은 척도 안하고, 터널 밑으로 유유히 사라지며 나를 비웃는다.

"내가 너 같은 송사리 인간들과 소꿉장난 하게 생겼니 지금? 너 노는 물은 단물이고 나 노는 물은 센물임을 알아둬. 단물 민물은 어린이용, 센물 짠물은 성인용이야 인마. 네가 나랑 맞먹어도 되는 줄 아니?"

나는 이 워터 슬라이드를 시간 될 때마다 탔다. 이 코스는 긴장의 정도나 자극적 모험의 수준이 나와 궁합이 엇비슷하게 맞았다. 너무 부담스럽게 긴장되지도 않았고, 계속해서 타도 지루하지도 않고 재미만 솔솔 났다. 나는 이 어두움의 터널을 지날 때마다, 예수님께 내맡긴 내 생애를 상상하며 통과했다. 시작할 때는 미지의 암흑 속으로 들어가자니, 언제나 가슴이 두근두근하며 공포가 따른다. 그러나 암흑속의 여행이 한번 시작되면, 내가 무엇을 할 수 있는 것도 아니고, 도중하차할 수도 없는 것이다. 여러 번 타며 숙달이 되니, 눈을 크게 뜨고 터널을 관찰하며 미끄러질 여유도 생겼다. 자세히 관찰해보니, 터널 속이 아주 깜깜한 것만은 아니었다. 군데군데 가끔은 야광 페인트 비슷한 것이 남아있어서, 제법 훤하고 터널의 형태도 짐작할 수가 있었다.

튜브를 타고 튜브에 몸을 완전히 맡겨버리면, 걱정도 무서움도 없어진다. 튜브가 빙그르르 몇 바퀴를 돌면서 미끄러져도 상관없고, 거꾸로 돌아도 그냥 앉아 있으면, 종착점에 안전하게 도착한다. 걱정을 한다고 왼쪽으로 돌 튜브가 오른쪽으로 도는 것도 아니며, 긴장하거나 정신 바짝 차린다고 다칠 뻔하다가 안 다치게 되는 것도 아니다. 워터 슬라이드 탈 때, 튜브에 나를 내맡겨도 이토록 편안하고, 걱정 대신 기쁨이 점점 솟아난다. 하물며 내 인생을 내 주인 되는 예수님께 내맡긴다면 얼마나 안심이 되랴? 몇 바퀴를 겉돌면서 미끄러져도 되고, 거꾸로 돌다가 바로 돌아도, 내 안전과 내 목표가 정확히 보장되는 여정이라면 왜 걱정하고 안달하랴? 내가 내 맘에 맞도록 바로 잡으려 발버둥쳐도, 팔만 아플 뿐, 맘에 맞도록 틀어지지도 않는다. 결과나 종착지에 변화가 없고, 과정에 이득이 없는 여정이라면, 왜 내가 에너지 소모하며 발버둥 치고 신경 쓰랴?

내가 살아나온 과거를 뒤돌아보았다. 지나온 순간순간마다 나의 길은 여러 갈래였으며 이리 가야 할까 저리 가야 좋을까 고민하고 결정하기 어려웠던 때가 많았다. 그렇지만 이렇게 했어도, 수를 써서 억지로 저렇게 했어도, 현재의 내 위치와 정확하게 일치하는 삶이었을 성싶다. 공연히 지지고 볶고 화내고 싸우고 엉기었지만, 그것으로 인한 이득은 없었다. 오히려 그런 것들이 내 에너지만 빼앗아 갔고, 심신이 불편하기만 했을 뿐이다. 모든 것을 주님께 덜컥 내맡겨버리고 살아왔으면, 얼마나 인생의 무늬가 더 부드럽고 예뻤을까? 튜브 타고 암흑 속을 워터 슬라이드 내려오듯, 모든 것을 주님께 통째로 맡긴 채, 맘 편히

구경이나 하면서 지금까지 흘러왔으면 어땠을까? 그랬어도 결국 이 자리에 이 모습으로 물위에 이렇게 떠 있었을 것 같다. 그리고 결국 저 출구인 여울목으로 뚝 떨어짐으로서 내 인생여정이 모두 끝나는 것이다.

내가 타고 가는 이 튜브는 워터 슬라이드를 디자인한 기술자가 만든 대로 나를 데리고 간다. 내가 고민하건 무서워하건 긴장하건 후회하건 전혀 상관없이, 제 갈 길로 나를 데리고 간다. 다칠까봐 걱정할 필요도 없고, 죽을까봐 조마조마할 필요는 더 없다. 시위를 떠난 화살이 꼼짝없이 그 길로 가야만 하듯, 출구를 떠난 튜브는 꼼짝없이 그 길 따라 흘러가야만 된다.

365일 자전하며 수백억 년을 두고 태양의 주위를 공전하고 있는 지구는 지금도 정확한 궤도를 벗어나지 않고 돌고 있다. 앞으로도 몇 억겁을 두고 빈틈없이 똑같은 궤도를 돌게 될 성싶다. 내가 태어날 때 섭씨 6000도였던 태양의 표면온도는, 내 인생이 다 지나가서 내가 다시 우주의 밑거름으로 남겨질 때가 되었건만, 여전히 6000도이다. 태양은 내 평생 지나는 동안 그 엄청난 열을 매일매일 방출했다. 그 열로 싹틔웠고 길러냈고 사랑하게 했고 불태웠고 성취시켰고 꽃 피웠고 열매 맺게 만들었다. 그러나 태양은 잃은 온도의 변화가 전혀 없고 초지일관 똑같다. 이 불변의 동일성은 또 다른 자연의 궤도를 보여준다. 즉 태양은 그의 궤도를 따라 흘러가야만 한다. 지루하다고 버둥거리며 나대도 더 뜨거워지는 것이 아니고, 게으름피운다고 더 식는 것도 아니다. 태양은 태양의 정해진 궤도 따라 흘러가야만 된다.

나는 정해진 이러한 궤도를 좋아한다. 아무리 위험한 듯이 느껴지지만 안전하게 종착점까지 도착하게 될 것임을 확실히 안다. 암흑에서 갈피를 잡을 수 없도록 잡아채고 겁을 주는 여정이건만, 나는 내 인생의 정해진 궤도를 안다. 눈을 번쩍 뜨고 사방을 휘둘러보기도 하면서, 안달이나 걱정하지 않고 평화롭게 흘러가리라.

달아난 마귀 재초대하기

"영적성장으로 영안이 뜨이면 마귀도 보이게 마련이야. 나도 마귀를 본 일이 있어."

신앙심 돈독하다는 말을 들으려면 무슨 소린 못하랴? A장로가 마귀 직면 경험담을 언급했을 때, 나는 남이장군이 생각났다.

새색시가 시집올 때, 그녀의 꽃가마 위에 올라앉아 따라오던 마귀는 남이장군 눈에 들켜 쫓겨나고 말았다. 남이장군에게 앙심을 품은 마귀는 남이장군에게 복수하겠다고 말하며 도망갔다. 그러나 새색시는 남이장군 덕분에 마귀의 영향권에서 벗어날 수 있었고, 행복해질 수 있었다. 백두산에서 변방을 지키던 남이장군은 시를 지어 두만강가의 돌에 새겨놓았다. "사나이 20세에 나라 평정을 못하면 후대에 누가 대장부라 일컬으리오." 남이장군의 이 글에서 '男兒二十未平國'을 간신 유자광은 '男兒二十未得國'이라 썼다고 임금 예종에게 거짓 간언 상소 하였다. 글자 하나가 바뀌어 "사나이 20세에 나라를 차지하지 못하면, 후대에 누가 대장부라 일컬으리오."라는 뜻이 되었다. 예종은 당장 남이장군을 체포구금한 후, 그가 새긴 글을 확인하기 위해 두만강으로 사람을 보냈다. 사신이 글자를 확인할 때, 마귀는 '平'자를 '得'자로 보이도록 요술을 부렸단다. 결국 마귀의 간계로 남이장군의 집안은 쫄딱 망했다고 한다. 진짜 마귀가 도술을 부려서 사신의 눈에 '未得國'이라고 보였는지, 유자광이 사신을 매수해서 "未得國"으로 보고했는지는 알 수 없다.

꿈도 아니고 실제로 마귀를 봤다니, A장로는 만화책에 나오는 뿔과 꼬리 달린 요물을 봤나보다.

"마귀란 놈이 딱 요만하더구만."

자기 어깨 넓이 만하게 양손을 벌리는 A장로 손에서 무당의 잡신 끼가 돈다. 나는 그 당시 집사였지만, A장로의 말이 너무 유치하여 한마디 했다.

"그래 마귀하고 대화는 해 봤어요?"

"쫓아버려야 할 대상하고 왜 대화를 해, 이 사람아? 신앙심 없는 사람하곤 말 자체를 할 수가 없어."

"마귀는 천태만상일 텐데, 말도 안 해 보고 마귄지 어떻게 알아요?"

"마귀라면 마귀야 이 사람아. 척 보면 마귄지 천산지 알지, 증거가 뭘 필요해? 그래 가지고 어떻게 신앙생활 해?"

A장로를 한 마디라도 더 추궁하면 큰 싸움이 날 지경이다. 나는 병원에서 K집사가 83세로 운명하는 자리에 참석했던 적이 있다. 목사가 공석 중이라 장로들과 권사 집사 모두 몰려 병문안을 갔다. K집사의 오랜 친구였던 B장로는 죽으려고 할딱이는 K집사의 어깨를 잡고 사정없이 흔들며 기도했다. 미끄러지는 볏섬 붙잡듯, B장로는 K집사 옷깃을 옹그려 잡았으며, 뽑아야 할 소나무 뿌리인 양 무자비하게 흔들어댔다. K집사의 가족들은 교회에 잘 나오지 않았었지만, K집사 자신은 평생 교인이며, 꽤 열심히 신앙생활을 해왔던 신도였었다.

"마귀여 물러가라, 주님의 자녀에게서! 깨끗이 돌아서서 썩 꺼지어라 원수 사단아. 성큼 물러나지 않고 어데서 우물쭈물하느냐 이 악독한 마귀야?"

K집사는 B장로의 멱살잡이와, 놀란 문짝이 저절로 닫힐 것 같이 쩌렁쩌렁한 기도소리에 기죽어, 운명하기도 전에 졸도하게 생겼다. 마귀

생각은 미처 하지도 못했었는데, 마귀 걱정까지 하려니, 주님을 향한 마지막 기도까지도 헷갈리기 십상이다. K집사가 내 가족이라면 나는 기도를 중단시키고 화를 낼 성싶은데, K집사의 가족들은 뻥 둘러선 교인들과 합세하여 "아멘"만을 연발한다. 사돈집 제사 구경하며 법도를 몰라 얼렁뚱땅 덩달아 엎드려 절하듯, 교회와 친숙하지 않았던 K집사 가족들은 무조건 교인들을 따라 흉내 냈다. 침묵하면 신앙심 없다고 손가락질 받을까 봐 두려웠던지, 가족들은 작은 소리로 "아멘"만 복창했다. 소란스런 기도 없이 조용한 찬송가를 불러 주었으면, K집사가 행복하게 눈을 감을 것 같다고 느꼈다. 주님이 주신 생애 한 평생을 잘 살고, 주님께 되돌아가는 감사의 순간이 너무 싸움판 같고 은혜롭지 않다는 느낌이었다. 교회에 도착한 후, 나는 B장로에게 항의 닮은 질문을 했다.

"장로님, 왜 죽는 사람 앞에서 그 사람과 아무 상관없는 마귀를 그렇게 많이 언급할 필요가 있습니까? 죽는 이가 오히려 맘 불편할 것 같네요."

"아 이거 큰일이네 이 사람. 교회 헛 다녔네, 헛 다녔어. 아무것도 모르는구먼 이 사람 이거. 죽는 순간 악한 마귀가 사방에서 굶주린 사자들처럼 달라붙게 마련이야. 그런 마귀들 때문에 평생 믿고도 마지막에 천국으로 못 가는 자가 얼마나 많은데 그래?"

"평생 믿고 천국 못 간 사람 많이 보셨어요? K집사는 구원받은 성도로서 교회 다니면서 일평생을 살아왔어요. 일주일에 하루씩을 매주 떼어내 하나님께 바치고, 헌금도 꽤 하며 살아왔어요. 천국은 죽은 뒤에 자기가 갈 곳이라고 굳게 믿으며 일생을 살아왔던 분이에요. 왜 생전 생각해 본 적도 없고 관계도 없는 마귀를 그토록 신경 쓰며 죽어갈 필요가 있습니까? 왜 아무 상관도 없는 마귀 걱정을 하며 불편하게 죽어가야 합니까?"

"아 저저 저런 기막힌 겉껍데기 신앙인이 있나? 성경 66권은 하나님 말씀이야. 읽어봐야 알지? 신약이 27권에 구약이 39권이란 걸 알아둬. 여태껏 바지저고리만 교회 다닌, 이런 불신자보다 더 불쌍한 신자가 있나? 구원이 뭔지, 육체적 결함을 꿰고 있는 마귀가 뭔지, 알아야 남의 말을 알아듣지? 적그리스도 때문에 전신갑주를 입고 항상 깨어 있으랬어. 천국은 아무나 가?"

B장로 얼굴의 힘살이 하얗게 경직됐다가 뻘겋게 경련을 일으킨다. 그의 말이 벌벌 떨려나오며 사고능력을 잃고 엉뚱한 말로 생소한 길을 헤맨다. 그는 뜻하지 않던 아랫것의 이견에 분을 삭이지 못한다. 말과 행동에서 목사님께는 무조건 순종만을 올려드리고, 아래 신자들로부터는 높은 경지의 신앙인 대우만 받고 살아왔던 B장로다. 그러니 훼까닥 하는 것도 무리는 아니다.

"죄송해요. 전 마귀와 상관도 없고, 평생 만나볼 것도 아닙니다. 나와 아무 상관없는 존재에 신경 쓰며 시간 보내지도 않고, 죽을 때도 말짱 필요 없는 마귀 생각 안 하렵니다."

오래 묵은 장로이니 나도 아첨을 하여 익숙해진 그의 신앙생활에 윤활유를 쳐줄까 하다가 내 의견만을 대고 돌아섰다. 그 뒤로 B장로는 물론 나를 안 좋아했고, 신앙 무식자로 나를 취급했다. 이것으로 인해 교회생활은 덜 유쾌했을 수도 있다. 그러나 나는 지금까지도 A장로나 B장로의 의견에 맞장구 쳐주지 않았던 것을 후회해 본 적이 없다. 교회 장로는 최소한도 신들린 무당 같아선 안 되고, 그런 수준보다는 나아야 된다고 생각한다. 사람이 사는 동안 할 일도 많고 시간은 남아돌지 않는다. 주님께 집중하기에도 시간이 모자라서 설교시간에 조는 사람이 많다. 도대체 왜 잘 알지도 못하는 마귀에게 그렇게 많이 신경 쓰며 살아가고, 또 죽어가야 되는가?

마귀의 존재를 믿는다, 마귀는 원래 하나님 나라에서 찬양하는 일을 맡았던 천사 '루시엘'이었다. 그는 하나님과 대적하고 비기려고 반역을 했다. 마귀는 뱀으로 위장하여 이브에게 나타났고, 인간을 죄짓게 했다. 뱀이 안 나타났으면 이브는 선악과를 안 먹었을까? 인간에게 하나님의 형상이 깃들어 있으니, 어쩌면 인간은 조물주와 겯주려는 교만과 야심을 처음부터 지녔었기 쉽다. 그래서 어차피 인간은 어떤 형태로든지 죄를 짓게 되어 있었고, 구세주가 필요했을 성싶다. 주님은 우리에게 오셔서 천국으로 오는 길을 열어주셨다. 우리는 주님의 공로를 의지하며 감사하는 마음으로 살다가, 감사하며 주님 계신 천국으로 들어가면 된다.

내 속에 있는 주님이 무서워서 도망친 마귀를 왜 자꾸 불러다가 언급하고, 두려워하고, 영적존재니 무시 못 할 존재니, 말 많을 필요가 있는가? 주님 무서워서 도망갔기 때문에 내 주변에 마귀가 없으면, 주님 모시고 신앙생활 하며 즐겁게 살면 된다. 누가복음에 보면 마술 행하던 사람들까지도 오만 드라크마 어치 스크롤을 불살라버렸다. 무당도 아니고 영매술사도 아닌 우리가, 왜 어디 있는지조차 모르는 마귀를 다시 수습해 가져와서, 신경 쓸 필요가 있는가? 왜 마귀 소재파악에 열을 올릴 필요가 있으며, 왜 고민과 불안과 공포를 자초하려는가? 성경은 우리에게 기뻐하고 기뻐하며 살다가 오라고 했지, 마귀가 혹시 덤빌까봐 조마조마하게 살라고 하지 않았다. 우리는 마귀가 달라붙어도, 주님께 책임져 달라고 밀어붙일 판국이다.

더구나 죽으면서 까지도 마귀 걱정 때문에, 주님께 간절하게 기도 할 시간마저 놓친다면 어리석다. 주님께 집중하는 사람이 성경공부를 하던지 차라리 낮잠을 자지, 왜 마귀에게 아까운 시간을 할애하는가? 옛날 같으면 일인분 살고 죽어서 뼈까지 썩었을 우리들이다. 말없이 기도하며 생존해 주면 후배 신앙인들에게도 이득이 되고, 하나님 보시기에도 예쁠 것 같다.

베짱이 멋쟁이

열심히 일하는 사람은 빈둥거리는 사람보다 수명이 더 길다고 한다. 그래서 개미는 베짱이보다 더 오래 사나 보다. 개미는 사람 발에 밟히지만 않으면 몇 년을 살지만, 베짱이는 개구쟁이 손에 잡히지 않아도, 6~8개월이 최대 수명이다. 주어진 제 수명을 알고 일생을 보람되게 살다 죽겠다는 베짱이는 개미를 비웃었다.

"자기나 자기 아들을 위해 일하는 것도 아니고, 여왕개미를 위해 여름엔 죽도록 양식을 모으고 겨울엔 베이비 씨팅하며 평생 일만 하다 죽니? '내일 걱정 내일 하라, 오늘 걱정 오늘에 충분하다'도 모르니?"

여름 동안 숨 가쁘게 일만하던 개미는 베짱이를 흉보았다.

"저렇게 빤빤히 놀면서 노래나 부르고 세상 편하게 사니, 가난할 수밖에 더 있어? 겨울에 쫄쫄이 굶어 봐야 정신 차리지?"

개미는 과격한 막일을 하다가 디스크에 걸렸다. 전 재산을 갖다 병원에 바치고도 병을 못 고쳐, 불구자 날거지로 돼버렸다. 베짱이는 여름내내 갈고닦은 노래솜씨로 가을에는 음반을 내어 거부가 되었다. 이것은 우리들이 모두 알고 있는 이솝이야기를 뒤집은 스토리다.

어떤 목사님의 속편이 있다. 개미는 목사님께 안수기도를 받아서 디스크가 깨끗이 치료되었다. 천성이 부지런한 개미는 다시 열심히 일하기 시작했으며, 근로의 행복과 함께 감사에 싸인 보람된 생애를 되찾았다. 돈방석 위에 올라앉은 베짱이는 술과 마약으로 폐인이 되었다. 목사님은 일하는 개미의 인생을 축복으로 끝맺었다.

설교에 은혜 받은 새신자의 속편이 있다. 디스크로부터 건강을 회복하긴 했지만, 개미는 창고가 텅텅 빈 소크라테스로 남았다. 개미는 풍요로웠던 옛날을 잊을 수가 없었다. 무소유를 싫어하는 개미는 법정스님과 친하게 지내고 싶지 않았다. 개미는 다시 부자가 되기 위해 밤이고 낮이고 최선을 다하며 일하기 시작했다.

베짱이는 전도사님에게 호된 꾸지람을 들었다.

"자신감이 결여된 사람이나 마약을 하지, 하나님의 인도로 정상까지 올라갔던 사람이 창피하게 무슨 마약? 잘난 사람은 못난 짓을 하지 않는 법이야."

베짱이가 하는 일은 개미가 하는 일과 종류가 다를 뿐이지, 베짱이도 역시 일을 했던 것이다. 음반이 히트하기까지는 베짱이도 피나는 노력을 기울였다는 사실을 알아야 한다. 개미가 먹이 구하는 단순작업과는 비교할 수 없도록, 베짱이는 힘들여 연구하고 구상하고 노래연습을 했던 것이다. 베짱이는 살벌하고 치열한 경쟁을 뚫고 성공한 것이다. 베짱이는 빈둥거린 것이 아니다. 개미는 베짱이를 잘못 보고 게으르다고 서둘러 평가했기 쉽다.

베짱이는 전도사님의 부단한 기도와 인도로, 결국은 마약에서 손을 떼고 재생의 길을 찾았다. 기독교의 부흥과 함께 놀랍게도 성가의 붐이 각지에서 일어나고 있었다. 베짱이는 세계적인 성가 가수로 재탄생하게 되었다. 넘치는 기쁨과 감사로 베짱이는 신도들 앞에서 매주 찬양팀을 인도했다. 신앙생활 하는 시간도 아까웠던지, 개미는 교회에 출석하지도 않고 전화도 안 받았으며, 슬그머니 사라져버렸다. 너무 궁금하여 목사님과 베짱이가 개미집으로 심방을 가야만 했다. 개미의 집에 도착해보니, 개미는 마지막 안수기도도 받지 못한 채, 과로사로 죽어 있었던 것이다.

제1세대 성서침례 교회 목사님들은 저축이나 투자를 믿음이 부족한 행위로 간주했다고 한다. 항상 채워주시는 하나님을 믿고, 주님의 인도만 하루하루 기다리며 살아야 올바른 신앙으로 가르쳤단다. 그때 당시는 보험회사에 다니는 사람도 부끄러운 신앙인이었고, 융자사업을 하는 사람도 교회 다니기 얼굴 빨개졌을 것이다. 그러나 세상뿐 아니라 신앙의 세태도 계속 바뀐다. 간음하던 여인만 언급하고 비난하던 시절에서, 지금은 간음대상이었던 남자까지 찾아 나서는 시절로 바뀌었다. 감나무 밑에 누워서 감 떨어지기를 바라듯, 마음 편하게 믿고 주님이 주실 때만 기다리는 것은 안 맞는다.

"요 악하고 게으른 종아!"

믿고 실컷 교회 봉사하고 열심히 기도하다 죽었는데, 이렇게 주님께 뜻밖의 서운한 소리를 듣게 되면 어떨까? 다섯 달란트나 세 달란트 받은 종들이 칭찬 받을 때, 한 달란트 받았던 종은 주인에게 꾸지람을 들었다. 한 달란트 받은 종은 적게 받아서 그것만으로도 기죽고 자존심 상한다. 각각 그 재능대로(according to his ability) 주었다고 했으니, 한 달란트 받은 종은 다섯 달란트 받은 종의 1/5능력밖에 없음이 공인되는 판국이다. 더구나 주인에게 나중에 악하고 게으르다는 꾸지람까지 받는다면 얼마나 억울한 노릇이랴?

한 달란트 받았다니까, 언뜻 생각하면 조금 밖에 못 받은 것으로 착각할 수도 있다. 그러나 한 달란트란 것은 그 당시 어떤 사업의 밑천도 충분히 될 만큼 엄청 큰돈이었다. 이것은 6000데나리온 즉, 장정이 아침 6시부터 저녁 6시까지 16년 반 동안 매일 일하고, 먹지도 쓰지도 않고 모아야 되는 돈이었다. 사업의 성패는 밑천에 비례하지 않으니, 어떤 사업이 언제 어떻게 성공으로 치닫게 될는지 모른다. 즉 다섯 달란트로 사업을 시작한 종이나 한 달란트 가지고 사업 시작한 종이나 성공의 가능성은 똑같다는 뜻이다. 또 자기가 주님으로부터 받은 것이 다섯 달란트인지 한 달란트인지 조차도 각자 마음먹기에 달려 있다. 나는 항상 나를 다섯 달란트 받은 종으로 인정하며 살아간다. 한 달란트도 사업밑천으로 충분한 돈이고 다섯 달란트도 충분한 돈이라면, 왜 내가 받은 돈을 한 달란트라고 생각할 필요가 있는가?

요셉도 7년 동안 풍년 들었을 때 곡식을 모아두었다가, 7년 흉년을 이겨냈다. 내일을 위해 재물을 쌓아 두는 것도 중요하고, 미래를 계획함도 중요하다. 그러나 즐겁게 사는 것은 더욱 중요하다. 우리가 나중에도 기뻐하며 잘 살기위해 이것저것 준비하는데, 주님이 왜 그것을 기뻐하시지 않겠는가?

주어진 환경에서 오늘 할 일 오늘 끝내고, 내일 일을 오늘 계획하면, 내일 역시 또 새로운 즐거움이 나를 기다릴 것이라 믿는다. 내일을 준비하면서 스트레스 받을 필요는 없다. 계획은 내가하지만 일하시는 이는 하나님이시기 때문이다. 베짱이는 노래자질을 살려 여름동안 멋지게 살다가, 추워지기 전에 깨끗이 죽을 수 있었다. 베짱이는 지혜로운 멋쟁이다. 우리 인간들은 이렇게 말한다.

"그거야 베짱이는 곧 죽을 운명임을 알고 있으니까, 흐드러지게 살다가 겨울 오면 죽었겠지."

물론 베짱이도 자기가 언제 죽을는지 잘 안다. 우리 인간들도 자기가 언제 죽을는지 빤히 알고 있다. 베짱이도 6개월 사는 베짱이는 8개월 사는 베짱이와 비교하면 엄청 단명한 요절이다. 여름이 금방 가고 겨울이 일찍 오는 함경북도 베짱이가 여름이 긴 동네 전라남도 베짱이를 보고 무지하게 장수한다고 할 것이다. 그러나 사람들은 이렇게 말한다.

"8개월이나 6개월이나 그게 그거지. 겨울 오기 전에 죽긴 매한가지?"

60살에 죽는 사람은 80살에 죽는 사람보고 장수한다고 하겠지만, 무드셀라가 보면 뭐라고 할까?

"80살이나 60살이나 그게 그거 아니니?"

짧게 사는 것은 어쩔 수 없다. 길어 봤자 인생도 백년이 안 된다. 계획을 짜서 베짱이처럼 주님 주신 달란트로 즐겁게 살다가, 깨끗하게 가고 싶다. 생애 중 겪는 시련은 인생의 밑거름이기 때문에 없는 것보다 낫다. 허리 다치거나 과로사 하지 말자. 얌체 공짜소득은 바라지도 말고 믿지도 말자. 베짱이는 열심히 일하고 신나게 사는 멋쟁이다.

제7부

남기고 갈 것들

펠리컨

물

꽃보다 단풍

요게 무슨 음식이란 말이냐

야생화

꽃밭에 숨은 시간들

야자수

펠리컨

사우스파드레 섬 앞바다의 햇살은 바닷물 속으로 들어가야만 견딜 수 있을 만큼 억세고 따가웠다. 여러 마리의 펠리컨이 쉬지도 않고 바다 가운데서 비상과 다이빙을 반복하며 파도를 넘나든다.

"너희들은 날갯죽지도 안 아프냐, 온종일 그 짓이게?"

난폭한 파도 속이라 먹을 물고기가 보이지도 않을 것 같은데, 저 녀석들은 도대체 저렇게 열심히 뭘 하는 걸까? 해녀처럼 물질 연습 중이냐, 고래처럼 수중 연애 중이냐? 호기심을 품은 채 해수욕하던 나는, 펠리컨들이 한참 식사 중임을 알아냈다. 가만히 관찰해 보니, 파도가 칠 때마다 날치들이 공중으로 한꺼번에 떼 지어 날며, 국군의 날처럼 에어쇼를 한다. 날치는 꽁치보다는 크고 고등어보다는 작은 물고기인데, 파도가 뒤집힐 때마다 날치들이 물위로 비상하며 새떼 흉내를 낸다. 그때 펠리컨이 날치 잡아먹기는 누워서 떡먹기다. 입 벌리고 날아가기만 해도, 날치가 펠리컨 턱주머니 속으로 덜컥덜컥 들어간다. 날치는 최대한 가뿐한 몸으로 날기 위해, 이수 직전에 습관적으로 배변까지 한단다. 그러고 보면 물 위를 날고 있는 날치는 싱싱한 물고기일 뿐만 아니라, 속도 겉도 깨끗한 청정 음식이다.

"히야~, 요 펠리컨들이 내가 먹는 사시미보다 더 깨끗한 회를 먹네."

꼬리 자르고 이케지메(생선을 신경사 시켜 식감 좋게 만들기)해서 서브하는 회덮밥 속의 회보다 더 신선하고 맛있는 생선회를 펠리컨들이 먹는다. 펠리컨이 먹고 있는 이 날치들은 환호작약하면서 기쁨으로 날뛰다가 웃으며 죽는 생선들이다. 엔도르핀으로 가득 찼으며, 의욕적이고 활동적인 날치를 생으로 먹으니까, 펠리컨이 저토록 지치지도 않고 기운이 넘치나 보다.

날치가 공중으로 나는 것은 노느라 날기도 하겠지만, 천적으로부터 재빨리 도망가기 위한 수단이라고 한다. 도망은 도망이지만 공포의 도망이 아니다. 깝죽깝죽 새새거리며 신나게 떼져서 날아가는 도망이다. 날치는 바다의 큰물고기로부터 거뜬히 도망쳤다고 좋아할 때, 엉뚱하게도 펠리컨 입속으로 덜컥 넘어간다. 펠리컨이 밖에서 젓가락 들고 기다리고 있는 것도 모르고, 날치는 물에서 탈출하여 외계로 튀어나온다. 도전정신이 탁월한 이 날치들은 파도타기도 즐길 겸, 지느러미 거창하게 펼쳐 요란스럽게 날다가 낭패를 본다.

인간들도 경우에 따라, 용기 없어서 우물쭈물 하는 사람은 살아남고, 용감하게 탈출을 시도한 사람은 죽는다. 바닷고기도 그런가 보다. 바다 속에서 강적을 만났을 때, 얼떠서 못 도망간 베이스나 캣휘쉬는 살아남고, 잽싸고 용감하게 도망가던 날치는 펠리컨 입속으로 직행한다. 이렇게 팔팔 뛰는 날치들이니 얼마나 싱싱하고 깨끗하랴? 이런 날치를 먹고사는 펠리컨은 피도 맑고 깨끗해서, 중풍에 걸릴 일은 없을 것이다.

텍사스 87번과 124번 길이 만나는 멕시코만 해안에서 기러기 떼를 만났다. 기러기는 추운 건 참지만 더운 건 못 참는 철새다. 기러기 떼는 보통 20마리 정도가 하나의 체크마크를 그리며 썰렁한 가을 하늘로 날아가게 마련이다. 이렇게 살벌한 더위에 웬 기러기 떼가 난단 말인가? 난데없이 하늘에 울려 퍼지는 소란한 기러기 소리에 위를 올려다보았다. 백여 마리의 기러기 떼가 여러 개의 체크마크를 여기저기 그리며 하늘을 통째로 뒤덮은 채 날아온다. 너무 색다른 구경거리라 맥

놓고 바라보았다. 기러기는 높은 하늘로 날게 마련인데, 이 새들은 놀랄 만큼 낮은 하늘로 날아간다.

자세히 보니, 그것들은 기러기 떼가 아니라 펠리컨 무리들이었다. 가까이 보이는 펠리컨들은 크기도 점보 사이즈지만, 날갯짓 할 때 날개 젓는 소리 또한 요란하다. 날개 젓는 소리가 바람 부는 날 중앙청 태극기 펄럭이는 소리가 난다. 시커먼 날개를 활짝 펼치며 떼 지어 날아가니, 금방 소나기 쏟아질 먹구름 흘러가는 것 같다. 여러 그룹의 펠리컨들이 머리 위로 계속해서 날아갈 때는, 태풍 때문에 찢어진 플래카드들이 여기저기 정신없이 나부끼는 것처럼 소란스럽다. 이 소리들이 파도소리와 뒤섞여 바닷가는 일대소동을 야기한다. 매나 학처럼 부드럽고 안정성 있게 나는 것이 아니다. 토네이도가 비바람을 대동하고 지나가듯 후닥닥거리며 날아가니, 그중의 한두 마리 정도는 실수하여 내 얼굴로 떨어질 것 같아 불안해진다.

놀랍게도 그 펠리컨들은 떼 지어 바다로 착륙한다. 착륙이라면 비둘기처럼 사뿐히 내려앉든가 비행기처럼 사르르 미끄러지며 내리는 것을 연상하게 된다. 그러나 펠리컨이 바닷물로 뛰어내리는 모습은 착륙이 아니라 차라리 추락이다. 서툰 다이빙 선수가 엉덩이로 물에 떨어지는 것 같다. 이 펠리컨들은 한꺼번에 바닷물 위로 쏟아지는데, 그 광경 또한 볼 만하다. 광야의 이스라엘 백성 앞으로 메추라기 쏟아지듯, 마구 쑤셔 박혀진다. 메추라기가 쏟아질 때는, 멍석 위로 쌀 엎질러지는 소리 같았던가, 생철지붕 위에 소나기 쏟아지는 소리가 났을 것 같다. 그러나 펠리컨들이 바닷물 위로 떨어지는 소리는 엄청 다르다. 쏟아지긴 쏟아지는데, 떨어지는 모양새도 다르다. 펠리컨들이 내려앉는 모습은 전투할 때 폭탄을 무작위로 투하하는 것 같다. 새 자체의 체중이 육중하기 때문에, 그 떨어질 때의 모양도 R-60M 포탄이 폭발하는 광경 같다. 펠리컨은 요란하게 사방으로 물을 튀기며 물속으로 곤두박질하는데, 그때 나는 둔탁한 소리는 꼭 베링해협에 빙산 무너지는 소리다. 추아알쓰어엌, 추루룰츠어엌, 콰르릉츠어엌. 수없이 많은 펠리컨들이 여기저기로 쉴 틈 없이 추락하는 바다를 바라보니, 통쾌하기도 하지만, 아련한 연민도 함께 고개를 든다.

월남전 당시 베트콩 마을을 수색하려면, 보병이 들어가기 전에, 미군들은 미리 포사격을 한다. 그때 적당량의 폭탄을 적당하게 떨어뜨리는 것이 아니라, 숨 돌릴 틈을 주지 않고 아낌없이 그 마을에 쏟아 붓는다. 펠리컨들의 수상추락 장면은, 포병부대와 미군 헬리콥터들이 베트콩마을에 퍼붓던 포사격을 연상케 한다. 숨 돌릴 사이 없이 정신 가다듬을 틈도 없이, 삽시간에 완전폐허로 만들어 놓고 나서, 보병이 수색공격을 하게 마련이다. 펠리컨이 내려앉는 모습은 아름답기도 하고 무섭기도 하다. 삼천궁녀가 낙화암에서 백마강으로 떨어지는 것 같기도 하고, 가미가제 독고다이가 진주만 공격하는 것 같기도 하다. 펠리컨이 떼를 져서 바다로 내려앉는 모습은 펠리컨들에게는 일상이겠지만, 처음 보는 사람에게는 아주 감탄할 만큼 장관이었다.

체구도 거창하여 날개를 쭉 펴면 3.5m나 되고, 체중도 꽤 묵직하여 큰 놈은 15kg까지 되는 펠리컨도 있다 한다. 그 거대한 놈들이 물 위에 날아다니며, 날치를 온종일 먹어댈 테니, 얼마나 많은 량의 날치들을 먹어치우랴? 그보다도 펠리컨 떼가 내려앉으면, 날치를 비롯한 그 근처의 물고기들은 초비상 사태에 돌입할 것이다. 아무래도 펠리컨의 주식은 날치일 테니, 날치는 부지런히 알을 낳아 길러야 생태 밸런스를 유지할 성싶다. 어쩌면 텍사스 주정부 사람들이 날치의 밀집분포와 생존영역확대를 위하여, 바다에 배란촉진제를 뿌려 줘야 될는지도 모른다. 내일도 펠리컨은 여전히 파도를 넘나들며, 우직한 비상과 추락 닮은 다이빙으로, 텍사스 남부를 볼품 있게 장식할 것이다.

물

사람에게 뿐만 아니라 모든 생명체에게 가장 중요한 것이 물이다. 물에는 만 가지 역경을 극복할 수 있는 힘이 숨 쉬고 있다. 물은 생명의 근원이라는 점에서도 중요하지만, 사람의 마음을 움직이는 힘도 강하다.

언젠가 두 주일을 계획하고 "블루 마운튼" 일대로 산 구경을 갔었던 적이 있다. 가지각색 나무들이 탄소동화작용을 하기 위해 전쟁이 치열했다. 빽빽한 각종 나무들은 공간을 차지하기 위한 생존경쟁과 햇볕을 쟁취하기 위한 하늘선점 작전에 열을 올리고 있었다. 키 작은 풀들은 키 큰 단풍나무들에게, 디오게네스가 알렉산더 대왕에게 부탁하던 말로 항의를 한다.

"내가 햇볕을 쪼일 수 있도록 한 발짝 좀 비켜 서 주시겠소?"

단풍나무들이 쏴붙인다.

"인석들아, 뒷짐 지고 팔자 좋은 소리도 한다. 나도 이 자리 차지하느라고 평생을 바쳐 노력했다."

산딸기넝쿨들은 하늘을 뒤덮은 앞의 적송들과 오리나무들에게 북방으로 일보 물러서라고 연좌데모를 한다.

"양심이 있다면 물러서라, 물러서라."

"천만에! 어둠 속에서 온기 한 점 얻기 위해, 나도 무릎이 까지도록 기도했걸랑. 믿고 기도해봐. 너도 키 클 거야."

검푸른 나무들이 생기를 띤 것은 그나마 땅속에라도 물이 있기 때문이다. 그러나 이 산에서 저 봉우리로 옮겨도, 산 너머 산 숲 뒤에 숲인 동일영상이 며칠 동안 겹쳐지니, 숨이 막힐 지경이었다. 기껏해야 오버-룩 낭떠러지가 출현하거나 먼 계곡 사이로 가물가물 물줄기 비슷한 모양이 스치지만, 기분전환에 도움이 되진 못했다. 같은 장면을 구경하기는 너무 지루하고 힘들었다. 어떤 형태로건 물이 보여야 산이건 숲이건 비로소 구경거리로서 자격을 갖춤을 알게 되었다. 물 없는 산은 가슴 트이는 산뜻함이 없다.

계획에는 없었지만 벼락치기로 휴가 장소를 바꿔, 사우스캐롤라이나 머틀비치 시티로 내려갔다. 사방에 사람들이 바글거리고, 음악이 천지를 뒤흔든다. 호텔의 풀장에서부터 도시 복판을 거쳐 바다까지, 가는 길목 곳곳마다 물 없는 곳이 없다. 하늘을 올려다봐도 땅을 내려다봐도 시퍼런 색깔로 가득하다. 새파란 바다가 파아란 하늘과 반려를 이루고, 창공에 뜬 흰 구름은 바다 위의 흰 돛단배와 짝짜꿍을 만든다. 곳곳에서 탱탱한 여자들이 템포 빠른 춤을 춘다. 그제야 심장에서는 홍이 나고, 팔다리에는 생기가 솟아난다. 먹을 것도 곳곳에 깔려 냄새를 풍기고, 마실 것도 색색이 나를 유혹한다. 으르렁거리는 파도가 속이 뻥 뚫리도록 고함을 질러준다. 모래사장 위에선 반나체 춤꾼들이 다리를 150도 각도로 번쩍번쩍 밀어올리고, 식당 앞 수족관에선 각종 매운탕 재료들이 길길이 뛰고 있다. 무생물체인 각종 악기들도, 악사의 배 위에서 또 무릎 위에서, 덩달아 목청 높여 가지각색 음색으로 젊음의 증거를 드러낸다.

예부터 "인자요산 지자요수(仁者樂山 智者樂水)"라고 해서, 슬기로운 사람은 사리에 밝아 물을 좋아하고, 어진 사람은 의리에 만족할 줄 알아 산을 좋아한다고 했다. 지자(智者)하고는 거리가 멀지만, 나는 그때 내가 물을 좋아하는 인격체임을 분명하게 확인했다. 나는 어진 사람보다 슬기로운 사람 쪽에 더 가까운 모양이다. 두 그룹 중 어느 한 쪽으로 포함돼야만 한다면, 나는 할 수 없이 지자 그룹에 끼어야 될 판이다. 나는 아무래도 변화와 생기가 출렁대는 물과 함께 있어야 엔도르핀이 쏟아지는 사람이다.

페루에 갔다. 끝없이 펼쳐진 모래뿐인 허허벌판 사막(Costa 지역)이 꽤 많은 부분을 차지하는 나라다. 그러나 산봉우리들이 엄청나게 높고 골이 어마어마하게 깊은 산악지역(Sierra 지역)의 산세는 놀라웠다. 그 험산에서 사람들이 어떻게 살며, 어떻게 그토록 이채롭고 탁월한 문화문명을 이룩해 왔을까? 답은 물이었다. 이 산악지역에는 물이 사면팔방에서 마구 쏟아져, 여기저기 활력의 폭포를 이루거나 요동치는 강을 만들고 있었다. 활기충천의 물을 바라보기만 해도 속이 후련하고, 체내의 이물질과 마음의 오염이 다 녹아내려 심신이 정화되는 것 같다. 고요한 강은 전혀 없고, 떠들썩하고 몸부림치는 급류의 강들뿐이다. 하드 락에 장단 맞추며 소란 떠는 계곡의 젊은 물줄기들이 사방에서 광란을 한다. 밭갈이하다가 놓인 황소처럼, 되는 대로 힘자랑하는 물 무더기들이 이리 뛰어내리고 저리 나뒹그러진다. 물들의 아우성이 산봉우리마다 메아리쳐 심포니를 재구성하고, 골짜기마다 물들이 내지르는 생명의 소리들로 가득 찼다. 이들 문화문명의 발상이 물에서 비롯됐다는 사실을 첫눈에 볼 수 있었다. 물만 있으면 사람들은 아무리 험난한 지경의 산세라도 극복하고, 아름다운 역사를 창조해 나갈 수 있다는 증거다. 물이 없었던가 물이 귀했으면 누가 이 험한 비탈길을 오르내리며 여기 살고 싶었겠는가?

험악한 산맥에 물 한 방울 안 흐르는 산은 상상만 해도 가슴이 답답하다. 생명을 유지하는 나무라도 울창하게 들어차 있으면 그래도 봐줄 만하다. 그것은 땅속에라도 물이 흐른다는 증거가 되기 때문이다. 물 없는 산에 좋은 경치를 첨가한답시고, 뾰족 바위들과 천야만야한 절벽들로 이루어져 있다면, 그 산은 더욱 섬뜩하고 무서울 것이다. 물을 마시지 않아도 죽지 않는 거뭇거뭇한 살무사가 바위 밑에 숨어 있고, 풍화작용으로 쪼개진 바위가 절벽 위에서 자유낙하를 기다리고 있다면 어떨까? 그런 곳을 돌아다니는 것은 휴가여행이 아니고, 오지탐험이라고 불러야 앞뒤가 맞을 성싶다.

물은 산과 달라서 안정과 평화를 기초로 한다. 생산과 성장을 끌어내는 힘을 내포하고 있다. 물은 시냇물이건 폭포수건 또는 바닷물이건, 물 자체만 가지고도 끝없는 흥미를 불러일으키며 사람의 마음을 사로잡는다. 하다못해 꼼짝 못하고 갇혀 있는 호수 물도 시상을 던져주고, 하늘에서 떨어지는 빗물까지도 사람들의 마음을 흔들어댄다. 나그네가 마시는 바가지 속의 샘물도 많은 사연을 담지만, 깊은 속을 옹그려 감추며 수줍게 웃는 우물물에는 더욱 애절한 이야기가 숨을 쉰다. 촉촉이 젖어드는 봄 동산의 질척질척한 물도 깨닫지 못했던 심상을 불러일으키는데, 하물며 인간의 눈에 고인 눈물이야 얼마나 많은 사람들을 감동시키랴?

길가에 고인 흙탕물에 비치고 있는, 노을 진 붉은 하늘은 우리에게 애잔한 그리움을 던진다. 시궁창 물에 비친 희푸른 달그림자는 슬플 만큼 아름답다. 그 이유가 무엇일까? 물이 지니는 되비침의 능력이 너무나도 솔직하고 순수하기 때문이다. 물은 대소청탁을 막론하고, 보는 것만으로도 기운이 나고 시상이 오락가락한다.

한 때는 화성에 물의 존재 가능성이 있다하여 과학자들을 흥분시켰었다. 우주에 퍼져 있는 별 세계들도 '물이 있느냐 없느냐'로서 생명체의 존재 여부를 결정한다. 물은 죽어가는 생명을 살리는 신약인 동시에, 시드는 노인에게 활력을 주는 건강한 아기의 활짝 핀 미소다. 물에서 가치 있는 모든 것들과 보기 좋은 모든 것들이 발생하니, 물로 구성된 것들은 무엇이든지 무심히 넘길 수가 없다. 솨르르륵 쫘르르르 쏟아지는 물줄기가 없다면, 침묵 속에서 잔잔히 웃어주는 웅덩이 물이라도 있어야 삶은 풍요롭다. 선사시대부터 사람들은 물을 보고 모여들었고, 물이 있어야 그곳에서 짐을 풀었다. 피곤한 나그네도 물만 있으면 그곳에서 마음 놓고 잠을 잘 수가 있었다.

땡볕 밑에서 바싹 삭은 쇠뿔과 낙타의 마른 턱뼈가 모래 위에 구르는 사하라 사막도 물만 흐르면 생명의 오아시스가 된다. 세균들도 물기가 있어야 살고, 모든 동식물은 물이 없이는 존재가 불가능하다. 지금 이 순간에도 세상에는 물이 없어 죽어가는 생명체가 많으며, 물이 있어 회생하는 생명체가 수없이 많다.

안데스 산맥에서 우르릉 쾅쾅 군가를 부르며 약진하는 강들도 있다. 흐르는지 멈췄는지 분간하기 힘든 백마강 고요한 강물도 있다. 소란스럽게 떠들어대는 강물도, 말없이 미소만 보이는 강물도, 자기대로의 저력과 포용력이 있기는 매일반이다. 어떤 형태의 물이든 물만 옆에 있으면 힘껏 발전해 나갈 수 있는 것이 우리 인간이다. 슬기로운 사람이 아닐지라도 물 옆에서 놀고 싶다.

꽃보다 단풍

"단풍이 아무리 예쁘다고 해도 꽃만큼 예쁘진 않아요."

아내가 언젠가 했던 말이다. 꽃구경은 일부러 준비하고 싸돌아다녀도 억울하지 않고, 왜 단풍구경은 일부러 나선다는 것이 좀 손해 보는 기분일까? 단풍은 돈과 시간을 일부러 들이지 않고, 지나가면서 공짜로 보아도 되기 때문인가 보다.

위스칸신 51번 도로가의 단풍은 화려한 색을 좋아하는 회화과 1학년생이 그려놓은 그림 속 같다. 누군가가 색채를 화려하게 개조해놓은 카톡방의 단풍 같다. 여름 내내 속을 감추고 살던 이파리들이 갱년기를 지나면서 겁이 없어지니까 원래 자기 색깔인 본색을 드러낸다. 기죽어 살던 며느리가 자녀들이 자라니까 아들딸 뒷심을 믿고, 원래 앙칼졌던 속마음을 여지없이 들통 내는 것과 같다. 긴장 속에서 빨강색을 초록색으로 위장하며 살아왔던 잎사귀들이, 가면가발을 벗어던지고 원래의 빨간색을 드러낸다. 가을이 왔음을 감 잡은 나뭇잎들이, "나는 본디 빨간 잎이었다,"고 외치기 시작하니, 여기저기서 "미투! 미투!"라며 아우성이다. 미시시피 강변을 따라 오르내리다가 미네소타 주를 거쳐, 내친 김에 사우스다코타 노스다코타까지 휘저어 밟았다. 가을 냄새가 흠뻑 먹어 있으니, 온통 주위는 어린아이가 상상하는 꿈길 같다. 단풍 계절을 놓쳤다고 조바심했더니 적시안타를 친 것 같다.

비 오거나 구름 낀 날의 단풍은 그 아름다움이 반감한다. 단풍은 역시 쨍쨍한 햇볕이 맑은 가을하늘을 뚫고 쏟아지는 날 구경해야, 100%의 제 값을 나타낸다. 햇빛이 단풍잎 사이사이로 파고 들어오고, 얇은 단풍잎을 통과한 색깔 머금은 투과광들이 이리 찌르고 저리 꽂혀야 아름답다. 실바람이 얼굴을 살살 간질이는 가을날, 허리를 간드러지게 비비꼬는 단풍잎들은 가히 매혹적이다.

단풍을 돋보이게 하는 첫 번째 조건이 햇빛이라면, 두 번째 조건은 움직이는 물이다. 물이 졸졸 흐르든가, 계곡에서 쏼쏼 쏟아지면 그 근방의 단풍 몸값이 폭증한다. 내장산이나 설악산 단풍구경과 달라서, 일리노이 근방의 단풍구경은 대개 강가나 숲속의 단풍구경이다. 미국에서는 신비한 모양의 바위나 오르막길과 비탈길이 어우러진 산속 단풍이 흔하지 않다. 대부분 미국의 단풍구경은 야산이나 평지에 모여 있는 단풍나무 군상들이 펼치는 색깔의 다양성과 변화과정이다. 야생지에 있는 숲속의 단풍보다는 동네 근처의 단풍이 더 예쁘고 색채도 훨씬 화려함을 발견했다. 야생지에는 옛날에 심어 두었던 단풍나무들이다. 동네나 집 근처에는 주민들이 개량종의 새로운 단풍나무를 계속 심으면서 살아간다. 오늘도 관상식물 학자들은 더 새뜻한 단풍잎을 가진 단풍나무나 더 다양한 색상의 단풍나무들을 계속 개발해 내고 있다. 그렇기 때문에 단풍도 해가 바뀔수록 더 화려해지고 신기해지는 것이 자연현상이다. 사람들이 자기 마음에 드는 값비싼 새 단풍나무를 집 근처에 먼저 심는 것은 당연하다.

경우에 따라 단풍은 가까이에서 자세히 보면 오히려 덜 아름다울 수도 있다. 돈 들이고 시간 들여, 숲속 길을 거닐면서 가까운 거리에서 단풍을 자세히 보면, 오히려 단풍잎의 결함이 많이 발견된다. 아기 손 같이 곱고 앙증맞으며, 깨끗한 단풍잎도 없는 건 아니다. 그러나 대부분 벌레의 배변이나 곤충들이 낳아놓은 알로 오염 내지 손상을 입은 잎이거나, 비바람과 기후격차로 변형된 잎이 많이 발견된다. 원래 삶의 흔적은 아픔으로 남는 모양이다. 깨끗한 얼굴로 곱게 늙은 노인의 가슴에도 지난날의 아픈 상처가 많은데, 겉보기에도 험한 이 잎사귀들은 삶이 어땠을까? 어떤 나뭇잎들은 병충해나 늙음에 의하여, 얼룩진 반점과 쇠잔한 상처로 온통 뒤덮여 있기도 하다. 노인들의 얼굴에 생기는 저승꽃이라는 얼룩과 비슷하다. 찢겨 너덜거리거나 한 귀퉁이가 떨어져나간 단풍잎을 보면, 곱디고운 색깔임에도 불구하고, 오래잖아 버려질 창조물임을 확인하는 것 같다.

꽃은 정반대다. 가만히 들여다보면 꽃들은 어느 것이든지 보면 볼수록 배울 것이 많고 새 정보를 더 많이 얻게 된다. 좀 떨어진 곳에서 보면 색깔만 대충 보일 뿐 모양은 보이지 않는다. 그러나 자세히 보면 어느 작은 부분일지라도 신기하지 않은 데가 없고, 볼수록 경이와 기쁨이 솟아난다. 단 하나의 꽃잎도 단색으로 만들어져 있지 않다. 중앙 부분의 색깔과 가장자리의 색깔이 다르고, 테의 색깔 또한 다르다. 혹시 구분할 수 없을 정도로 거의 같은 색이라면, 하다못해 흰 줄이라도 쳐져 있던가, 노란 반점 무늬라도 놓여 있다. 모든 색상이 꽃에서 나왔는지도 모른다. 조물주가 이 세상 모든 색깔을 총 동원하여 꽃들을 만들었는지, 꽃에 없는 색은 세상에 없는 것 같다. 꽃들의 생김새 역시 일률적인 데가 없다. 꽃들은 들여다볼수록 더욱 새로운 면모를 발견할 수 있다. 가까이 볼수록 꽃은 더 신기한 모습을 알아차릴 수 있고, 오랫동안 들여다볼수록 더 많은 비밀을 캐낼 수 있다. 꽃잎의 개수, 모양, 길이, 크기, 감촉은 물론 골의 높낮이까지, 어느 것도 특성이나 자태가 같은 꽃이 없다. 비슷하지만 모두가 다르다. 천만가지 꽃들이 하나하나 기특하고 부분마다 신기하며, 볼수록 미소와 행복이 넘쳐난다.

실내에서 피는 오르키드 꽃은 물론 종류가 더 많다. 인위적 변형이 비교적 쉬운지, 사람들은 오르키드의 모양과 색깔을 꾸미고 가미해 변질시켜 놓은 것이 많다. 그래서 나는 오르키드를 볼 때마다 항상 사람이 손을 대어 개조해 놓은 꽃이란 생각이 든다. 그렇지만 자연적인 꽃 중에도 참으로 독특하게 디자인된 꽃이 많다. 나는 칼룸바인(매발톱꽃)을 볼 때마다 그 기발한 생김새에 감탄한다. 꽃은 무슨 꽃이든지 다 섬세하고 신기하게 만들어졌지만, 칼룸바인은 특히 정교하고도 특이하게 만들어졌다. 여러 가지 꽃들을 하나하나 만들어가던 조물주가, 이 꽃을 만들 땐 잠깐 손을 멈추고, 잠시 숙고한 뒤에 만들었을 것 같다. 천태만상이지만 비슷비슷 그렇고 그런 미모로 꽃들을 만들어가던 조물주는 '이번에는 좀 기막히게' 라고 외쳤을 성싶다. 조물주에게 그때 반짝 튄 아이디어는 날카로웠다. 그리고는 칼룸바인 꽃을 고안해내지 않았을까 싶다.

단풍은 전체적 조화가 중요하지만, 꽃은 각 파트가 너무 정교하게 생겨서 대충 보면 진가의 대부분을 놓친다. 전체적인 조화에만 신경 쓰고 멀리서 꽃을 구경하면, 잃고 지나가는 것이 너무 많다. 그래서 단풍이 예쁘다지만 꽃 같이 예쁘진 않은가 보다.

단풍구경으로 한 바퀴를 휘돌고 나니, 어린애가 사탕 하나 얻어먹은 것처럼 그런대로 약간은 만족스럽다. 돌아오는 길에 위스칸신의 어느 중소도시에 들어서니, 집에 거의 다 온 것 같아 편안해졌다. 그러나 꽃구경도 아니고, 단풍구경을 위해 시간과 돈을 들이며, 일부러 헤매는 우리가 한심하다는 느낌은 여전하던 판국이었다. 이상하게도 호텔마다 모텔마다 〈노 베이컨시〉라는 말로, 우리들을 여기저기서 딱지 놓는다. 축구나 야구경기가 있는 것도 아니고, 이 시골구석의 작은 도시에서 예약손님만 받는다니, 웬 변고냐? 여러 숙소를 찾아보고 헤매다가 간신히 잠잘 방을 하나 구했다. 맥주 마시는 바에도, 저녁 먹는 식당에도, 주차장에도, 홀웨이에도 손님들로 북새통을 이루고 있다. 호텔 로비에서 한 노인부부를 만나서 이야기를 나누었다.

"시도 때도 없이 어째서 호텔들이 이렇게 만원입니까?"

"단풍 시즌이라 그렇습니다."

"아~니, 그렇다면 일부러 단풍구경을 온 사람들이 이렇게 많습니까?"

"그럼요. 우리 내외도 단풍시즌이면 해마다 여기 와서 일주일씩 단풍을 즐기다 갑니다. 꽃구경은 안 하고 살아도 괜찮지만, 단풍구경은 얼마나 환상적인지, 살면서 결코 빼먹을 수 없습니다. 이 무렵 이 근처에선 예약 없이 호텔을 잡을 수는 없어요."

나처럼 일부러 단풍구경 나온 사람들이 이렇게도 많단 말인가? 얼결에 우리들도 상류사회의 인사로 된 기분이다.

요게 무슨 음식이란 말이냐

왕세자는 무슨 음식을 어떻게 먹으며, 왕이 되면 무엇을 얼마나 먹을까? 염천교 다리 밑의 거지 아들은 무엇을 어떻게 먹고 자라, 어떤 음식을 얼마나 먹다가 죽을까? 내가 평생 먹은 음식은 무엇 무엇이며, 값이 얼마짜리나 될까? 먹어보지 못한 음식 때문에 죽을 때 아쉬움이 남을 수도 있을까? 음식은 맛, 가치, 분위기에 따라, 개인 만족도의 차이가 클 것 같다. 어떤 뜻하지 않았던 음식에서 얼마만큼 놀라운 맛을 발견하고, 얼마나 엄청난 행복감을 경험하게 될는지 아무도 모른다. 사는 동안 기차게 맛있는 음식을 먹고 감동해보고, 죽을 수 있다는 것도 축복이다.

과묵하며 선천적으로 뚱한 아이이긴 했지만, 아들은 두 살이 다 되도록 말을 당최 안 했다. 어쩌면 우리 부부가 미국말도 아니고 한국말도 아닌 언어를 사용했으며, 아기와 놀아줄 시간이 없었기 때문이었는지도 모른다.

"이건 만지면 안 된댔지? 맴매해야 돼 맴매 맴매."

엄마가 엉덩이를 힘껏 때려주니, 아들이 얼결에 똑똑한 발음으로 자기 의사를 확실하게 표현하며 울어댔다.

"아앙, 엄마! 노 쭈쭈, 노 껌!"

말을 전혀 못하던 아기가 별안간 말을 하니, 우리 부부는 깜짝 놀랐다. 얘가 이게 무슨 뜻이냐? 엄마가 나를 아프게 때렸으니까, 그 벌칙으로 엄마에게는 쭈쭈바라는 것도 안 주고 껌이란 맛있는 음식도 안 주겠다는 뜻이다. 우리 부부는 그 시절 팝시클을 한국식으로 '쭈쭈바'라고 불렀고, 추잉검을 '껌'이라고 불렀지만, 아기는 한 마디도 말해본 적이 없는 단어들이었다. 아기는 마음속으로 생각했었나 보다.

"히야, 요게 무슨 음식이기에 요렇게도 맛있냐? 세상에 태어나니까 쭈쭈바라는 음식이 있는데, 너무 맛있어서 입이 얼어붙는 데도 또 먹어야만 돼. 그리고 껌이라는 음식은 또 어떻고? 깜빡 정신이 나갈 정도로 맛있어. 맛있지만 껌은 먹을 때마다 엄마 아빠가 바짝 긴장하는 눈치고, 어떤 때는 입에 있는 것까지 빼앗아 가더라. 이유는 모르지만, 껌은 극히 조심해서 먹어야 되는 음식인가 봐."

맛있다는 표현은 할 줄도 모르고, 속으로만 그 맛에 감동하고 있었을 아기의 마음속을 들여다보니 웃음을 참을 수가 없다. 어떤 사람이 입맛이 없어서 뭘 못 먹겠다고 말하면, 좀 아니꼽게 느껴지던 시절도 있었다. 살다보니까 입에 맞는 음식을 찾지 못해서 우울해진 사람들이 의외로 많고, 먹을 만한 음식을 못 구해서 건강유지에까지 영향을 끼치는 사람들도 적지 않다. 일반적으로 요즘에는 어디 가나 맛있는 음식도 흔하고 고급 요리도 많다. 식도락가들은 세상에서 가장 맛있는 음식으로 인도네시아에서 먹는 Beef Rendang을 뽑았다. 두 번째도 역시 인도네시아 음식인데, 볶음밥 Nasi Goreng으로 소개했다. 이렇게 맛있다고 정평이 난 음식이 나에게는 안 맞을 수도 있을까?

음식을 값비싸게 만드는 정교한 맛이 오히려 어떤 사람에게서는 식욕을 탈취해간다. 값비싸고 귀한 향료의 야릇한 맛 때문이다. 나는 실란트로의 맛과 냄새를 아주 싫어한다. 사프란이라는 향료는 파운드당 가격이 $5000이라 한다. 사프란이 들어감으로 해서 음식 값이 얼마나 뛰어오를까? 그 향을 싫어하는 사람은 사프란이 들어간 음식을 먹을 수가 없다.

세상에는 눈물 나는 희극이 많다. 웃어야만 되는 비극이다. 가난했던 가사도우미 아줌마는 불고기 누린내가 너무 싫어서, 월급 많이 주는 부잣집 부엌에서 일할 수가 없었다. 고기 요리 할 필요 없는 가난한 집에서 하급 식모살이밖에 할 수가 없었다. 어린 시절부터 남의 집 머슴살이만 하던 불쌍한 일꾼 돌식이는 술이나 고기를 먹어본 적이 없는 채식주의자다. 술과 고기가 지천인 잔칫집에 가서 일을 해도, 고기 한 점 술 한잔 먹을 수가 없었다. 그에겐 주지육림이 허탕이니, 하나라의 걸왕 보좌라도 무의미하다. 돌식이는 부자가 된다고 해도, 음식은 시래기 된장국이 최상이다.

어렸을 때는 모든 것이 부족했다. 여러 번 우려내서 묽어졌을 지라도, 닭고기 국물에 말아낸 잔치국수는, 그 시절 시골에서 굉장히 고급음식이었다. 맹물에 국수를 삶아서 양념간장으로 간 맞추고, 참기름 한 방울 떨어뜨린 잔치국수가 보통이었다. 칼국수라야 한갓 호박나물 얹어, 양념간장 쳐 먹는 것이 고작이었다. 이런 국수만 먹던 내가, 서울에서 '라면'이라는 국수를 먹어보고, 그 훌륭한 맛에 졸도할 지경이었다.

"휴~, 서울사람들은 참말로 맛있는 국수도 먹는구나."

'면'이란 글자로 보면 국수라는 뜻의 우리말인데, 두음법칙까지 어기며 '라면'이라고 명명했으니, 영어인지도 모르겠다. 일본은 무조건 원수로 취급하던 시절이니, 일본말을 끌어다 쓸 리는 없을 것이라는 생각이었다. 이 음식은 이름도 희한하여 '라면'이라 부른다지만, 이토록 맛있는 국수를 도대체 누가 만들어냈단 말인가?

음식을 먹어보고 너무 맛있어서 나 스스로 깜짝 놀랐던 기억은 또 한 번이 있다. 나는 훈련병 때, 이동주부로부터 사 먹던 찹쌀떡(모찌)의 맛을 잊을 수가 없다. 그때는 돌멩이도 삼키면 소화될 지경이었고 24시간 배가 고팠다.

"히야아~ 세상에! 맛있는 음식도 있구나."

이렇게 무섭도록 맛있는 음식의 이름이 무엇이며, 요렇게 맛있는 것을 누가 만들었단 말인가? 돈을 벌면 찹쌀떡을 실컷 먹어보겠다고 다짐했었는데, 시도해 봤었는지 고속세월 속에서 건너뛰었는지 모르겠다. 한 판을 사다 놓고 먹어봤어도, 몇 개 못 먹고 생목이 올라 고생했었을 것이 뻔하다.

음식이 입에 짝 맞아 놀라웠던 기억은 사람마다 가지고 있으며, 경우가 모두 다르다. 아직도 많은 한국인들은 엄마가 만든 김치찌개나 어렸을 적에 먹던 진잎국을 더 맛있는 음식으로 꼽고 그리워한다. 어색해서 나는 혼자 외식도 못 하던 사람이었다. 혼자는 빵집에도 못 가는 주변머리라, 무엇을 먹으러 가려면, 후배나 약자를 강요해서 동행해야만 했었다. 점점 늙어가니 옆에서 이것저것 맛보며, '괜찮다'거나 '별로다'라고 평가해줄 아내도, 더 이상 강제동행에는 응하지 않는다. 요즘은 고독을 즐기는 사람들의 혼술이나 혼밥이 유행한다고 한다.

"권하는 맛에 술 마시지. 미친 사람마냥 왜 혼자 술 마셔?"

이런 말은 요즘 한물간 사람들의 설익은 논리가 돼버렸다. 떼밥이나 떼술을 먹을 땐, 남 떼흉 보는 것이 고작이니, 조용한 분위기에서 혼술로 인생을 검토 계획한다는 이야기다. 그러나 맛있는 음식을 먹을 때, 내 식감 평가에 응원해주고 내 기분에 호응해주는 사람이 옆에 있어야, 그 맛을 확인하는 턱이 될 것 같다. 음식은 사실 시간을 넉넉히 잡고 혼자 맛을 음미하면서 천천히 조금씩 먹어야 맛의 진가를 알 수 있을 것 같다. 아직까지는 내 생애에 찹쌀떡이나 라면만큼 맛있었던 음식을 발견하진 못했다. 내 영혼이 혼미해질 정도로 맛있는 음식을, 죽기 전에 최소한도 한두 번은 더 먹어볼 기회가 있으리라 믿는다. 앞으로 맛있는 음식을 찾기 위해서는, 어차피 나도 혼밥을 즐기며 동분서주해야 될 낌새다. 어딘가에서 나를 기다리고 있을 그 황홀한 맛의 음식을 어서 발견하고 싶다. 한편 놀라운 맛의 음식을 말없이 혼자 먹어버린다면, 들뜬 기분과 맛에 대한 흥분은 곧 사라지고 기억에도 안 남을까봐 걱정이다. 그러나 혼밥이건 쌍밥이건 상관은 없다. 나를 망연자실하게 만들 숨겨진 음식의 비밀스런 맛을 찾아서, 당장 탐색여행을 떠나야겠다.

야생화

시카고에서 I-55번을 달려 세인트루이스까지 가서, I-44번을 타고 오클라호마시티까지 갔다. 훠트윌스에서 I-20을 타고 서쪽으로 가기 위해, 우선 I-35로 들어서며 남쪽으로 향했다. 이게 웬 맹랑한 운전연습인가? 미 대륙을 대각선으로 횡단해? 햐~ 미국에 구경할 데가 얼마나 많은데? 생뚱맞게 원의 중심에서 원의 중심으로 허허벌판 달리며, 매일 똑같은 경치로 판박이를 반복하는가?

그 당시 아내의 건강으로는 비행기 탈 컨디션은 못 됐다. 그러나 자동차 타고 앉아 있을 용기는 있다니, 자동차로 가고 싶다는 곳을 여기저기 여행시키고 있는 중이다. 운전하기가 여름날 낮잠 자기처럼 쉽진 않지만, 그래도 보도여행이나 자전거여행이 아니니 얼마나 거저먹는 셈인가? 어떤 사람은 사랑하는 사람을 위해, 자전거 타고 대륙횡단도 한다는데, 편히 앉아서 액셀러레이터만 밟으면 되니 나쁘진 않다. 볼 것 없는 휑한 고속도로지만 이득이 전혀 없진 않다. 광활한 벌판으로 긴 날숨을 내뿜으면, 몸속에서 뿌리내리던 시카고 노폐물이 쏟아져 나와, 공중분해 소멸된다. 가슴속에 자리 잡던 스트레스도 한꺼번에 대탈출하여 행선지도 모르게 줄행랑을 친다. 시골동네를 거치면서, 동양인에 익숙하지 않은 미국어린이들의 호기심 찬 눈동자를 들여다보는 것도 재미있다. 세련되지 않은 제노포브(꼴값 떠는 미국인)들의 제노포비아(외국인 싫음병) 현상이나 시골뜨기들의 어설픈 차별대우 시도도 홍미 돋우는 볼거리이다.

오클라호마시티에서 텍사스로 연결되는 I-35번 길로 들어서니, 색다른 풍경이 눈을 즐겁게 했다. 고속도로 안쪽과 바깥쪽 곳곳에 Showy Evening Primrose가 대대적 군락을 이루며 밝은 분홍색 물결로 춤을 춘다. 시카고 부잣집 정원에서는 공주 대우를 받는 꽃이다. 그러나 아무도 손봐주지 않는 여기 이 남부 고속도로변에서는, 자력으로 꽃 피고 스스로 씨 맺으며 번식해 나간다. 다른 꽃이나 풀들이 자기 영토를 침범하지 못하도록 경계하며, 허술한 틈을 주지 않고 쫀쫀히 뭉쳐, 자기들끼리 합심하여 세력을 키워나간다. 분홍색 꽃 무더기들이 뭉쳐서 씨족을 이루고, 다시 자기들끼리 힘을 합쳐 부족을 이루기 위해 생육하고 번성해 나간다. 진달래 동산의 꽃 무더기들처럼, 여기저기서 군락을 보여주며 협조 발전하고 있다. 주정부에서 인위적으로 영토분배를 했는지, 씨족 간에는 어느 정도 거리를 두고 있어서, 퍼져나갈 여유와 부족으로 성장할 공간은 충분히 있었다. 이 야생화들은 잡초 세력을 누르고 잡초 위로 군림하며, 자기들만의 영토 확장을 위해 최선을 다 한다. 같은 색깔의 단일민족 형성을 위하여 수술들은 활짝 핀 꽃 속에서 뻔뻔스럽게 나신으로 바람 앞에 나선다. 암술들은 행여 꽃가루의 눈길로부터 외면당할까봐, 끈적끈적한 입술가로 침을 흘리며 시시덕거린다.

광개토대왕이나 징기스칸이 증명해 보였듯, 원래 단일민족으로 세상을 제패하긴 쉽지 않다. 텍사스로 접어들어 남쪽으로 내려갈수록 고속도로 주변의 야생화 씨족들은 피부색과 용모에 다양성을 보인다. 쪽빛 블루보넷, 샛노란 코레옵시스, 밝은 주홍빛 인디언페인트브러쉬를 비롯하여, 새하얀 프리클리양귀비와 알록달록 인디언블랑켓까지, 색색으로 자기들만의 씨족이나 부족 그룹을 이루며 번창해 나가고 있다. 같은 피부색과 동일 얼굴모양을 가진 꽃무리들은 여기저기에서 자기들만의 동네를 이루고 자기들끼리 모여 산다.

개중에는 전혀 색다른 남의 민족 속으로 침투하여, 색의 조화와 운율을 깨뜨리는 야생화 가족도 보이기는 한다. 남의 땅에 들어와, 남의 나라 중앙에 살짝 자기 씨를 뿌려 애기들을 낳아 기르며 시치미 떼고 사는 꽃이다. 파란 민족 속에 노란 꽃이 섞이니, 군계일학인양 눈에 번쩍 띄지만, 백인동네의 흑인처럼 생활하기에 편안하지는 않게 생겼다.

분홍색 프림로스 나라에 파란 블루보넷 부부가 밀입국하여, 시골구석에 터를 잡고, 자손을 퍼뜨리는 경우도 있다. 자손들에게는 "공부 잘하라"는 말 대신, "최대한으로 능력껏 애들 많이 낳아 영역 확장에 힘쓰라"고 부탁한다. 이 야생화들은 자기 종족을 늘려서, 외롭지 않게 살겠다는 각오로 벌이는 투쟁이 대단하다. 공터만 보이면 선점하기 위해 자기 꽃을 피울 자녀들을 그곳으로 마구 밀어 올린다.

코레옵시스 국가와 인디언페인트브러쉬 국가가 서로 맞붙어서 싸우기도 한다. "가나안은 원래부터 내 땅이었노라"라고 노랑꽃이 우기며 점령하니, "요런 날강도! 내가 사는 땅을 생으로 뺏니?"하며 주홍색 꽃이 아귀다툼으로 방어한다. 주정부에서 영토분배를 할 때, 꽃씨 뿌리는 일꾼들의 실수로, 두 가지 꽃씨를 바짝 붙여서 뿌린 탓인지도 모른다. 그렇지 않으면, 잘 어울릴 것 같은 두 가지 색깔이라 일부러 색깔을 조합하여, 혼성군단을 만들었는지도 모르겠다. 서로 다른 꽃들이 자기 민족의 세력 확보를 위해, 국경지대나 비무장지대까지 침투하여, 자기 꽃으로 꽉 채우려고 발버둥이다.

남쪽으로 내려갈수록 꽃들이 섞여, Melting Pot을 이룬 혼성군단 합중국들은 더욱 많이 늘어난다. 노랑 나라에 남색 꽃이 섞이고 파랑 나라에 주황 꽃이 침범하여, 꽃들이 서로 자기 영향력 확장에 힘쓰고 있다. 남쪽으로 넉넉하게 내려오니, 혼합 민족국가들이 단일민족 국가보다 오히려 더 많아진다. 미국 땅이라 사람들도 섞여 사는데, 꽃들도 "핑

크빛 그룹" "하늘색 그룹", 따지지 말고 뒤섞여 사는 것이 오히려 좋을 성싶다. 오래잖아 이 주변은 색색의 야생화들이 네 민족 내 족속 구분 없이, 공산공유주의 사회로 살아가게 될 기미조차 보인다. 다행히 서로 다른 색깔의 꽃과는 결혼해도 임신하지 못할뿐더러, 서로 정도 주지 않으니, 선명한 꽃 색깔들은 영원히 보전될 성싶다. 서로 다른 색의 암술 수술이 결혼해도 혼합색깔의 혼색화가 태어나지 않는다는 것은, 야생화의 순수혈통 보존을 위해, 신이 정해놓은 생의 신비 같다.

미국에 몰려 사는 흑인, 동양인, 히스패닉, 인도인들처럼, 앞으로도 이들은 같은 나라의 영토지만, 끼리끼리 뭉치며 살아갈 확률이 높다. 차이나타운, 그릭타운, 코리아타운, 흑인동네, 멕시칸 타운처럼, 이웃해 있지만 구분하며 살게 될 가능성이 짙다. 분홍색 일색의 꽃 벌판도 예쁘지만, 균형 있게 섞여, 새로운 조화와 신비로운 패턴을 창출하는 것도 장려할 만한 계획이다.

물을 주는 사람도 없고 잡초 뽑아주는 사람도 없는데, 이 야생화들은 어떻게 저토록 꼿꼿하게 서서 새뜻하게 피는가? 더욱이 이곳은 토네이도까지 자주 지나가는 동네다. 강한 비바람은 어찌 견디며, 야생동물들의 이빨과 구경꾼들의 구둣발로부터는 어떻게 보호를 받아, 저토록 아름다운 자태를 보여주는가? 아~, 그렇구나. 신기하다는 생각보다 앞서서 나오는 선명한 아이디어가 있다. 왜 저 야생화가 저토록 아름다운가 알 것 같다. 하나님이 꽃을 만들 때는 원래 모두 야생화로 만들었다. 야생화가 스스로 조화를 이룰 때는 하나님의 솜씨가 거기 배어 있고, 인간이 정원에서 꽃으로 기교를 부릴 때는 불완전한 인간의 솜씨가 숨어있게 마련이다.

이 햇볕 풍성한 동네의 바람 신선한 벌판에서, 필요한 것은 뭐든지 욕심껏 취하며 피는, 이 야생화들은 아름답지 않을 수가 없다. 이 야생화들은 색깔도 뚜렷한 본색을 그대로 드러내며, 인간의 기교라고는 한

점도 없이 조물주가 만든 민낯을 떳떳이 보여준다. 이들은 더 새뜻하게 만들려고 제 얼굴에 영양크림을 바를 필요도 없고, 아름다움을 개선하려고 성형수술 할 필요도 없다. 처음부터 "하나님이 보시기에 심히 좋게" 만들어졌기 때문이다.

땡볕 밑에서 물은 충분할까? 가만히 관찰해보니, 고속도로에서 흘러내린 물은 모아두었다가 서서히 잦아들도록, 바닥을 군데군데 웅덩이 스타일로 만들어 놓았다. 스콜이 지나갈 때마다 자동적으로 물이 모이게 되고, 필요에 따라 해갈하며 사니, 물 걱정도 심각하지는 않게 생겼다. 더욱이 낙타처럼 한번 잔뜩 물을 마시면 오래도록 물 생각 안 나는 꽃이 이 야생화들이다. 또 이 야생화들 중에는 가뭄을 별 신경 안 쓰면서 사는 야성미 넘치는 꽃들이 많다. 꽃잎은 부드럽지만 개미나 풀벌레도 꽃잎을 갉아먹지 않음은, 곤충들도 색깔 고운 이 야생화들을 사랑하기 때문이 아닐까? 처음엔 주정부 일꾼들이 씨뿌리기를 시작하여 만들어진 꽃 세상이겠지만, 지금은 넓은 들판에서 자기 천성대로 피고지고 번식해 나간다. 인간이 뿌린 꽃의 씨들이지만, 하나님이 창조했던 태곳적의 순수함을 되찾아, 하나님 솜씨를 다시 그대로 내보이며 살아가는 야생화들이다. 텍사스 중앙으로 깊숙이 들어갈수록 더욱 화려한 야생화들로 가득 채워져 있으며, 이 고속도로 주변은 점점 더 아름다워질 전망이다.

꽃밭에 숨은 시간들

올해는 유달리 꽃이 잘되는 해였다. 한 번 흰 꽃을 찾아 꿀을 먹던 벌은 또 흰 꽃을 찾는다고 한다. 더 이상 흰 꽃을 못 찾아야 비로소 다른 색 꽃으로 날아간다고 한다. 어둑어둑한 새벽 미명에 뒤뜰을 내다보던 나는, 주변을 환하게 밝히고 서 있는 흰색 클레오미 꽃들의 깨끗하고 청초한 모습에 반해버렸다. 그 뒤부터 클레오미는 언제나 흰색만을 심는다. 한국에서 새하얗다던 아카시아 꽃이나 메밀꽃은, 클레오미와 견주어보니 차라리 연두색과 회색이다.

클레오미가 만발했을 때인 한 여름에는, 백설기에 건포도 박히듯, 꿀벌이 송알송알 꽃 속에 섞여서 온 종일 진을 치고 있다. 너무 벌이 많아서 클레오미 꽃밭에 접근하기조차 겁이 났다. 꽃 풍년이 드니 벌 나비도 풍년이다. 아무리 독침을 가지고 있는 벌이라 해도 한 번 쏘면 자기 생애가 끝나는데, 착하고 인상까지 좋은 나를, 쉽게 쏘진 못할 것이다. 클레오미는 매일 저녁나절이면 또 한 행렬의 꽃들을 피운다. 꽃봉오리는 곰실곰실 배냇짓을 하며 보통 2~3분 만에 활짝 피어 만개한다. 꽃밭에 숨어서 흐르는 시간은 놀랄 만큼 아름답다. 꽃이 피고 있는 동작을 보고 있으면, 잠자던 강아지들이 꼼지락꼼지락 깨어나 활짝 기지개 켜는 것처럼 앙증맞고 신비스럽다. 하얀 클레오미는 대갓집 청상과부처럼 섬뜩할 만큼 차갑게 보이지만, 밝고 산뜻한 색깔로 만인의 시선을 독차지한다. 갓 피어난 꽃이 너무 하얗고 깨끗해서, 입술로 덮쳐

타액으로 꽃잎을 오염시키니, 처녀에게서 순결을 탈취하듯 야릇한 쾌감이 인다.

꽃밭은 작고 심긴 꽃들은 너무 많다. 클레오미 군상 속에 숨겨진 백일홍 장미 과꽃 채송화까지 갑갑해 못살겠다고 아우성이다. 백일홍이 클레오미 틈을 뚫고 나와, 고개를 외로 꼰 채, 간신히 꽃대만 내밀고 빨간 꽃을 피워 올리니 너무 안쓰럽다. 아직도 클레오미 시즌이 완전히 지나가진 않았지만 일찌감치 공간을 양보하라고 클레오미를 모두 잘라버렸다.

좁은 공간에서 숨 할딱이는 백일홍을 위해 마련해준 공간인데, 엉뚱하게도 밑에 있던 장미들이 회춘하여, 마구 새싹과 새 봉오리를 내민다. 작은 키 때문에 여름 내내 숨 못 쉬고 있던 장미들은, 남의 팔매에 밤 주워 먹듯, 절호의 기회라며 색색이 꽃을 피워 올린다.

클레오미 없어진 위층 공간을 욕심껏 차지한 키 큰 백일홍들은 제 세상 만난 듯, 서로 시새우며 꽃을 피워댄다. 올해는 클레오미 해인 줄 알았더니 오히려 백일홍에게 가장 좋은 해였나 보다. 꽃 색깔들도 빨강 노랑 주홍 하양 주황이라 새뜻한 색으로만 꽃밭을 장식하고 있다. 클레오미가 밤에 분위기 잡는 침실 꽃이라면, 백일홍은 낮에 앞으로 나서는 무대체질의 꽃이다. 백일홍 꽃잎은 단잎과 겹잎이 있는데, 겹꽃잎 중에는 콘훌라우어형, 양파형, 달리아형이 있다. 백일홍은 젊은이 늙은이가 서로 뚜렷이 구분된다. 대개 꽃이라 불리는 존재들이 하루살이 생애이고, 심지어 몇 시간 피어보고 시든다. 백일홍은 백일 동안을 피는 꽃이라니, 다른 꽃들에 비하면 얼마나 긴 생애인가? 꽃의 색깔이 선명하고 얼굴에 개기름이 사르르 흐르면 금방 피어난 꽃이며 사람의 나이로 열여덟 살에 해당한다.

"야~ 요 꽃 좀 보소. 차암 새뜻하고, 눈과 맘에 짝 달라붙네."

핀 지 몇 주가 지나면 완전히 성숙하여 꽃잎은 탐스럽고 꽃송이도 부쩍 커진다. 제 고유의 색깔을 떳떳한 자세로 유지하며, 인간 나이 30살에 해당되는 삶을 살아간다. 겹잎 백일홍은 이때도 계속해서 속으로부터 새 꽃잎이 생장 발육하기 때문에, 꽃은 점점 더 커지고 탐스러워진다. 어떤 때는 가장자리 꽃잎들이 늙어서 색깔이 바랠 때까지도, 가운데에서는 새로운 아기 꽃잎들을 계속 밀어 올려, 꽃이 총체적인 성장을 계속한다. 꽃의 귀와 모가지는 늙었지만 코와 눈동자는 이팔청춘이라는 이야기가 된다.

세월이 더 지나가면 색깔이 흐려지고, 볼때기에 기름기가 메마르기 시작한다. 이때가 되면 인간 나이 50살에 해당한다. 꽃으로서 약간 불쌍해 보이는 시기다. 알록달록 꽤 꽃 노릇을 해주지만, 자세히 보면 꽃잎 위에 마른버짐 기운이 돌고 오리지널 색깔을 잃어가는 시기다.

"이 보래이. 넌 꽃이냐 가랑잎이냐? 때깔도 모양다리도 꼭 된장 묻은 베잠방이 같다 야."

이런 소리를 들을 때가 되면, 그 꽃은 인간 나이 70살에 해당된다. 없어지는 것이 전체 꽃밭의 가치평가에 도움이 될 때인 것이다. 이 지경이 되면 사람 눈에 띄는 즉시, 꽃은 제거되어 쓰레기통으로 직행한다.

예년에는 꽃밭에 여러 종류의 나비와 벌들이 뒤섞여서 사이좋게 꿀 따가기를 했었다. 올해 백일홍 밭에는 호랑나비 일색이다. 호랑나비가 워낙 많으니까, 작은 벌이나 노랑나비는 영역싸움에서 밀려났나 보다. 꽃밭이 아름다운 이유는 호랑나비가 많기 때문이기도 했다. 나비들은 꿀을 실컷 먹고 놀면서, 옆의 나비에게 시비도 걸고, 줄맞춰서 함께 라인댄스도 한다.

"차차차 찍고 돌고, 재즈박스 하고, 락 앤 췌어!"

복수의 미물이 동시에 같은 동작을 취하기도 한다니 놀랍다. 벌레가 페튜니아나 제라늄에서 유달리 극성을 피운다며, 아내가 그 꽃들과 새순들을 자꾸 잘라내 버린다. 유충이나 알들이 너무 속속들이 박혀 있어서, 살충제까지도 작동하지 않는단다. 정밀관찰과 연구 끝에 우리들은 왜 그렇게 벌레가 많이 생기는지 그 이유를 알 수 있게 되었다. 우리 정원을 논산훈련소로 알았는지, 여름날 해운대로 착각했는지, 소대별로 중대별로 떼로 몰려 덤벼드는 호랑나비 떼 때문이었다. 어느새 호랑나비들이 알을 낳고, 유충이 이 꽃 저 꽃으로 퍼져, 연한 꽃잎과 새순들을 갉아먹기 시작했던 것이다. 호랑나비도 IQ가 꽤 높은지, 미련하진 않았다. 작은 봉오리에 알을 낳으니, 꽃과 함께 태어나 꽃이 자라면서 자기도 자란다. 아내는 벌레가 만연하기 전에 오염된 꽃을 자꾸 잘라버렸다. 결국 꽃이 활짝 펴보기도 전에 꽃봉오리들을 모두 잘라버려야만 했기 때문에 너무 아까웠다.

호랑나비들을 지켜보았다. 나비라면 똑같이 예쁘고 모두 팔랑팔랑 같은 춤을 추는 줄로 사람들은 착각한다. 무늬가 똑같이 생긴 나비라고 해도, 쌓은 경력이 다르고 촉촉한 눈매가 다르고 드라이빙 파우어가 다르다. 빛깔로 나이를 감 잡을 수 있기는 백일홍뿐만 아니라, 나비도 마찬가지임을 알아냈다. 호랑나비 날개의 색깔이 새까망 새하양 진갈색 샛노랑 순빨강으로 선명한 색상의 무늬를 가진 놈은 젊은 나비이다. 금방 부화했거나 1개월 정도 안팎의 나이다. 꿀을 욕심껏 먹어대고 날갯죽지에서 피앵피앵 소리가 나도록 휘저으며 세상구경을 다닌다. 깝죽대며 말썽도 부리고 제멋대로 하려고 나대면서도, 은근히 경험을 쌓아간다. 꿀에는 15% 마음이 가 있고, 애인에게 85% 마음이 가 있는 놈들이다.

햇볕과 비바람에 시달려 좀 색깔이 퇴색한 느낌이 들지만, 아직 힘차게 날갯짓을 한다면, 2개월 정도 된 호랑나비다. 그런대로 색깔과 모양새를 유지하고 이성에게도 매력적일 만큼 휘익휘익 힘찬 춤을 춘다. 자기 외모보다는 성취에 신경 쓰는 놈들이다. 더 젊은 것들이 버릇없이 놀면, 슬그머니 피할 줄도 아는 원숙한 세련미를 가진 놈들이다.

나비 나이가 3개월 정도로 접근하면 어떻게 될까? 죽을 때가 된 것이다. 날개색깔이 흐리멍덩하고 동작이 굼뜬 놈들은 볼 장 다 본 늙은이 나비들이다. 이런 놈들은 대부분 날개가 성하지 못하다. 산전수전 경험한 능구렁이들이라서 날개에 흠집이 생겼거나 낡아서 나달나달하다. 어떤 놈들은 날개를 두꺼비한테 물어 뜯겼는지 다람쥐에게 베어 먹혔는지, 도장부스럼처럼 숭얼숭얼 둥근 모양으로 구멍이 뚫렸다. 험하게 한평생 살아온 나비는 2/3 이상 날개가 찢겨져 나간 놈들도 있다. 그래도 꿀은 먹어야 살겠다고, 꿀 찾아다니며 이 꽃 저 꽃 집적거린다. 헛바람 날갯짓하느라 힘은 갑절로 들 텐데도 제 밥벌이 제가 하고 있으니 기특하다. 안 보이는 것이 더 나을 성싶다고 눈총 주거나 구박하지 말자. 낡아빠진 나비지만 꽃밭을 더 아름답게 만들겠노라며, 죽는 날까지 가루받이작업에 이바지하겠다는 의지가 있다. 근력도 빠진데다가 날개까지 닳아서 바람이 술술 새니, 늙은 나비는 얼마나 힘들랴? 늙은 나비들은 노소를 구분하지 말고, 통틀어 그냥 나비라 불러주기를 원한다. 이렇게 호랑나비들이 여름 내내 전 생애를 바쳐 춤을 춰주는데, 유충이 페튜니아나 제라늄의 새순과 꽃 좀 갉아먹었다고 팔팔 뛸 노릇은 아닐 성싶다. 꽃밭에 감춰진 시간도 흘러버린 후엔, 아쉽게 마련이다.

벌은 어떨까? 잘은 모르지만, 벌도 커리어가 쌓일수록 온순해질 것 같다. 어쩌면 늙은 벌은 사람이 덤벼들어도 안 쏘고 피하기 쉽다. 한번 쏘면 죽는다는 사실을 동료들이 죽을 때마다 확인했기 때문에, 늙은 벌은 지혜롭게 대처할 것이다. 사람이 접근할 때, 젊은 벌은 반사적으로 쏘고 죽지만, 늙은 벌은 주위를 맴돌며 겁을 주다가 최후의 순간에나 쏘게 되면 쏠 성싶다. 자신이 겁쟁이임을 드러내기 싫은 늙은 벌은, 소리 꽥 지를 것이다.

"벌이면 그냥 벌이지, 뭘 늙은 벌 젊은 벌을 부득부득 구분하려 드슈? 맴은 청춘이구만."

야자수

멕시코에는 가로수로서 야자수를 많이 심는다. 대부분은 땅속에 깊이 심기어 있으니, 태풍이 불어도 별 문제가 없다. 어느 도시에 가보니, 재떨이 비슷한 상자를 시멘트로 만들어 허공중에 설치해 놓았다. 버스정류장마다 똑같이 비치된 이 시멘트 상자들은 가로 1.5ft와 세로 2ft에 높이가 2ft 정도 되는 크기의 직육면체 화분이었다. 화분은 땅 표면으로부터 떨어져, 3ft 정도 허공으로 올라와서, 9자 모양으로 시멘트 벽에 받혀져 있다. 땅과 화분 사이의 공간은 쓰레기통 넣어두는 장소로 사용되고 있었다. 그 시멘트 상자로 된 화분 속에 흙을 채우고, 선인장이나 채송화를 심은 것이 아니다. 놀랍게도 코코넛 야자수를 하나씩 심어 놓았다. 흙이 조금밖에 안 담긴 화분 속에서 자라서 그런지, 야자수는 분재처럼 조그맣게 자라고 있었다. 그래도 갖출 것을 다 갖추고 사는 모양새가 신통했다. 몸통은 있는 둥 없는 둥이고, 주로 잎 부분이었다.

분재를 가꾸는 사람들도 나무를 자기 맘에 맞추려고, 자르고 당기고 꼬고 계속 괴롭힌다. 분재로 화분에 심긴 나무는 평생을 사람들에게 들볶이며 괴롭혀진다. 물도 양분도 실컷 섭취하지 못하고, 궁핍을 견디며 살아야한다. 거대하게 자라야 할 야자수를 이 조그마한 화분 속에 심어놓은 사람들은 무슨 심술이며 어쩌자는 심보일까?

일본에선 정사각형 모양의 수박을 개발하여 떼돈을 벌었다고 들었다. 알고 보니 수박을 정육면체 상자 속에 가두어서 기르고 익혀, 억지로 만들어낸 식물 생고통의 결실이란다. 조개의 생살을 찢고 모래나 이물질을 넣어, 조개를 평생 개고생 시켜 진주를 생산하더니, 나중엔 이 사람들 별짓을 다하여 돈을 번다.

코이라는 이름의 비단잉어가 있다. 이 물고기를 어항에서 기르면 5cm까지 자라서 금붕어 만하게 크지만, 수족관에서 기르면 60cm까지 자란다고 한다. 그러나 강물에서 기르면 놀랍게도 1m 20cm의 크기까지도 자란다고 한다.

이 멕시코 화분 속의 한정된 흙속에서 제한된 물을 마시며, 살아야 되는 야자수는 자신의 생을 어떻게 생각할까? 더 크게 사라면 오히려 자신의 큰 키가 자기 생명을 위협하게 되므로 더 자랄 수도 없다. 이 작은 시멘트 상자 속의 야자수는 자기 생명을 유지하기 위해, 자신의 키와 몸집을 못 자라도록 욱죄고 괴롭혀야만 한다. 이 나무들은 내일을 꿈꾸며 살아갈까, 죽지 못해 견딜까? 이 좁은 상자 안에 살면서도 때가 되면 코코넛 열매를 맺을 수 있을까? 보통 사이즈의 코코넛으로 열매를 맺으면, 물도 모자라고 뿌리도 약해서 그냥 뽑히거나 쓰러지게 생겼다. 사과만한 코코넛이라도 한두 개 열매 맺을 수 있었으면 좋겠다. 너무 궁색한 흙속에 심겨진 이 야자수는 자신을 심어준 사람이나 시정부에게 감사할까 불평을 할까? 색다른 분위기 조성을 위해 심었겠지만, 그 잔인한 처사가 보기만 해도 심란하다.

야자수라면 코코넛(야자)이 달리는 나무와 데이트(대추야자)가 달리는 나무가 있다. 코코넛나무는 단순하여 일률적이지만, 데이트나무는 생김새도 여러 가지이고 종류가 구구각색이다. 데이트나무를 관찰해 보았다. 데이트나무는 코코넛나무와 달라서 대개 몸체와 잎 사이에 기다란 초록색 모가지를 가지고 있다. 보통 이 매끈한 모가지 밑에서 꽃이 피고 데이트가 달린다. 그러나 간혹 모가지 위에서 데이트 송이가 달리는 나무도 있다. 또 잎과 잎 사이에서 열매가 달리는 데이트나무도 있다. 잎과 줄기는 코코넛나무와 비슷하나, 짧고 억센 잎사귀들이 잎줄기에서 360도 아무 방향으로나 마구 뻗쳐 나온 특이한 데이트나무도 있다. 꼭 불량소년 스포츠머리 깎아놓은 형상 같다. 또 가끔은 부챗살 같은 잎을 가진 데이트나무도 있어 적지 않은 혼선을 빚는다,

농사용 개량종인지, 어떤 데이트나무는 7피드 정도로 짤막하게 자란다. 이런 데이트나무는 키가 작으니, 수확하기는 쉬울 성싶다. 키도 미처 못 다 자란 짜리몽땅한 나무가 잎 떨어진 자리마다 데이트 송이를 주렁주렁 맺고 있다. 아직 어린 나무가 이토록 많은 열매를 맺어, 해마다 과잉부하를 참고 살아가야 할 테니, 어떻게 나무가 성장하겠는가? 이 데이트나무는 키가 크기도 전에 한 생애를 다 살아버리고, 납작한 채로 늙게 생겼다.

농사로 야자수를 심을 때는 코코넛이 아닌, 데이트나무를 항상 심는단다. 빈틈을 허용하지 않고 총총 빽빽하게 박혀 데이트가 익어간다. 데이트가 새빨갛다 못해 새카맣게 익어가도 따먹는 사람은 하나도 없다. 지혜롭게 할 만큼 탐스럽게 보이진 않지만, 풍성한 송이에 달린 데이트들이 정말 보암직도 하고 먹음직도 하다. 보라색이나 빨간 색으로 잘 익은 데이트들을 종류별로 하나씩 채취해봤다. 그러나 여행지에서 안 먹던 야생음식을 먹고 배탈이라도 날까봐 먹을 용기를 내지는 못했다. 데이트 한 송이의 무게가 50파운드는 될 정도인데, 어떤 나무는 너덧 송이씩 매달고 있다. 나무는 열매 무게를 견디지 못하여 반쯤 찢어지고, 어떤 송이는 무게 때문에 마디가 꺾어져 고개를 팍 숙였다.

영글어가면서 데이트 낱알들끼리 서로 비비고 밀며, 공간 확보를 위한 경쟁이 심각하다. 열매가 달리는 대부분 나무들은 열매가 너무 많이 달리면, 자라기 전에 많은 수량의 열매들을 떨어뜨린다. 그러나 데이트나무는 너무 많이 매달렸어도 부실한 열매들을 포기하지 않고,

모두 감싸 안고 함께 영글어간다. 데이트 송이끼리 서로 배와 가슴으로 비비고 밀면서 자란다. 오래잖아 데이트 껍질이 서로 터지고 섞여서, 네 침인지 내 콧물인지 모를 지경까지 이르게 생겼다. 이 데이트들의 진물이 서로 엉키면, 맛은 더 좋을는지 모르나 상품가치는 떨어지게 생겼다. 자식들을 걸리고 업고 안고 나들이 가는 임신한 시골 아낙네처럼, 데이트나무들은 열매를 힘겹게 업고 안고 걸머지고 익어간다. 데이트가 열리기 시작하면 100년간은 수확만 하면 된단다. 죽을 둥 살 둥 일하지 않아도 수확할 수 있다는 의미에서, 데이트 농사는 예부터 열대지방 주민들의 농사로 적합했을 성싶다. 데이트는 열량도 높고 맛도 좋아서, 두 알만 먹어도 한 끼 식사가 해결된다고 한다. 그러니 데이트가 선사시대부터 사막지방에서는 중요한 주식이었을 수밖에 없다.

성경에 나오는 모든 종려나무는 코코넛나무가 아니라, 이 데이트나무를 가리킨다고 한다. 먹을 음식이 귀했던 옛날에는 먹자할 것이 별로 없는 코코넛나무를 심느니, 이왕이면 식량이 되는 데이트나무를 심었을 성싶다. 인류역사 속에서 야자수들은 풍요의 상징이었고, 안식처의 랜드마크 노릇을 해왔다. 피곤한 나그네가 쉴 수 있는 곳, 무너져가는 사람이 생기를 되찾는 땅엔 항상 야자수가 있어왔다. 이토록 중요한 야자수를 옹색한 화분에 분재로 심어놓고, 얼마나 굶겨야 죽지 않고 살아 생존하는가를 지켜보고 있다니? 빈곤이 사라진 세상이라지만, 이건 좀 섬뜩하다.

성경에서는 가나안을 "젖과 꿀이 흐르는 땅"으로 표현했다. 잘 익은 대추야자가 뜨거운 태양열로 녹아 흐르는 과즙이 꿀 같아서 이런 표현을 썼다 한다. 즉 가나안은 양치기에 적합한 풀이 풍성하여 우유가 많으며, 대추야자인 데이트 나무가 많아서 꿀 같이 단 음식이 풍부하다는 뜻이라 한다. 옛날에는 데이트와 우유만 충분히 있어도 환상의 목적지였고 약속의 땅이었다. 요즘은 세계 대부분의 땅에서 이런 음식

정도는 쳐다보지도 않고 사는 시대다. 즉 인류 거의 모두가 가나안 땅보다 더 풍요로운 땅에서 사는 것이다. 이 호화로운 오늘을 사는 우리들은 하나님께 감사하지 않을 수가 없다.

라스베이거스 돌비석

늙음 고운님

전차

문 닫고 들어와

과잉비대 코스모스

악처냐 양처냐

눈물 타임스 눈물

라스베이거스 돌비석

남자는 경우에 따라 무표정이 매력일 수도 있다. 이집트로 팔려간 요셉이란 유대 청년은 어떻게 생겼었을까? Well-built and handsome이라 했으니, 반듯하게 생긴 눈 코 입이 제 있을 자리에 터를 잡고 있었을 것이다. 어울리지 않게 너무 큰 부분도 없지만, 충분히 탐스러운 크기의 이목구비를 갖추었을 것이다. 고향생각에 묻혀 무표정하고 과묵하며, 촐싹대지 않았을 것 같다. 요셉은 17세에 팔려가서 30세에 총리가 되었으니, 보디발의 아내가 눈짓을 할 무렵에는 20대 초반이었을 것이다. 한창 남성 호르몬이 왕성하게 분비될 때였으니, 얼굴에는 개기름이 구레나룻 사이로 번질거렸고, 어깨의 힘살은 힘 안 써도 꿈틀거렸을 것이다. 그런 모습의 남자에게는 무표정이 오히려 무게도 주고, 매스큘린 매력의 배가효과를 갖게 된다. 예부터 불변엔 변화를 끼치고 싶고, 바위는 흔들어보고 싶은 것이 여심이라 했다. 그러니 남자의 무표정은 여자들에게 사랑의 목표물이 될 수도 있다.

여자의 경우는 다르다. 막 피어나는 열여섯 살 소녀라 해도, 표정 없는 여자는 돌부처 같아서, 매력을 찾을 수 없게 된다. 주나라의 왕비 포사와 같이 웃음 없는 여자는 어떤 특정한 남자에게는 이상한 매력을 느끼게 하는 마력을 지니는 경우도 있다. 그러나 일반적인 남자들에겐 역시 차가운 인상이 매력으로 작용하기는 힘들다. 표정이 없지만 특이할 정도로 괴상한 매력이나 사람을 홀리는 마력을 지닌 여성은, 역시 조심해야 한다. 포사처럼 집안이나 나라를 망치게 하는 경우로 결말을 만들 우려가 있다. 민비도 차가웠고 웃지 않는 여인이었다고 알려졌는데, 시아버지 홍선 대원군과 맞부딪침의 결말은 역시 입맛이 쓰다. 이씨 집안을 망치는 것은 나와 별 상관없지만, 내 나라까지 망치는 것에는 화가 난다.

라스베이거스 카지노에서 아무 표정 없이, 슬롯머신을 끝도 시작도 없이 돌리며, 시간 보내는 동양계 여인을 보았다. 앞면도 꽤나 안 예쁘게 생겼지만, 몸매도 어지간히 자유 민주주의 형태로 생겼다. 과잉으로 두툼하고 무감각해 보이는 입술은 된장독에 옹기뚜껑 덮어놓은 모양새다. 고압전기로 충격을 줘도 게슴츠레한 눈으로 꾸벅꾸벅 졸기만 할 것 같다. 바늘로 찔러도 되튈 것처럼 견고해 보이는 윗입술을 툭 내밀고, 흥미 없이 슬롯머신을 돌리고 또 돌린다. 반쯤 감긴 눈에, 지루함과 따분함이 겹친 시선을 허공에 두고, 아무 감정 없이 돌림단추를 누르고 또 누른다. 슬롯머신에 입력된 돈은 들락날락하면서 시냇물에 소금덩어리 녹듯, 잘도 닳아 없어진다.

어떤 사람이 옆 머신의 의자에 앉고 싶어서 우물쭈물해도, 쭈욱 뻗은 다리와 발을 치우지도 않고, 꿈을 꾸는 듯 무신경 무감각이다.

"내 밥 먹고 내가 사는데, 네까짓 놈들 눈치 볼 필요 뭐 있냐?"

그렇다. 타인들을 전혀 인식하지 않으며 산다고 불평할 수는 없다. 그녀의 인생관이고 삶의 자세이기 때문이다. 그러나 혹시 옆 사람이 나 때문에 불편하지는 않을까, 내가 하는 짓이 남에게 무례한 것은 아닌가, 둘러보며 사는 것도 공동사회의 예의일 성싶다. 많이 손해나는 일이 아니라면, 약간의 미소를 가끔 옆 사람에게 공짜로 던지면서 살아도 나쁘진 않을 성싶다. 안 예쁘게 생긴 여자일지라도, 자기 얼굴에 어울리는 미소를 창안하여 자기 것으로 고유화한 후, 자기가 소유할 수도 있다. 자지러지는 몸짓을 연습하고 익혀, 개인매력을 만들어낼 수도 있다. 아프리카 어느 나라에서는 뚱뚱할수록 미인으로 친다고 한다. 그 나라에서는 체중의 크기로 미인의 척도를 삼는다니, 뚱뚱한 몸매도 어떤 남자에게는 오히려 매력으로 작용한다.

여자가 기억해야 할 남자의 속성 중에는 또 한 가지가 있다. 일시적 애인일 경우라면, 오히려 안 예쁜 얼굴에 흐느적거리며 여자 냄새를 풍기는 여성이 더 매력적일 수도 있다는 사실이다. 자기는 안 예쁘게 생겼으니깐, "에라 모르겠다, 돈이나 따자" 하며 죽치고 앉아 무한정 머신을 돌리는 여인이 있다니? 아무런 의욕도 없고 굳어진 얼굴에, 맥을 놓고 머신의 단추만 계속 작동시키고 있는 그 여자는 너무 한심스럽다. 돈이 쏟아져 나와도 즐거운 기색이 전혀 없고, 돈이 자꾸 들어가면 또 그것이 당연한 것이라는 듯 태연하다. 아예 이 세상 모든 남자들은 자기와 아무 상관이 없다는 듯, 완전 무표정으로 머신만 들볶는다. 그녀는 쉴 새 없이 머신의 돌림단추를 누르고 또 누른다. 돈을 혹시 딸 수도 있을까 해서 돌리고 또 돌린다면 모르겠지만, 돈 따고 싶다는 기대도 흥미도 전혀 없다는 표정이다.

카지노에서 돈 땄다는 사람을 신문에서 가끔 볼 수 있지만, 쫄딱 망했다는 사람들은 주위에서 아주 흔히 볼 수 있다. 기댓값이 제로로 수렴하는 게임이니 돈 딸 확률은 거의 0%다. 여러 번 시도할수록 투자한 돈의 총계는 무일푼을 향해 달리도록 고안된 머신이 카지노 슬롯머신이다. 그러니 딱한 그 여자의 모습은 더욱 초라해진다.

남자의 총재산은 자신감이라고 했다. 그래서 남자들은 자신감을 증강시키는 일이라면 뭐든지 하고, 자신감을 높이는 것이라면 이상한 살점이나 희한한 약까지 먹는다. 자신감 넘치는 남자를 바라보는 것만으로도 주변 사람들은 활력을 얻는다. 여자에겐 중요하지 않은 것이 자신감일까? 아니다. 여자의 자신감은 더 중요하다. 자신감이 있는 여자는 자기 위치를 정확히 파악하고 있어서, 매력이 온몸에서 방출된다.

자기가 할 일이 무엇인지 뚜렷이 알고, 잘 찾아서 실행하는 여자는, 교활한 짓이나 악독한 행위를 계획할 틈이 없다. 모든 일에 확실하고 당당하니 항상 신선한 분위기를 풍긴다.

땅에서 금방 캐어낸 막돌 같이 아무렇게나 생긴 저 여인을 만들어 놓은 조물주는, 어떤 궤변을 펼치며 그녀의 창조 이유를 합리화시킬까? 저 여자를 통하여 영광 받으시려고? 안 될 것은 없지만 좀 쉽지는 않을 것 같다. 몇 번 우라까이(뒤집기) 하고, 기적 비슷한 것들도 끼워 넣어야 될 성싶다.

희망도 없으며 돈 쓸 데도 정해 놓지 않은 상태로, 슬롯머신을 계속 돌리고 있는 저 여인에게 잭팟이 터지면 어떻게 될까? 저 여자는 눈에 보이는 게 없는 위험인물로 돌변하기 쉽다. 황소 뒷걸음질에 들쥐 잡듯, 틱틱이 방귀로 잭팟이 터지면, 더욱 불행해질 여인이다. 자신감은 자기 스스로 계발 소유하는 것이지, 누가 던져주는 것이 아니기 때문이다.

"애잇 여보쇼. 왜 생돈 집어넣느라고 재미도 없는 시간 보내쇼? 어서 가서 눈먼 바디메오 라도 찾아내 보소. 슬롯머신에 넣을 돈으로 거지에게 맥주라도 한잔 사주며 낄낄거려 보소. 억지로라도 좀 눈동자를 이리저리 굴리고, 새침한 척 입술도 옴찔 다물고, 허풍스런 몸짓 손짓으로 휘저어 보소. 무의미한 일에도 우스워죽겠다는 듯 새새덕거려 보소. 재미있는 일이란 것은, 찾아 나서면 또 그럭저럭 찾아지게 마련인게요. 도라무통 허리지만 가끔 허리도 꿈틀거리며 술 취한 척 상대방을 간질이어도 보시구려."

카지노 주인은 엄청 부자다. 재미있어 죽겠어서 하는 노름도 아닌데, 왜 부자를 더 부자 만들어 주며 귀한 시간 소모하는가? 너무 표정도 없고 흥미나 의욕도 전혀 없어 보이니, 어떻게 도와줄 수가 없을 것 같다. 그냥 돈이나 잃게 두는 수밖에 없을 성싶다. 모든 사람이 먹고 마시고 몰려다니며 깔깔대는 이 혼란과 쾌락의 라스베이거스에서, 이렇게 돌비석처럼 혼자 앉아서 돈만 버리고 있는 여인이 있다니? 지금까지 얼마를 잃었는지 알기나 알고 있는지 궁금하다. 돌아다니며 싸움질이나 도둑질하는 것보다야 나을는지 모르지만, 하나님도 저런 모습으로 돈 버리고 앉아있는 걸 좋아하시진 않을 것 같다.

늙음 고운님

마릴린몬로나 김지미처럼 여러 사람의 시선을 독차지하던 여자는 늙음이 얼마나 두려웠을까? 선인들이나 옛 문호들을 비통하게 만들었던 늙음이란 괴물도 후세 사람이 보면, 웃을 거리조차 안 되는 재미없는 에피소드의 부실한 소재다. 곧 죽어서 흙으로 될 얼굴인데, 왜 주름이나 늘어진 살에 그토록 신경 썼단 말인가? 어딘지 고장이 나고 삐뚤어져야 죽지, 건강하여 젊음이 넘치는 상태로 죽을 수는 없지 않은가? 섹스피어도 무하마드 알리도 죽었기 때문에 역사의 물은 썩지 않고 흐르고 있다. 죽음을 준비시키는 자상한 체육선생님이 늙음인데, 다행히 그는 우악스럽게 덤벼들지 않고, 항상 살포시 다가서며 웃는다. 늙음을 앞질러 새치기로 덤벼드는 불청객 사고사가 문제이지, 늙음은 오겠다고 약속되어 있는 고운님이다. 늙음은 환영받아 마땅할 귀한 손님이니 반갑게 맞이하여 후히 대접하자.

뎀스터 길을 지나서 밀워키 남향 길을 시간당 50마일의 속도로 달렸다. 양방 합해 4차선 차도인데, 화려한 색깔로 분장한 백인 할머니가 길을 가로질러 건너간다. 내달리던 자동차들이나 급정거하는 짐차는 자기와 상관없다는 듯, 생글생글 웃으며 배짱 좋게 건너간다. 추운 손 오므려 붙이듯 두 손을 잔뜩 올려 모은 후, 두 다리는 엉거주춤 꼬부린 채 걸어간다. 걸음마 배운 애기가 뜀박질 시도하듯 콩다닥 콩다닥 걷는다. 발목이 좀 아픈지, 전진과 멈춤을 규칙적으로 반복하는 걸음걸이가, 영락없이 뒷다리 하나 잘려나간 게가 걸어가는 것 같다. '날 잡아 잡수'하며 돌아다보지도 않고 길을 건너니, 젊고 마음 약한 내가 정차해 줘야 됨은 당연하다. 정차한 후, 지나가는 그 할머니를 지켜보았다. 선탠으로 그을었는지 살쪘다가 말라서 그런지, 얼굴을 덮고 있는 까무잡잡한 피부와 쪼글쪼글한 주름이 겨울날 추녀 밑에 매달린 곶감 같다. 과도할 정도로 화장을 짙게 하고 새빨간 루주를 발랐다. 오리지널 속눈썹은 다 빠져 떨어져나갔는지, 만화 같이 진하고 기다란 속눈썹을 붙였다.

발에 밟힐까봐 두려웠던지, 그녀가 입은 나풀나풀하는 파티용 드레스는 앞부분을 짧게 잘라 정강이까지 올려 개조했다. 옆으로 찢어내려 사선으로 빗겨 디자인한 홍자색 드레스 사이로, 길게 드러난 바싹 마른 할머니의 허벅지가 소란스럽다. 실내화처럼 디자인한 짚신형태의 진홍자색 가죽구두를 신었는데, 발에 딱 붙고 뒷굽이 없어, 넘어질 걱정은 없겠다. 늙은 몸에 위험성이 없고, 젊은 사람 못지않은 색상과 대담한 디자인으로 매취시키느라고, 얼마나 고심한 복장일까? 작년에 입었던 드레스는 이미 구식이 되었거나 보는이의 눈에 싫증을 느껴, 매력 창출에 저해가 되므로 새것으로 샀나보다. 안전 우선이면서도, 신발색깔을 드레스 색상에 맞추느라, 여러 날 구둣가게마다 찾아 헤맸을 것 같다. 화장하고 머리치장 하는데, 돈깨나 들인 흔적이 역력하다. 신기할 만큼 늙은 그 할머니를 나는 뒤차가 빵빵거릴 때까지 지켜보았다.

차도와 인도 사이에는 5인치 정도 높이의 물받이 턱이 있었다. 차도의 물이 인도로 가지 말고, 하수도로 직접 내려가도록 만들어 놓은 턱이다. 인도에 다다른 그 할머니는 물받이 턱을 물끄러미 바라보다가 깔깔 웃었다. 늙음과 즐겁게 동행하는 할머니다. 5인치 턱도 올라 갈 힘이 없다고 생각했나 보다. 턱을 따라 콩콩콩콩 잔걸음으로 걸어 내려가더니, 핸디캡드 전용도로로 빵 돌아서, 아장아장 걸어 올라간다. 천만다행인 것은 운전대 잡겠다고 나대거나, 아들 며느리에게 자동차로 태워다 달라고 떼쓰지 않으니 귀엽다. 그 할머니는 버스 타고 파티에 가려고, 버스정류장으로 가고 있는 중이었기 때문이다.

낙엽이 한창 떨어지다가 갑자기 추워진 어느 날, 골프밀(Golf-Mil) 샤핑몰 밖을 거닐던 백인 할머니도 나를 숙연하게 만든다. 별안간 추워진 날씨 때문에 모두들 샤핑몰 안으로 급히 들어가려고 종종걸음을 친다. 그러나 이 늙은 여인은 오히려 밖으로 나와서 아주 천천히 만추를 즐긴다. 참혹하게 찌글거리는 얼굴 주름살은 그녀의 똑바른 자세와 거세게 대치되었다. 이 할머니도 머리를 올려서 미용사에게 돈 폭삭 들이민 표시를 냈는데, 다행스럽게도 순백색 머리칼을 염색하지는 않았다. 알맞은 크기의 이목구비가 정확한 위치에 정착한 반반한 얼굴이라고 자부하는지, 그 할머니는 화장기 없는 민낯으로 나섰다. 키도 훌쩍 큰 할머니였다. 젊은 여인도 소화시키기 힘든 특이한 복장이 눈길을 끌었다. 철 이른 긴 가죽부스를 신었는데, 그 부스의 뒷굽이 4인치는 족히 되는 하이힐이었다. 혹시 넘어질까 봐 조심스러운지, 머릿속 추억의 남자영상이 달아날까 봐 걱정인지, 보폭을 좁게 떼며 아주 천천히 걷는다. 아기처럼 느리고 힘겹게 걷고 있지만, 놀랄 만큼 목과 다리를 곧게 세운 자세였다. 발뒤꿈치에서부터 어깨를 통과하여 목을 거쳐, 머리끝까지 이르는 선이 쪽 곧은 일직선 자세였다. 그녀는 자세가 헤뜨러질까봐 정면을 똑바로 쳐다보며, 긴장한 쥐처럼 아주 조금씩 걸었다. 굽 높은 구두의 위험성을 비웃는 곧추선 그녀의 걸음걸이가, 늙음의 당위성을 보여준다. 그녀의 바른 자세는 늙었어도 엄연한 여자라고 강하게 항변한다. 그녀가 입은 진한 청보라색 투피스는 평범하게 생긴 것이 아니었다. 훠스트 레이디 멜라니아가 한몫 하기 위해 차려 입은 옷처럼 생겼다. 앞부분을 대담한 삼각형으로 겹치고, 한쪽 옷깃을 높이 세워 불균형으로 디자인한 옷이다. 젊은 여자도 이노귤레이션 파티나 로이얼 궁중 파티가 아니면, 입고 나서기 힘든 옷이었다. 얼마나 저 옷을 입고 타인들에게 보이고 싶었을까? 할머니는 발을 번쩍번쩍 들 수가 없으니 타드락타드락 걸을 뿐이었다. 작은 보폭으로 한 걸음 걸은 후 생각하고, 또 한 걸음 걸은 후 먼 하늘을 바라본다. 낙엽을 밟기 위해선지, 단풍냄새를 맡기 위해선지, 그녀는 가로수 밑으로 걸어간다. 샛노란 애스펜 낙엽 하나가 그녀의 하얀 코를 희롱하고 청보라색 옷감으로 덮인 니플을 건드리며 떨어진다. 그녀의 표정은 추운 날씨를 향해 암팡지게 대꾸한다.

"추워 봤자 네가 가을이지 뭐겠니?"

가을 감상에 푹 취해서 금방 눈물을 흘릴 표정 같기도 하고, 네까짓 정도의 가을은 여러 번 겪어본 사람이라며 사나움 떠는 모습 같기도 하다.

"늙은 주제에 집에서 TV나 보지 뭘?"

이 늙은 여인이 차려입고 나와서 추운 가을날에 산보를 한다고, 누가 이렇게 가혹한 말을 할 수 있으랴? 누가 늙은이라고 콧방귀 뀌며 업신여기랴? 결코 청승떤다고 비웃거나 무시할 수 없는 그림이다. 죽어간 옛 애인이 그리워서, 혹은 새로운 남자친구를 찾기 위해서, 넘어져 병원에 끌려갈 위험성까지 감내하며 나선 할머니다. 늙음과 추위를 지그시 밟고 올라선 그녀는 당당하고 용감해 보인다.

늙음은 부끄러운 것도 아니며 피할 것도 아니다. 늙음을 만나거든 놀라거나 뿌리치지 말고, 웃으며 인사하고 즐겁게 동행하자. 교통사고도 코로나바이러스도, 내 인생에 끼어들지 못하도록 막아주다가, 뒤늦게 찾아온 늙음이다. 돌진하는 벼락치기죽음에게 새치기를 허락하지 않고, 제자리 잘 지켜 순서를 기다렸다가, 죽음을 준비시키려 접근한 늙음이다. 늙었기 때문에 생기는 온갖 증상들은 고맙게 받아들이고 즐겁게 소화시키자. 커피 한잔 놓고 창가에 앉아서, 죽음 훈련시키려 찾아온 내 친구 체육선생님인 늙음과, 조용히 추억여행 떠나보자.

전차

1960년대에나 있을 법한 전차가 거리를 돌아다니며 추억을 불러낸다. 뉴올리언스는 전차가 땡땡거리며 거리를 누비는, 세계에 몇 안 되는 도시 중의 하나다. 뉴올리언스에서도 프렌치 쿼터 지역의 전차는 유용하기도 하고, 옛 모습 그리려는 사람들에게 큰 재미와 호기심을 북돋아준다. 먼 기억 속에나 있는 전차를 타보니, 두루마기 한 벌 빌려 입고, 옛날 할아버지처럼 곰방대를 두드려보고 싶다. 이 프렌치 쿼터 지역에서는 웬만한 거리는 걸어야 한다. 3불씩만 내면 24시간 동안 시내버스나 전차를 얼마든지 갈아탈 수 있는 일일승차권 차표를 산다. 호텔 주차비에 비하면 이 값은 공짜나 마찬가지다. 호텔에서는 한번 주차비로 39불을 받는데, 그 주차비 아까우면 네 자동차 들고 걸어 다니라고 권면한다. 차를 뺄 때마다 매번 주차비를 다시 내야하므로 만만한 비용이 아니거니와 거리의 주차도 쉽지 않다.

일일승차권은 주머니에 있지만 길을 잘못 들어 엉뚱한 길로 들어섰다. 버스가 닿는 다음 길까지 걸어가야만 했다. 황토사우나 속 같은 날씨에, 행인들로 가득 차서 복작거리는 거리를 걷기란 여간 고달픈 작업이 아니었다. 버스 정류장에 거의 다 도착했는데 버스가 막 출발한다. 아내가 뛸 수도 없는 컨디션이라 터덜터덜 걸으면서 안타까워 속만 태웠다. 언제 또 올는지 기약 없는 버스를 그 정류장에서 한없이 기다릴 수는 없으니, 다음의 전차 길을 향하여 다시 걸어야만 했다. 서

너 구간을 또 걸었더니 불쾌지수는 정점을 향해 치닫는다. 멀쩡한 나도 발짝 떼기가 이렇게 힘든데, 몸의 상태가 안 좋은 아내야 더 힘들 것이 분명하다.

아내의 표정을 보니 꽤 지치는지, 오뉴월 호박잎처럼 축 쳐진 채, 휼추렁휼추렁 걷고 있다. 너무 딱해서 도와주려고 아내 손을 잡았다. 토라졌다는 표시를 보이려고 그러는지, 아직도 강한 척하느라고 그러는지, 아내는 내 손을 탁탁 쳐내며 뿌리친다. "니나 잘 해"라는 뜻인가 보다. 말없이 서로 화난 표정을 지으며, 녹초가 되어 전차 정거장까지 드디어 걸어왔다. 어떤 전차를 타야 되는지 몰라서 우물쭈물하는 동안에 전차 하나가 지나가 버린다. 사람들은 길마다 구석마다 꽉 차 있지만, 길을 아는 사람은 도통 찾을 수가 없다. 길 위를 푹 덮은 인간무리들이 모두 나그네들인 모양이다. 옛날에 서울 가면 서울사람은 없고 촌사람만 서울바닥에 꽉 찼듯이, 여러 군상들 중에 도대체 길 아는 사람이 없다.

"내 생각에 우린 길 건너가서 동쪽으로 가는 전차를 타야 돼. 저쪽이 동쪽 같아."

"힘들어 쓰러지겠는데 아무거나 타요."

"무슨 소리? 바쁠수록 돌아가라 했어. 커낼 길로 가려면 우리는 동쪽으로 가야 돼. 오히려 서쪽으로 가면 어쩌려고 그래?"

말하는 동안 전차가 하나 마침 들어서는데 맞는 전차인지 틀리는 전차인지 모르겠다. 두리번거리며 물어봐도 아는 사람은 하나도 없다. 햇볕은 사납고 날씨는 바람도 없이 뜨거워, 골치까지 띵하다. 전차 문이 열리면서 시원한 에어컨 바람이 우리가 서 있는 밖으로까지 쏟아져 나온다.

"그래도 좀 참고 기다려야지. 거꾸로 가면 죽도 밥도 뭐가 되겠어?"

그래도 아내는 부득부득 아무거나 타자고 한다. 우리가 말다툼하는 눈치를 챈 늙수그레한 할아버지 전차운전사가 아내 편을 들면서 소리를 빽 지른다.

"이거 타는 거란 말이야! 빨리 타."

집에서 싸울 때는 아들들이 엄마 편만 드는데, 밖에서 싸울 때도 보는 사람마다 아내 편만 든다. 왜 우리가 부부싸움 할 때마다 주변 사람들은 무조건 아내 편만 드는가?

"커낼 길로 가야 되니까 내 생각엔 저 반대쪽에서 타야 될 것 같은데요. 안 그렇습니까?"

"타라면 타지 젊은이가 웬 말이 많니?"

산신령처럼 수염만 허옇지, 자기는 아직 직장생활하고 있는 주제에, 은퇴한 나보고 젊은이래? 전차운전사는 내가 자기 후배인 양, 명령하고 야단치고 불평까지 한다. 뱃살만 나보다 더 쌓였을 뿐 60살밖에 안 된 어린 운전사 할아버지 녀석이, 오히려 나를 '영 가이'라고 부른다. 할 수 없이 나는 젊은이 흉내를 내며 전차에 깡충 올라탔다. 태양을 쳐다봐도 나뭇잎 뻗은 방향으로 검토해 봐도, 분명히 서쪽 방향이며 거꾸로 가는 전차가 틀림없다. 그러나 당장 에어컨 바람이 팍팍 쏟아지니 살 것 같다. 아내는 세상일을 걱정 하지 않겠다는 듯, 눈 감고 창가에 앉아있다. 생각하기 너무 골치 아파서, 나도 앞좌석에 앉아 창밖을 내다보았다.

엊저녁에도 땀을 뻘뻘 흘리며 여남은 구역을 걸어서 고생스럽게 식당 카페 뒤 몬드(Cafe Du Monde)를 찾아갔었다. 인터넷에는 " '카페 뒤 몬드'를 못 가본 사람은 프렌치 쿼터를 못 가본 사람과 다를 것이 없다. "라는 댓글이 달려 있다. 더위를 뚫고 우리가 그 식당으로 찾아가 보니, 발 짚을 공터가 없을 정도로 사람들이 꽉 차 있었다. 성질 급한 젊은 데이트족들은 옥외식탁에 앉아서 땀을 주룩주룩 흘리며 음식을 먹고 있었다. 옥외라고 앉을 자리가 당장 있는 것도 아니다. 옥외에서 먹을 대기자들의 줄은 짧았고, 실내로 들어갈 대기자들의 줄은 훨씬 더 길었다. 우리는 실내로 들어가는 줄에 서서 기다렸다. 더위와 싸우고 기다림을 극복한 후, 결국은 실내에 자리를 잡았다. 식당으로 욱여넣어진 손님들의 몸뚱이에서 쏟아내는 체온과 뜨거운 음식들의 열기를 다 식힐 만큼 에어컨은 팡팡 돌아가고 있었다. 화장실 갈 사람들은 항상 장사진을 치고 있어서, 웬만큼 급하지 않으면 배변도 포기해야만 될 지경이었다. 나는 음식이 입에서 살살 녹기를 기대하지는 않았다. 특별히 깜짝 놀랄만한 맛은 없어도, 그저 시카고 우리 동네에서 먹던 음식보다 좀 색다른 것이길 은근히 바랐다. 유명하다고 하기에 베니에(Beignet-설탕 프렌치 도넛)를 우선 시켰다. 배고픈 상태로 먹었는데도, 시카고 다과점에서 먹는 단팥빵보다 처지는 맛에 크게 실망하고 말았다. 지독한 더위를 참고 찾아왔으면 노력의 대가는 없던 것으로 쳐줘도, 인내의 대가는 좀 얻어야 될 성싶다. 그러나 이건 곰보빵 하나 먹는 것만도 못하니 심히 억울하다.

오늘 점심때도 아내가 인터넷에서 열심히 검색해 놓은 식당 마덜스 키친(Mother's Kitchen)에 일찍부터 당도하였다. 문 열기 전부터 대기자들이 줄서서 기다리고 있었다. 점점 더 길어지고 있는 줄 끝으로 잽싸게 좇아가, 쇠기둥에 자석 붙듯 착 달라붙었다. 시간이 갈수록 줄이 껑충껑충 길어지는 것을 보고, 신발 끈도 못 매고 서둘러 나오기를 잘했다고 생각했다. 그랬어도 30분을 밖에서 대기했다가 겨우 좌석배치를 받았다. 들어가 보니 아주 평범한 음식뿐인 보통 식당이었다. 모든 손님들이 소문만 듣고 몰려든 시골뜨기들인 성싶다. 떠들고 웃고 마시는 사람들이 그물 속에 걸린 꽁치 떼처럼 바글거리니, 소음공해가 뒤통수를 맹렬히 공격한다. 가는 곳마다 뭇사람들에게 밟혀 죽지 않는 것만도 다행이다. 싸구려 음식에 바가지만 폭삭 쓸 뿐이지, 맛도 모양도 신기하거나 특별한 것은 전혀 없었다.

오늘 오후에 가기로 계획했던 가든 디스트릭트(Garden District)나 또 그곳의 공동묘지(Cemetery)도 마찬가지겠지, 뭘 푸닥지게 보잘 게 있으랴? 바른 길로 잘 찾아가도, 더운 날 고생만이 기다리고 있을 것임에 틀림없다. 뭘 그리 구경해야 될 것이 많다고 꼭 그쪽으로 가지 못해 안달하랴?

아무리 그렇다고는 쳐도 거꾸로 가는 전차를 탔으니 이건 너무했다. 도대체 어찌해야 되나? 마음이 답답하고 무거웠다. 괜히 아내 편을 들어주던 젊었어도 늙은 할아버지운전사가 못마땅했다. 에라 모르겠다. 어딘지 가게 되면 가고, 못 가게 되면 말자. 어차피 오늘 일정은 망친 것 같다. 시원하니 잠이나 한숨 자자. 마음 편하게 먹고 눈을 감으니, 불만이 잦아들고 기분도 나아진다. 그때 전차 운전사 할아버지가 뭐라고 소리를 버럭 지른다. 눈을 떠보니 별안간 묵직한 시멘트 장애물이 전차 앞길을 가로막는다. 이게 무슨 변고냐? 왜 운전사 할아버지는 막다른 길로 들어서는가? 전차가 수학공식에 나오는 작은 필기체 '엑스'자를 그리면서, 몇 번 들락날락 전후로 왕복운동을 한다. 운전사 할아버지가 운전대를 가죽 포대기로 덮고, 짐을 챙기더니 전차 뒤쪽으로 걸어가서 새살림을 차린다. 그러니까 이제껏 꽁무니로 천대받던 전차의 뒷부분이 졸지에 대가리로 승격된다. 전차 앞과 뒤에 똑같이 운전석이 하나씩 붙어있어서, 반 자르면 완전합동인 전차였다. 음지가 양지되고 양지가 음지 된다는 속담이 눈앞에서 확인되는 순간이다. 둘러보니 전차는 감쪽같이 반대방향 선로로 들어서서, 지금까지 왔던 방향으로 되돌아갈 준비를 끝내놓고 있었다. 그제야 운전사 할아버지가 왜 반대방향으로 가는 전차지만, "무조건 타라"고 우겼는지 이해가 갔다. 거기 땡볕 밑에서 반대방향으로 가는 전차를 지치도록 기다려 봤자, 결국은 자기 전차가 몇 정거장 갔다가 되돌아올 순서였던 것이다.

"감사해요. 귀여운 할아버지 운전사."

와도 그만 가도 그만이라고 포기했더니, 땡볕 밑에서 기다리지도 않고, 정확한 전차를 타고 제 길로 잘 찾아가게 생겼다. 전차가 느릿느릿 덜거덕덜거덕 달리니 공짜로 시내구경까지 하면서 지나가게 된다. 손기정 선수의 뜀보다도 더 빠른 전차인데 무슨 걱정이랴? 전차는 여전히 추억을 밟으며, 느긋하게 여행길을 달린다.

문 닫고 들어와

"오늘 좋은 하루 되세요."

여보쇼! 지금은 사람이지만, 저더러 오늘 짐승의 생명만도 못한 하루로 돌변하여, 내일이면 영영 없어지란 말입니까? 두루두루 기분 좋고 부담 없이 쓰는 말 "Have a good day."를 잘못 사용하여, 큰일 나게 생겼다.

"박 선생님, 나는 오늘이란 날이 박 선생님에게는 좋은 하루를 보내는 날로 되기를 바랍니다."

정확성을 높이기 위해 이렇게 인사를 하면 어떨까? 인사 받는 사람은 인사하는 사람을 외계인 쳐다보듯 멀뚱히 바라보다가 욕을 할 것이다.

"밥맛 되게 없게 놀려고 드네! 원, 별별 편심 팔랑개비를 다 보겠네."

연구와 고민 끝에, '오늘 하루를 보낼 때 좋게 시간 보내세요.'라고 말한다 해도 귀에 거슬리고 우습게 들리긴 마찬가지다.

"할아버지 부디 건강하세요."

"젊은 놈이 한국말도 모르냐? '건강하게 지내세요.'라고 하면 괜찮겠지만."

아주 평범한 인사인데도, 형용사를 동사처럼 사용했다고 불평이다. '건강하세요.'는 '예쁘세요' '굵직하세요' '젊으세요'처럼 말이 안 된다는 이야기다.

"문 닫고 들어와라!"

이것도 아주 불편한 말이다. '문 닫고 들어와'와 '들어와서 문 닫아'는 같은 말이 아니다. 프랑스의 소설가 구스타브 플로베르는 하나의 사물을 나타내는 적합한 말은 하나밖에 없다고 했다. 똑 같은 두 말이 있을 수 없다는 일물일어설이다. 여기서도 전자는 "들어오려면 들어와. 너 들어오는 것은 내가 신경 안 쓰는데, 만약 들어오려거든, 들어온 후에 꼭 문 닫는 일만은 잊어버리면 안 된다"는 뜻이다. 후자는 특별한 강조나 숨겨진 뜻이 없는 두 개의 단순명령어다.

동의어 반복이나 겹말은 더 어렵다.

"30일날 맨발벗고 역전앞에 뛰뛰던 백발머리 노인, 생일날 포승줄 받네."

몇 군데가 틀렸을까? 대부분 겹쳐서 말하면 틀리지만, 알면서도 또 겹쳐서 말한다. 왜 틀릴까? 이유는 각각이지만 쉽게 말하면, 국립국어원 표준대사전에 그렇게 나와 있기 때문이다. 단발머리는 맞고, 과반수 이상은 틀린다. '대화 나누다' '축구 차다'는 틀리고 '부상 입다' '피해 당하다'는 겹쳐서 말했지만 맞는다. 매화꽃 국화꽃은 맞고, 무궁화꽃 해당화꽃은 틀린다. '매화가 튼실하다'는 '매화꽃이 튼실하다'와 판이하다. 전자는 매화나무가 가지도 많고 잎들도 풍성하다는 말이고, 후자는 매화꽃이 닥지닥지 붙어있고 충분한 물기를 머금어 꽃이 싱싱하다는 뜻이다. 매화 모종을 그냥 매화라고 부를 때, 무궁화나무의 모종도 그냥 무궁화라고 부르건만, 매화꽃은 맞고 놀랍게도 무궁화꽃은 틀린다. 완두콩 천도복숭아는 맞고, 구리동전 낙엽잎은 틀린다. 고목나무, 보리수나무는 맞고 가로수나무는 틀린다. 양옥집이라고 쓰면 맞고, 한옥집이라고 쓰면 집이 두 번 들어갔으니 틀린다. 의붓아버지는 겹쳐서 말해도 맞는 말이고, 돌아가신 선친은 겹쳐서 말했으니 틀린다. 농사일은 맞고 농번기철은 틀린다. 농사일은 겹쳐서 말했는데 왜 맞을까? 낫

가는 일이나 삽자루 고치는 일은 농사일이지만 농사는 아니기 때문에, 농사와 농사일은 엄연히 구분된다. 살아생전은 맞고 남은여생은 틀린다. 30일날은 틀리고 생일날은 맞는다. 모래사장 낙숫물은 맞고 빈공간 계란지단은 틀린다. 신년새해 그물망 사람인형 현미쌀 다 틀리지만 맞대결이나 입소문은 맞는다.

"틀림없이 같은 말 반복인데 뭐가 맞니? 소문을 다 입으로 내지 코로 내는 것도 있니?"

천만의 말씀이다. 인터넷이나 카톡으로 내는 소문도 있으니 입소문은 그냥 소문과 엄연히 다르다. 대결할 땐 모두 맞붙어서 대결하지 돌아서서 하는 대결도 있니? 있다. 적을 쳐부술 때, 더 강자를 중간에 끼워 넣어두고, 뒤에서 간접적으로 돈이나 애정으로 조정하며 하는 대결도 있다. 그러니 그냥 '대결'이라는 말도 있고, '맞대결'이라는 것도 따로 있다. 동해바다 역전앞은 동일어 반복이라 틀리고, 몽블랑산 황허강 사하라사막 리오그란데강 시에라마드레산맥 도시마섬 메콩강은 겹쳐서 말했어도 다 맞는다.

지금은 안 쓰지만, 옛날엔 대중적으로 쓰던 말이 있다. 말랑말랑한 찰떡 속에 팥소(앙꼬)를 잔뜩 넣은 떡을 모찌떡이라 불렀다. 위의 말들로 추리해 보면 떡이란 말을 겹쳐 사용했지만 모찌떡도 맞는 말이다. 송편, 개피떡, 인절미도 떡이지만 모찌라고 부를 수는 없지 않는가?

"발 한 접시 주세요."

장충동 족발집에 가서 이렇게 말하면, 음식 효용 감소시킨 죄로, 옆 친구에게 귀방머리 얻어맞는다.

"에잇, 족이나 하나 주소."

이렇게 말하면, 종업원은 눈 휘둥그렇게 뜨고 되묻고 되묻다가, 결국에는 그 손님을 저능아로 취급할 것이다. 그냥 '발'이라고 말하면 시궁창에서 꿀꿀대는 돼지앞발이나 쇠똥 밟고 서 있는 소의 뒷발을 연상시킨다. 틀림없이 족발이라고 겹쳐서 말해야 비로소 음식으로 생각된다. '좋은 호평,' '파란 창공'에서처럼 우리 고유 말과 한자가 겹치는 겹말일 때는 한글이 먼저 나오고 한자를 붙이는데, 족발은 거꾸로 말한다. 왜 그럴까? "발"이나 "족"이나 같은 말이지만, 돼지발족 쇠발족이라 부를 때, 정확하게 발음하지 않으면 자칫 욕으로 들릴 수도 있다. 그래서 발족이라고 말하지 않고, 족발이라고 부득이 뒤집어서 사용하는 듯싶다. 영어에도 겹말이 많다. Actual facts, Absolutely essential, Advance forward, Affirmative yes, Don't tell no more, alternative choice. 대부분의 영어 선생님들은 이런 겹말을 좋아하지 않고, 꼬집어 내어 점수를 깎는다.

말은 단순하지 않다. 대중가요조차 "남남쪽 섬의 나라 월남"이라고 가사를 지어서, 월남이 섬나라인지 반도인지도 헷갈리게 한다. 꼭 월남이 괌도나 대만 혹은 스리랑카 같이 느껴진다. 또 "바람이었어,"를 "그것은 우리의 바램이었어"라고 노사연이 노래 불러서, 맞는 노랫말인지 틀리는 글자인지 우리에게 혼란을 준다. 분명히 틀리는 말이건만 유명한 가수가 부른 유명한 가요니까, 누구나 떳떳이 노래를 그렇게 따라 부르며 산다. 가수야 작사자가 써놓은 그대로 부르는 것이지만, 작사자는 시인일 테니, 좀 알고 신경 써서 작시했으면 좋겠다.

시카고에는 "산수갑산"이라는 대형식당이 있다. "삼수갑산"이라면, "이북식 시골 토속음식 스타일이라는 뜻으로 명명했나보다"라고 할 수 있다. 남의 사업체 이름인데 무슨 뜻인지 캐물어 따질 필요는 없지만, "삼수갑산"이란 철자를 잘못 알고 잘못 사용한 것은 아니길 바란다. 우리말에 "산수갑산"이란 대중적 단어는 존재하지 않기 때문이다. 이렇든 저렇든 사업은 번창하여, 모든 시카고언들이 "산수갑산"이라고 무심히 부르며 수십 년을 살아가고 있다.

우리들이 부르면서 자란 동요는 어떨까? 은하수와 반달이 뚜렷이 보이니 한 밤중이다. 하나님이 아브라함에게 보여주었던 '먹지 위에 엎질러 놓은 보석함' 같은 밤하늘이다. "새카만 하늘에 하이얀 은하수"라고 했으면 좋았을 텐데, "푸른 하늘 은하수"라고 거짓말을 했다. 반달이 하얀 쪽배처럼 보일 때니, 스무이틀이 지나 스무나흘이나 스무닷새는 됐을 성싶다. 쪽배처럼 파인 반달에는 당연히 계수나무 그림자도 토끼 무늬도 없다. 그러나 토끼도 계수나무도 빤히 보이는 보름달을 바라보는 것처럼 동시를 지었다.

우리가 늘 사용하는 쉬운 일상용어도 이러니, 어려운 말에는 엉터리가 얼마나 많으랴? 한국 사람이라 영어를 못한다. 그러면 한국말은 잘해야 될 텐데, 한국말은 더 못한다. 사람 살기도 쉽지 않지만 말하기도 쉽진 않다. 정확한 말도 모르고 쓰는데, 말로서 말이 많으니 말 말라는 말도 말 된다.

과잉비대 코스모스

다른 코스모스들은 마음껏 여름 가을을 즐긴다. 계속해서 꽃이 피고지고, 열매 대신 씨 맺고, 삶이 가치 있음을 서로 교환 확인한다. 거대한 한 포기의 코스모스만 꽃도 안 피우고, 자리를 넓게 차지한 채, 낙락장송처럼 서 있다. 아스파라가스도 아닌데 대가 저토록 굵어야 무엇에 쓰며, 뽕나무도 아닌데 잎이 저렇게 정글을 이루며 출렁거릴 필요가 뭐 있는가?

코스모스 꽃대가 강원도 옥수숫대만큼 굵어지고, 잎사귀들은 퇴비자리에 난 아주까리의 잎사귀들처럼 우거져 너풀거렸다. 대기만성이라 했다. 이 튼튼한 꽃대와 탐스러운 잎사귀 속에서 꽃이 만발하면 얼마나 볼만할까? 늦게나마 꽃은 엄청나게 커서 호박꽃만한 코스모스 꽃들을 피울 모양이다. 대형 꽃들이 닥지닥지 매달린다고 해도, 꽃대는 바람도 타지 않을 만큼 튼튼하다. 잎들은 얼마나 넓고 풍성한지, 토마토 만한 열매들이 주렁주렁 매달려도, 녹말 만들어 축적하는 데는 문제가 없게 생겼다. 이 특별하고 희귀한 과잉비대 코스모스를 나는 아침저녁 쓰다듬고, 기도하고 물 주었고, 벅찬 기대 속에서 만개의 날을 기다렸다. 점보 사이즈 코스모스 꽃들이, 계집아이 수영 캡에 고무 꽃 매달리듯, 닥지닥지 필 것이라는 기대가 내 머릿속에서 항상 떠나질 않았다. 이토록 푸짐한 코스모스는 평생 본 적이 없으므로, 크기 색깔 모양새에서 깜짝 놀랄 만큼 특출한 꽃을 보여줄 것임에 틀림없었다.

그러나 그 거대한 코스모스는 여름이 가고 가을이 척 기울어도, 꽃 한 송이 피울 생각을 안 하고, 잎과 대만 점점 더 굵어지고 무성해진다. 꽃대는 이미 작대기보다 더 굵어졌다. 넓적한 잎사귀들은 비 맞은 상추처럼 마구마구 생겨나고, 쉴 틈 없이 계속해서 성장한다. 날씨가 이미 추워지니 나는 초조해지고 몸이 바짝 달았다. 시집 안 가는 딸의 쪼글쪼글해지는 얼굴을 쳐다보듯, 마음 졸이며 안타까워했다. 틈날 때마다 들여다보며 애태우고 걱정해 주니, 자기도 미안했던 모양이다. 다른 코스모스들은 씨까지 다 떨어뜨렸으며, 잎들이 이미 누렇게 말라버릴 무렵이 돼서야, 마지못해 녹두알만한 꽃망울 몇 개를 보여준다. 그러나 벌써 꽤 추어졌다. 가을걷이와 꽃밭 청소는 끝냈지만, 이 싱싱한 에버모어 영(Evermore Young) 코스모스는 잘라버릴 수가 없었다. 갓 난 손자 녀석 장가갈 날 기다리듯, 나 혼자 안달하고 조바심이 났다. 기온이 언제 빙점 이하로 떨어질는지 알 수 없는 판국인데, 빨리 꽃 좀 피웠으면 좋겠다. 그러나 꽃망울은 더 이상 커지지도 않고, 꽃 필 생각도 잊은 채, 자꾸 잎들만 더욱 번성해갔다. 꽃망울을 시간시간 어루만지면서 통사정을 했다. 날씨가 버쩍 추워지니 나는 참지 못하고, 꽃봉오리를 터뜨려놓고 벌려보았다. 꽃봉오리 터트리는 시간과 에너지를 줄여주었으니까, 약간 불완전한 꽃일망정 꽃은 좀 더 속히 피우겠지? 그래도 코스모스 꽃은 피어나지 않았고, 마른 흙 위에 떨어진 거머리처럼, 오히려 더 쪼그라들었다. 아무리 늦은 추위라 해도 12월이 코앞인데 어찌 더 따뜻하길 바랄쏘냐? 제발 며칠만이라도 얼지만 않아준다면, 한두 송이라도 꽃을 피워보고 죽을 가능성은 있다. 얼른 정신 차리고 꽃 좀 피워라. 생쥐 풀 방구리 드나들듯, 나는 자주자주 코스모스에 다가가서, 어르고 쓰다듬고, 통사정하고 애간장을 태웠다.

얼핏 스쳐간 새벽 빙점의 기온에 가지 하나가 고개를 팍 숙이니, 내 심장 한편이 찢어질 듯 손상을 입는다. 가슴은 쓰리지만 다른 방도가 없으니, 할 수 없이 얼어 죽은 가지를 잘라낸다. 그 이튿날은 더 추어졌다. 또 굵직한 가지 몇 개가 된서리에 귀싸대기를 얻어맞고, 이튿날 아침에 나둥그러졌다. 이불을 덮어줄 수도 없고, 히팅 바람을 불어 넣어 줄 수는 더 없다. 적극적으로 도와줄 수 없으면, 모든 것을 하나님께 맡기고 방관해야 될 성싶었다. 얼어버린 부분을 잘라내면 성한 부분에 꽃을 피우기가 더 쉬울까? 제발 한 개의 가지라도 살아 있다가, 꽃 좀 피워보고 죽으려무나. 큰 꽃도 필요 없고 예쁠 필요도 없다. 그저 아무거나 피워만 줘! 태어났다가 그냥 죽으면 1년 내내 당당하고 흐드러지게 준비하고 계획했던 생애가 너무 원통하잖니?

"직접 도와준 것은 없지만, 봄부터 가을까지 그만큼 관심과 기대를 받으며 살아왔으면, 그래도 꽃 한 송이라도 보여주고 죽어야 서로간의 예의잖니?"

그러나 반 이상이 이미 동상을 입었으며, 내일부터는 순조로운 날씨가 닥친다고 약속되어 있는 것도 아니다. 오히려 내주부터는 버썩 추워져, 겨울이 본격화된다는 예보였다. 이제 더 이상 따뜻한 날씨를 달라고 기도하는 것은, 뉴욕시가 오늘 저녁에 동경시로 바뀌게 해 달라고 기도하는, 어린애 짓인 것 같았다. 밤의 최저기온이 25도까지 내려간다는 일기예보가 있던 날, 나는 그 거대한 코스모스를 잘라버리기로 했다.

"애라잇, 덩치 값도 못하고 염치도 없는 놈의 꽃! 결국은 못 펴보고 얼어 죽네."

기대가 컸던 만큼 헛바람 쏟으며 크게 실망했다. 토질관계인지 잎과 줄기만 거대하게 번창하다가 추워지면 멸망하는 자이언트 코스모스가, 그 후 꽃밭에 가끔 생긴다. 그런 코스모스가 생길 때마다 매번 다른 방법으로 접근하여, 이것저것 시도하며 온갖 정성을 쏟아 부어 봤다. 따뜻한 벽 옆으로 옮겨 심어보기도 하고, 물을 덜 주어보기도 했다. 그러나 효과를 본 적은 한 번도 없다. 혹시에 매달려 가을걷이를 끝낼 때도, 그 우량아 만년소년 코스모스는 남겨놓아 보았었다. 그렇지만 매해 자리만 차지하다가 그냥 얼어 죽는다.

올해도 두 포기의 코스모스가 비대우량아로서 줄기와 잎이 과잉 발달하고 있었다. 꽃대가 가늘고 삐이쩍 말라야 정상적으로 꽃을 피울 텐데, 자꾸 꽃대가 굵어지고 잎만 무성해지니 벌써 싹수가 노랗다. 올해는 제일 밑 부분에서 세 눈금만 남기고, 주된 줄기를 통째로 잘라 버렸다.

"꽈당!"

이마에 돌멩이 박힌 골리앗이 다윗 앞에서 쓰러지는 소리 같은 소음이 들렸다. 옆줄기가 자라서 또 굵어지면, 두세 눈금 남기고 또 잘라버렸다. 열매 맺지 못하는 나무마다 잘라 아궁이에 불사른다고 했는데, 어차피 꽃 못 피울 코스모스니, 인정사정없이 마구 자르고 쳐 버렸다. 자꾸 잘라내며 못살게 구니까, 그제야 옆가지의 가지의 또 가지에서 가느다란 줄기와 아담한 코스모스 잎들이 나오기 시작한다. 이렇게 하여 그 싹수가 빤하던 코스모스가 올해는 약간 늦게나마 꽃을 피우기 시작했다. 점점 더 풍성한 꽃을 피우더니, 쉽게 가뭄을 타지도 않고 가을의 맨 끄트머리까지 흐드러지게 꽃을 피우며, 한 평생을 잘 살고 갔다. 과대망상증 환자의 버르장머리를 고쳐놓은 셈이다. 비범한 놈에게 평범의 행복을 알게 해주어, 합력하여 선을 이루게 만들었다. 이 사건 후에 나는 비대 코스모스 치료사라고 자부하게 되었다.

사람도 좀 지질하지만 남 결혼할 때 나도 결혼하고, 그저 평범한 꽃을 피우며 이웃과 어울려 살았으면 좋겠다. 사람이 피우는 꽃이 그저 그렇지, 무슨 특별히 아름다운 꽃을 피우겠다고, 좋은 시절 다 허송할 필요가 있으랴? 코스모스 꽃이 그저 코스모스 꽃이듯이, 사람이 피우는 꽃도 그저 사람의 꽃이다. 하나님이 정해놓은 모양과 색깔의 꽃을 주위 사람들과 어울려, 한 때 흐드러지게 피우다가 가고 싶다. 아주 거룩하게 살아서 두고두고 존경받는 사람이 되고 싶지도 않고, 뾰족하게 나쁜 짓을 하여 죽은 뒤까지 욕먹고 싶지도 않다. 우람한 꽃대와 풍성한 잎들로 타인들보다 준비를 훨씬 많이 한 후, 특별히 거창한 꽃을 피우겠다는 마음도 갖지 않겠다. 눈에 번쩍 띄는 아름다운 색깔의 꽃을 피울 욕심도 없다. 평범한 꽃을 피우며 한 생애 살다가, 씨까지 떨어뜨리면 할 일은 끝난다. 추워지면 퇴비 속에 버려져 내년의 거름으로 썩어도 좋고, 건조된 후 토끼의 겨울 먹이로 되면 더 좋다. 이웃들과 비슷한 시기에 비슷한 꽃을 피우며 꽃동산의 일원이 되어 살다가, 하나님이 부르실 때 주님 따라 훨훨 날아갔으면 좋겠다.

악처냐 양처냐

성질이 남루했던 여성 크산티페는 자기가 타고난 개성과 기질을 발휘하여, 남편을 대철학자 소크라테스로 빚어놓았다. 소문 고약했던 여자 소피아는 남편을 대문호 톨스토이로 성장시켜 놓았다. 많은 사람들에게 손가락질 당하던 지독한 아내, 몰리 골드호크 바제일은 잔 웨슬리라는 기독교의 거장을 탄생시켜 놓았다. 남편들의 출세에 큰 공헌을 한 악한 아내들이다.

여자들도 무조건 사랑을 베풀고 싶어 하는 사람이 있지만, 어떤 남자들은 정말로 아내에게 사랑 주기만을 원하는 사람도 있다. 여자가 약간이라도 사랑을 되돌려 주려 들면, 오히려 화를 내는 남자도 있다. 아내를 꽃처럼 쳐다보기만 하고, 아껴주기만 하며 만족을 느끼는 남자다. 어떤 여인은 장미처럼 가시로 오히려 사정없이 찌른다. 그런 남자는 살을 찔리고, 육체적 괴로움을 당하면서도 사랑 베풀기만을 고집한다.

"앗따거! 요 예쁜 것 요거. 찌르는 것 좀 봐, 요거. 아그, 요 아작아작 깨물고 싶은 것!"

이런 남자들은 아내를 악처로 둔갑시킬 위험성이 크니 조심해야 한다. 사랑에도 연습이 필요하고, 사랑해보던 사람이 사랑도 할 수 있게 마련이기 때문이다. 사랑이란 것을 어떻게 주는 건지 방법도 모르고, 사랑을 베풀어본 경험도 없는 여자가 어찌 남편을 사랑할 수 있겠는가?

악처로 되기 위한 기본조건은 예쁘고 사랑받던 여자이기도 해야 되겠지만, 남편보다 나이가 훨씬 어려야 한다. 이름을 날렸던 악처들은 대부분 남편으로부터 사랑받기를 원해서, 나이 많은 남자를 남편으로 선택했다. 나이 차이가 많은 젊은 아내가 악처로 둔갑할 소지를 내포하고 있다는 뜻이 된다. 남편이 늙으면 오히려 보호를 받아야 하며, 자기 스스로를 챙기기도 힘들어진다는 사실을 아내들은 알 필요가 있다. 남을 사랑하려면 나 스스로를 챙기고, 남아도는 힘이 있어야 된다. 나이가 훨씬 어린 아내일수록 남편이 조금만 소홀해져도, 의심이나 질투를 무섭게 하게 마련이다. 늙어서 여자에게 소홀해진 사실을 모르고, 아내는 남자의 마음이 떠나서 소홀해진 것으로 오해하기 때문이다.

재혼이면 오해의 가능성이나 질투의 정도가 더 커진다. 20~30년 전만 해도, 60대 노인들이 재혼한다고 하면 너무 이해가 안 되었다. 환갑도 넘은 할망구가 주책이지 송장 치우러 시집 가냐? 저 노인들도 결혼하면 자면서 뭔가를 해보려고 시도할까? 노인이 결혼한다는 사실보다 더욱 이해할 수 없었던 것은 의처증의 할아버지나 의부증의 할머니였다. 폭삭 늙은 노인들에게 의처증은 뭐고 의부증은 어느 구석에 해당돼? 알고 보니 젊은 부부보다 노인부부 중에 의처증 의부증을 가진 사람들이 더 많다고 한다. 역사가 밤낮을 가리지 않고 이루어지는 시절이듯, 역사를 이루는 사람들도 노소를 구분하지 않는 세대가 되었다. 그렇지만 늙은 남편이 아내에게 소홀해지는 것은 여전히 세대구분 없이 자연발생적인 현상이다. 그 사실을 모르고 젊은 아내는 앙심을 품는다.

"요놈 영감, 다른 데서 정력소모를 해? 내가 본때를 보이겠다."

이렇게 해서 악처의 기질이 생겨난다. 젊은 여자와 재혼하는 늙은 남자는 용감해 보인다. 부럽기도 하지만 남의 일임에도 공연한 걱정이 앞선다. 젊은 아내에게 의부증이라도 생기면 어떻게 감당하겠는가? 의부증이 아내를 악처로 돌변하게 만드는 주요인이다. 악처라도 원래부터 성질이 나쁜 여자는 드물다. 주위환경이 그녀를 최악으로 몰고 가기 때문에, 모르는 사이에 심술과 잔인함이 축적 발동하게 마련이다. 그래서 그런 여자들은 희대의 악처로 변신하며, 결국 남편은 엉뚱한 쪽으로 명성을 떨치게 만들어 놓은 후, 역사의 뒷전으로 사라진다. 그런 여자의 남편들은 아내 덕분에 유명해지는 것이다. 즉 출세하고 싶거나 후대에까지 이름을 떨치고 싶은 남자는 악처와 결혼생활을 하면 된다.

숙종이 사랑했던 장희빈(옥정)은 어땠을까? 궁녀 출신으로 역사상 유일하게 왕비에까지 올랐으니, 조선의 신데렐라다. 지독한 악처로 역사에 길이 남았지만 남편을 너무 사랑했기 때문인 걸 어떻게 하겠는가? 남편을 너무 좋아해서 악해질 수밖에 없었다면 용서하고 싶어진다. 원래는 순진하고 착한 계집애였었는데 어쩌면 당파싸움에 휘말려서 희생됐는지도 모른다. 당파싸움이 치열하던 그 시절, 장희빈의 세력을 업고 목숨 걸던 간신배들이 얼마나 많았으랴? 동양과 서양의 사고차이 때문인지, 혹은 왕과 평인은 악처의 조건이 다른 것인지, 장희빈은 남편인 숙종보다 두 살이나 연상이었다. 나이 든 여자가 죽을힘을 다해, 어리광 피우고 교태를 부리다가 안 먹히니까, 악처로 둔갑했기 쉽다. 여심도 한번 떠나면 영영 끝장이지만, 남자 마음도 일단 떠나면 되돌리기 쉽지 않다. 숙종은 여자 잘못 선택한 죄로 세자의 신세도 망치게 되고, 자기 인생이 깡그리 불행 속으로 뒤틀려 들어갔다. 숙종은 천민 출신 여자에게 권위 주고 순정 주고 사랑도 주었다. 줄 것이 아무것도 없었던 장희빈은 아들 하나 낳아주었으나, 죽기 전에 되찾아간 셈이다.

장녹수는 어땠을까? 연산군의 눈에 띄었을 때, 그녀는 16세 아이 같은 동안의 얼굴을 가지고 있었으나, 실제로는 이미 30세가 넘었었단다. 에디푸스 컴플렉스(Oedipus Complex)를 가지고 있던 연산군이었고,

장녹수는 왕을 애기 다루듯 하던 요물이었다니, 역시 연상이었을 성 싶다. 장녹수가 정치적 상벌관계나 벼슬장사에 관여해서 그렇지, 어쩌면 남자가 갈구하는 여성상으로서는 손색이 없었을 수도 있다. 원래 선천적으로 사악한 기질이 약간 있는 여인인데다가, 국정농단에 휘말리다 보니까, 세상모르고 날뛰었는지도 모른다. 하급기생 옥지화가 단순히 자기 치마를 밟았다는 이유로, 군기시 앞에서 그 기생의 목을 베어 효시까지 했던 장녹수다. 못돼먹은 송아지의 갈빗살이 맛있듯이, 표독스런 가시내가 엄청난 매력을 가지고 있는 경우가 많다. 아무튼 장녹수도 악처 노릇은 당차게 했기 때문에, 남편 연산군이 더욱 유명해졌고, 오늘날까지 우리 대화에 오르내린다. 연산군이 이미 출세한 뒤에 만났기 때문인지는 몰라도, 장녹수는 남편을 출세시키는 대신 쫄딱 망하게 만들었다. 연산군이 장녹수 때문에 죽은 것은 아니지만, 연산군에게 악영향은 넉넉하게 끼쳤던 여인이다. 장녹수 자신도 살해당했으며, 딸과 친정식구들은 생몰미상으로 자취를 감춰버리게 되었다.

여자는 잘 보고 신중히 선택해야지, 매혹적이라고 마구 덤벼들었다가는 집안과 신세를 한꺼번에 망친다. 동서고금을 막론하고 대부분의 악처는 남편의 판단을 흐리게 할 정도로 아리땁고, 남편이 깜빡 속을 정도로 교활하면서도 영특하다. 남자들은 꼭 기억해야 할 것이 있다. 악처 기질이 없는 여자와 결혼하면, 자신도 후세에 명성을 남기긴 틀렸다는 사실이다.

명성도 싫고 악처도 두려워 편하게 살고 싶은 남자들은, 위에 언급한 스타일과 정반대되는 여자를 선택하여 결혼하면 된다. 여자 나이가 남자보다 넉넉하게 많지만 엄마보다는 어릴 것. 얼굴은 될수록 안 예쁜 여자일 것. 나이 들면 고달파질 애교나 어리광은 처음부터 없는 여자일 것. 덧셈만 간신히 할 줄 안다면, 머리는 될수록 나쁜 여자일 것. 영악스런 음모는 결코 꾸미지 못할 것이다. 시샘이나 독점기질이 전혀 없어서, 남자가 가끔 밖에서 헤매도 무감각일 여자. 친정식구는 아예 인생에 끌어들이지도 않을 고아 비슷한 여자. 팔뚝 힘이 좋아서, 남자 도움 없이 혼자서도 실컷 먹고 살 여자? 이 정도면 무난하지 않을까?

간혹 예쁘거나 똑똑한 데가 전혀 없는데도, 남편을 고달프게 하는 예외의 악처도 있긴 하다. 놀부 마누라도 그렇고, 심 봉사 마누라 뺑덕 어멈도 그렇다. 이 여인들은 턱 밑에 심술이 주렁주렁 매달렸으며, 입술은 썰면, 서 근은 족히 되겠다고 했다. 옛날에는 무조건 악을 추와 연결시켰기 때문에, 못생긴 여인으로 묘사했을 뿐, 실제인물도 아니고 작가들은 원래 수다스러우니 별 신경 안 써도 된다.

눈물 타임스 눈물

고향 땅으로 뿌려지는 햇볕이라 포근하고 따사로웠다. 아버지 산소 앞에 꽃다발을 꽂았다. 내가 미국에서 사온 시바스리갈 양주를 따라 놓고, 차례대로 큰형 작은형이 절을 하고 산소에 술을 뿌렸다. 내가 기독교인이라는 사실을 무시한 채, 나도 아버지 산소 앞에 절을 하고 싶어진다. 제사지내던 옛날처럼, 아버지 앞에 세배 드리던 어린 시절처럼, 엎드려 절을 하고 싶다. 절한답시고 엎어져, 잔디를 부여잡고 한바탕 울고 싶다.

"아버지 한잔 드세요. 깰 때도 개운한 술이래요."

내가 총각 때는 서울에서 살았었다. 새로 출품된 술을 아버지께 몇 번 사다 드렸다. 내가 올 때마다 새로운 술을 맛볼 수 있어서 좋다고 활짝 웃으시던 아버지가 그립다.

문명의 그림자가 단절된 심심산골 누런 겨울 잔디밭에서 우리 삼형제가 술판을 벌인다. 이곳은 내 부모가 묻힌 땅이고, 우리 형제들이 묻혀 진토로 변할 장소다. 아버지 산소 앞에 앉아서 형들과 옛날을 회상하려 하니, 눈물이 먼저 쏟아진다. 어린 시절부터 홀어머니를 모시고 가장이란 짐을 졌던 아버지셨다. 아버지는 돈을 벌어 아들들을 공부시켜야 되겠다는 일념으로 평생을 사셨다. 공부를 하자면 수험료만 내면 되는 것이 아니고, 공부할 시간도 있어야 됨을 아버지는 모르셨다.

"이번 토요일 오후에는 모두 나가서 벼 손을 쳐야 하며, 일요일에는 뒷동산의 흙을 져다가 앞마당을 고르고 다져야 돼. 다른 계획 세울 생각 말고 정신들 바짝 차리고 대기하고 있어. 주말에 그 일을 다 끝내야 할 텐데, 새벽부터 모두 덤벼들어 좀 늦게까지 일하면 완성할 수 있을 것 같다."

아버지가 금요일에 하신 말씀에 나는 절망했다. 그 일주일간 아버지도 바빴었고 나도 무척 바빴었다. 토요일 오후와 일요일에는 복습을 좀 해 가지고 월요일에 수학고사를 치르려고 나는 잔뜩 별러왔던 터였다. 내 입장은 전혀 고려하지 않는 아버지의 사고와 시골에서 살아야만 하는 울분 때문에 괴로웠다. 아버지에게 항의를 한다는 것은 용납되지 않던 시절이었고, 아버지 의견에 반박하는 것은 턱도 없던 사회구조였었다. 나는 아무 일도 손에 잡히지 않았고, 아무 생각도 할 수가 없었다. 잡혀서 땅 위로 내던져진 대형 가물치처럼, 나는 방바닥에 배 깔고 누워, 이리 뒹굴었다가 저쪽으로 튕겨지면서 괴로워 버둥거리고 있었다. 작은형이 방문을 열고 들어서다가 깜짝 놀랐다.

"엌, 너 왜 그러니?"

생각지도 않았던 작은형에게 뜻밖의 행동을 들키니, 우리 형제는 서로 당황했다.

"너 배 아프니?"

"아냐."

"근데 왜 그렇게 몸부림쳐?"

"아무것도 아냐."

"말해. 너 뭔가 있지?"

난 할 수 없이 내 계획이 아버지 계획 때문에 망가졌고, 월요일에 있을 수학시험은 죽 쑤게 생겼음을 설명했다. 생각에 잠겼던 작은형은 아이디어를 냈다.

"토요일에는 특별활동이 있어서 학교에서 늦게 오게 된다고 아버지께 말씀 드리고, 학교에서 복습하고 늦게 집으로 와라. 일요일엔 학교에 일이 있어서 선생님이 학교로 나오라고 특별 지시했다고 아버지께 말씀드려라. 그리고 점심 싸 가지고 목베산에 올라가서 공부하고 어두워지면 내려와라. 네 말이 사실임을 내가 굳게 지지해줄게."

나보다 달랑 세 살 많았고, 자기도 아직 어린 시골뜨기 소년이었던 작은형이었다. 농촌에서 세련될 기회도 없었던 작은형은, 어떻게 그렇게 광대한 심성을 소유하고 있었을까? 나는 그때 작은형이 제공해 준 토요일과 일요일 덕분에, 급한 불을 끌 수가 있었다. 하루 반나절 동안 목베산에서, 잔디에 배 깔고 복습하면서 보낼 수 있었기 때문이다. 그 후 아버지는 일요일에 학교로 갔던 나를 두고두고 미워했지만, 작은형의 은혜는 내 가슴 저변에 누워서 수시로 반짝인다. 작은형이 시험 볼 때 내가 도와주었던 기억은 없다.

바짝 말린 대추처럼 오늘은 검고 쪼글쪼글해진 작은형이, 술잔을 들고 변색된 앞 이빨을 드러내며 웃고 있다. 나대신 시골 햇볕을 다 맞으며 살아온 작은형이라고 생각하니, 팔자라고 밀어버리기엔 괜히 죄스럽다. 몸의 컨디션이 안 좋아 술도 못하시는 작은형이 오늘은 술이 받는다며 여러 잔을 마신다. 나도 기분이 좋아서, 술잔 속으로 떨어지는 내 눈물을 자꾸 마셔댔다.

X X

나는 어릴 적부터 농사일이 싫었고 또 싫다고 말해왔다. 그러나 아버지는 이상하리만큼 나를 농사꾼으로 만드는 일에 집착하셨고, 나를 농사짓게 하려고 다방면으로 강요 내지 설득하며 애태우셨다.

"밥 많이 먹고 살만 좀 찌면, 우리 ㅈㅈ이가 아주 딱 맞는 상일꾼감이야. 너 그거 아니? 농자천하지대본이다."

나는 형들보다 키가 좀 컸다. 아버지는 나를 살찌우기 위해 노력하셨다. 키 큰 사람이 살찌면 대갈쇠나 바우뎅이처럼 다부진 일꾼으로 되는 줄 아셨나보다. 나는 70평생을 말라깽이로 살아왔다. 아버지가 지금 나를 보면 뭐라고 하실까?

"허엇, 힘깨나 쓸 줄 알았는데 내가 잘못 봤네! 쌀 한 섬은 젖혀놓고, 겉보리 닷 말도 못 지게 생겼네."

나는 대학 입학시험에 낙방했다. 나는 다시 한 번 열등한 아들로서, 아버지의 피로를 희석시키기 위한 불평의 대상으로 전락해버렸다.

"내가 너보고 떨어지랬니? 네가 실력 없어서 떨어졌으면, 농사지어야 됨은 너무 당연한 것 아니니?"

아침부터 저녁까지 함께 일해야 하는 아버지에게 반감을 품고, 자포자기 중에서도 나는 가슴앓이를 하고 있었다. 봄이 되니 큰형이 군대에서 제대하고 귀향했다. 서울에서 대학에 다니고 있는 작은형과 합세하여, 큰형은 다시 대학생활을 하기로 되어있었다. 큰형은 복학을 서두르며 아버지의 웃음과 희망을 가득 안고, 서울행 버스에 오르고 있었다. 나는 큰형에게 시골탈출과 재수기회를 마련해 달라고 통사정 섞어 구걸했다.

"네 맘 알아! 걱정 마. 내가 너 있을 자리 마련해 놓고 곧 편지할 게."

큰형으로부터 서울로 올라오라는 편지가 올 날만 기다리며, 하루하루 살자니 피가 마를 지경이었다. 냉이 꽃이 피고 아카시아꽃이 지고, 보리마당질이 끝나도 소식이 없었다. 거머리 뜯겼던 상처가 아물고 벼이삭이 이미 고갤 숙이기 시작했고, 송아 가루 흩날리는 뒷산에서 수박넝쿨까지 거두었건만 큰형으로부터 연락은 없었다.

더 이상 나올 눈물도 없어졌다. 송편에서 슬픈 솔 냄새가 풍겨, 젊은 가슴이 옴츠러들던 가을날, 큰형이 추석을 쇠러 고향에 내려왔다. 나와의 약속은 아예부터 기억에도 없었다는 듯, 큰형은 서울 여자들과 연애하던 이야기로 입을 다물 사이가 없었다. 나에게 미안하다는 말도, 어떻게 견디며 살아왔느냐는 위로도 없었다. 누구를 믿고 기다린다는 것이 얼마나 허황된 망상인지 인식되는 소리가 나의 뼈를 깎고 있었다. 큰형은 나이 어린 동생에게 무관심했던 정도가 아니었다. 알고 보니 동생이 시골에서 꼼짝 못하고 농사만 짓게 만들려는 사전모사가 있었고, 일부러 나를 모른 체했던 것이다. 사악한 착상을 품었던 큰형은 내 서울 가는 길을 앞장서서 가로막았다. 장유유서가 뿌리깊이 박혀있던 땅에서 큰형에게 과격한 불평을 하는 것은 어림도 없었다. 나의 혐오가 아버지에게서 큰형에게로 옮겨갔다.

큰형은 나에게 줬던 그 상처를 오늘날까지 인식하지도 못하고, 알려고 들지도 않는다. 그때의 내 심정을 얘기하고 큰형에게 사과 받으려고 여러 번 시도해 봤다. 그러나 만날 때마다 스스로 아는 체하기에 바빠서, 큰형은 서러웠던 동생의 과거에 대하여 귀 기울일 여유가 없다. 서울생활을 하며 살아와서 그런지, 큰형은 3년 동안 나무에 매달려 있는 쭉정밤처럼, 오늘도 새카맣지만 매끈한 얼굴이다. 80줄을 달리는 연세이지만, 술잔을 입에 댄 순간만 말을 안 할 뿐, 침묵을 결코 용서 못하는 토커티브 기질이 있다. 특히 술이 한 잔 들어가 간장을 건드려 놓으면, 억눌려 숨 못 쉬던 언어들이 활화산처럼 마구 터져 나온다. 큰형은 내 입을 가로막아 말을 못하게 하면, 자기 과오가 소멸되는 줄 아나보다. 큰형으로부터 사과 받긴 틀렸기 쉽다.

X X

"아버지. 머슴아가 운다고 흉보셔도 참을 순 없어요. 늙었어도 난 오늘 실컷 울래요. 서울로 날 데려간다고 헛소리하던 큰형 음모를 아버지도 아셨나요? 엄마는 그 음모에 가담하셨더라고요. 머리 좋고 입김 센 서울 누나가 모사 기획자였고요. 아버지도 농사지을 아들이 필요했겠죠? 근데 하필 왜 날 찍었어요? 난 금간 두멍독입니까, 싸라기로 채우다만 함량미달 쌀가맙니까? 정말 분하고 쪼심 상해!"

그 힘들었던 해의 11월도 다 닳아서 꼬리를 감추려고 주춤거렸다. 나는 책 한 페이지 글자 한 줄 읽을 의욕도 기회도 없이, 10개월 동안 농사일을 해야만 했다. 농사일을 열심히 했다고 볼 수는 없지만, 다른 생각에 눈 돌릴 여유가 없기는 마찬가지였다. 밤이 깊어지기 전에, 나는 아버지와 사생결단을 하려고 아버지가 기거하시는 방으로 쳐들어갔다.

"아버지, 드릴 말씀이 있어서...."

갠 하늘 밑에 무슨 삐디기 뽑히는 소리냐는 듯, 나를 멀뚱히 바라보시던 아버지는 시큰둥하게 대답하셨다.

"그래. 들어와라."

"대학 시험을 한 번은 더 봐야 될 것 같아요."

속마음을 들키지 않으려는 심산인지 아버지는 질긴 침묵만 고수하셨다. 〈짜아식, 한번 떨어졌으면 포기할 일이지, 너보다 못한 놈이 세상에 어디 있다고 아직도 말이 많으냐?〉 〈형들 서울서 공부하는 동안 내가 이렇게 농사지으며 허송세월 하니 아버진 기쁘세요?〉 짧은 순간 텔레파시로 부자간의 불평 섞인 대화가 눈빛 타고 잽싸게 오고갔다. 말보다 울음이 먼저 나오니, 똑똑하지 못한 아들이었던 나는 말도 불분명하게 토해냈다.

"내일이 12월 1일이고, 두 달 있으면 대학 시험 보는 1월 31일입니다."

우는 건지 말을 하는 건지, 나 자신도 알 수가 없었다.

"아버지 옆에서 공부할 순 없잖아요? 읍내로 시집간 누나네 집에서 얻어먹고, 도서관에 다니면서 두 달 동안만 책 좀 보고 대입시험을 치러볼 게요. 또 떨어져서 아무 학교도 갈 수 없으면, 아버지 뜻을 따라 농사지을 게요."

침묵 일색인 아버지 앞에서, 나는 대답 듣기를 거절하며, 내 의견만을 선언하고 물러났다. 이튿날 아침 아버지는 밤새도록 계획하고 조율한 생각을 나에게 말씀하셨다.

"아들아, 5일만 더 일하면 게때기 마당질까지 끝난다. 너 일주일만 더 있다 가거라. 부탁 좀 한다."

게때기(타작 찌꺼기인 북데기)가 그렇게도 중요합니까? 내 서툰 솜씨로 도리깨질을 죽도록 해서, 일꾼 품삯 몇 푼을 저축하려고 이러십니까? 농사꾼도 아니고 고등학생이 속으로 통곡하며 하기 싫은 도리깨질을 해서, 볍씨 몇 알갱이나 더 건지시려고 그러십니까? 말은 한 마디도 안 했지만, 나는 데굴데굴 구르며 울고 싶었다. 두 달 밖에 안 남은 대학시험 앞두고, 게때기 마당질 끝내자고, 그 알량한 시간 중에서 일주일을 또 빼내고 싶습니까?

내 앞길은 전혀 생각하지 않고, 당장 두들겨야 할 게때기의 양만 계산하시는 아버지에게 적대감이 치솟았다. 옛날 분의 사고한계를 확실히 인식한 후, 나는 오히려 더 질긴 침묵으로 대응했다.

"우리 애들은 아버지를 전혀 배려하지 않는 놈들이야."

무조건 아버지 편만 드는 엄마는 나에게 호된 불평을 끼얹으며, 쌀 두 말을 지워서, 읍내 누나네 집으로 보냈다.

"쌀 두 말 주었으니 이제 집에 들어올 생각 말고, 세상에 나가 뒹굴며 살아! 집에선 널 다시 받아줄 생각 없으니까."

내가 집 떠나서 살 수 없는 촌뜨기임을 감 잡은 엄마는, 아버지 의견에 불복하는 괘씸한 아들인 나를 가혹하게 평했다. 나는 모진 마음을 품고 뒤도 돌아보지 않으며 집을 나섰다. 걸을 수가 없을 만큼 눈물이 쏟아졌다.

"어데서 허튼 수작이야? 내게 아들이 너 하나뿐인 줄 아니? 착각하지 마. 너 아니어도 난 아들 또 있고 또 있단 걸 알아 둬."

아버지가 하셨던 말씀은 형들이 탄탄하고 희망적이니, 농사에 딱 맞춤인 네까짓 존재까지 나서지 않았으면 좋겠다는 뜻이었다. 나는 그때 결심했다. 혹시 나중에 내가 자녀를 갖게 되면, 당장 굶어죽어도 자녀의 공부할 시간을 빼앗진 않겠다고.

한창인 청소년이 두 달 동안 먹으려면 줄잡아 쌀 닷 말은 필요할 것 같다. 그러나 엄마는 고추장도 없이 쌀 두 말만 지워, 나를 누나네 집으로 보냈다. 시집간 누나도 부모에게 효도할 의무가 있으니, 동생 때문에 손해 보는 것 정도는 효심의 조각으로 치부하라는 뜻인 듯했다. 한 시간 이상을 걸어서 읍내 누나네 집에 도착하니, 누나가 깔깔 웃으며 맞아주었다.

"하하하, 일 년 치 새경으로 쌀 두 말 받아 가지고 쫓겨났구나! 얼마나 일을 잘 했으면 한해 머슴살이 하고 쌀 두 말 받았니?"

X X

먹여주고 시간 주면, 얼마든지 공부할 수 있을 것 같았지만, 뛰어야 벼룩이었던 나는, 운명의 여신이 그려놓은 동그라미 속에서 맴돌 수밖에 없었다. 읍내 누나네 집에서 공부할 때도 열심히 하겠다는 의지는 자주 꺾였다. 누나네 집에서 도서관까지는 30분을 걸어가야 했다. 혹독한 찬바람은 사나웠고 아랫목은 너무 따뜻했다. 주야장천 같은 책, 같은 공부가 너무 지겨워, 좀 다른 짓을 하고 싶기도 했다. 누나가 비꼬며 깔깔 웃었었다.

"넌 대입공부 하러 왔다가 노트에 만화그림만 그리니? 만화책을 읽다 읽다 지치니까, 이젠 만화를 그리고 있구나."

세월이 흘러 엄마 아버지뿐만 아니라, 그때 그 누나와 매형도 고인이 되었다. 형들과 나만 아버지 산소 앞에서 울고 마시고 떠들지만, 우리도 또 곧 하나하나 그곳으로 가야할 것이다. 아버지 계신 곳으로 따라간다고 생각하니, 아버지 생애에도 끝없는 연민이 생긴다.

오랫동안 일본 사람들과의 민사재판에 연루되었다가 패소하여, 빈털터리로 된 할아버지가 충격으로 돌연사하시니, 아버지는 11살의 호주가 되었단다. 아버지는 작은할아버지 댁에서 얻어먹고 자랄 수밖에 없었다 한다. 서러움과 가난을 밟고 일어선 투지의 억척 농군인 아버지가 여러 자녀들을 두었으니, 얼마나 할일이 많았을까? 아버지는 얼마나 필사적이었으면, 애들의 고사리 손까지 최대한으로 이용해야만 됐을까? 아버지 생애를 이해하지 못하고 대들었던 젊은날들을 생각하니, 또 다른 눈물이 겹쳐진다. 부정의 부정은 긍정이 되듯, 음수에 음수를 곱하면 양수가 된다. 그 눈물에 새 눈물을 섞으니, 내가 흘렸던 눈물도 아버지가 흘렸을 눈물도 웃음으로 바뀐다. 큰형은 내가 용서했을까? 애굽에서 죽을 고생을 한 요셉은 자기를 팔아먹었던 형들도 용서했다. 늙어가면서 뒤돌아보니, 큰형일은 용서 운운할 가치도 없는 사소한 일로 이미 변해 있었다. 잘못한 사람은 없다. 전적으로 세월 탓이었다.

약속시간 됐으니 내려오라고 택시는 산 중턱에서 빵빵거린다. 빈 술병과 북어 부스러기가 구르는 아버지 산소 앞에서 인사불성이 된 우리 삼형제는 각자 제 좋아하는 짓에 몰두하고 있다. 철학을 논하며 홀로 아는 체하는 남자가 비틀거린다. 먼 산에게 삿대질하며 따지던 남자가 잔디 위로 쓰러지니, 광인처럼 울다가 웃고 다시 울어대던 남자는 속빈 통곡을 토해낸다.

X X

솔로몬은 인생이 헛되고 헛되다고 했다. 그는 인생의 모든 향락과 기쁨을 통째로 경험하며, 하나님께도 초지일관 총애를 받아, 이 세상 삶에 심한 애착을 가졌기 때문이다. 어차피 일정 기간 살고 본향으로 되돌아가는 것이 인생이라면, 나는 인생이 헛되다고 생각하지 않는다. 나는 이 세상으로 나를 보내주신 하나님께 감사하고, 나를 이 세상으로 불러내 주신 아버지 어머니께 감사하련다. 서럽던 시간들을 시작에 넣어주고, 평화와 보람으로 끝맺을 수 있도록 내 인생을 디자인 해주신 하나님께 감사드린다. 반대로 화려한 인생으로 시작하여 서러운 결말로 끝맺음 시켜 주셨다면 얼마나 비참했으랴? 평생 죄는 많이 지으면서 살았지만, 내 지나온 발걸음들의 자국자국이 저 골목 이 코너에서 아름다운 보람으로 윙크한다. 머물렀던 순간마다 의미와 기쁨이 그들먹이 괴어 찰랑대니, 이 세상 삶은 즐거웠고 충분한 가치가 있었노라고 말하련다. 내가 겪은 가난이나 풍요도, 네가 저지른 관용이나 이기도, 우리가 세상과 함께 남기고 갈 역사 속의 무늬다.

죽는 사람은 한 평생을 뒤돌아보며 실컷 운다고 한다. 실컷 울고 나면 새 길을 걸어갈 새로운 힘이 생기고, 담담히 마음의 자세가 잡히나 보다. 주님도 겟세마네에서 땀방울이 핏방울로 되도록 기도하며 울고 나서, 골고다 언덕으로 걸어가셨다. 나도 죽을 때는 기운이 쪽 빠지도록 한바탕 울고 나서, 감사하는 마음을 안고, 당당한 발걸음 가볍게 걸어가련다. 저벅 저벅 저벅.

정종진 수필집

눈물 타임스 눈물

인쇄 2022년 10월 24일
발행 2022년 10월 31일

지은이 정종진
발행인 서정환
펴낸곳 수필과비평사
주소 서울시 종로구 삼일대로 32길 36(익선동 30-6 운현신화타워 빌딩) 305호
전화 (02) 3675-3885 (063) 275-4000 · 0484
팩스 (063) 274-3131
이메일 essay321@hanmail.net
출판등록 제300-2013-133호
인쇄·제본 신아출판사

ISBN 979-11-5933-429-0 (03810)
값 14,000 원

Printed in KOREA.